臺灣研究叢刊

# 排灣文化的詮釋

胡台麗◎著

**代序**
# 排灣文化之另類探索

## 一、

　　和一些立意研究排灣族的人類學者不同，我早先並沒有被那些為數眾多的以排灣族階層社會、長嗣繼承等社會結構為探討重點的文獻所導引，而是在偶然的的機緣下，與排灣文化發生了接觸，受到排灣田野中一些特殊聲音與影像的挑動，激起研究的興趣，逐步走上一條比較另類的排灣文化探索之路。

　　「偶然的機緣」起於1983年。因為想拍攝民族誌紀錄片，在中研院民族所研究排灣族的同事蔣斌通報協助下，進入台東達仁鄉土坂村參加難得一見的排灣族五年祭。我在田野中為排灣族繁複的祭儀及巫師以快速高亢的音調唸唱的祭儀禱詞、經語所震懾，很想多瞭解一些，但發現那是非常艱困的工作，一時間無法突破，便只集中心力完成了紀錄片《神祖之靈歸來—排灣族五年祭》(胡台麗，1984)。

　　拍攝五年祭紀錄片時，我為了追溯神祖之靈的歸返路線，便前往可清晰望到大武山的村落獵取鏡頭。在泰武鄉泰武村得知有一位老人gilgilau Amulil（郭榮長）會吹奏雙管鼻笛，就請他以大武山為背景作展演。那奇特的吹奏法與低沈而哀淒的音調令我驚訝、著迷，可是未受過民族音樂學訓練的我，那時完全沒想到自己有朝一日會研究排灣笛。1995年行政院文建會為籌設「國立傳統藝術中心」而展開保存研究計畫。我當時是諮詢委員，在原住民樂器方面建議研究鼻笛和口笛、口簧琴和弓琴。其他委員知道我對排灣族有興趣，便建議由我擔任排灣族鼻笛和口笛委託研究計畫的主持人。我原先還有些猶豫，但在遇到有排灣血統，從東吳大學日文系畢業不久的年秀玲（tjuplang Ruvaniao）後，便決定接這個案子。秀玲說她平和村的家隔壁便住了一位會吹鼻笛和口笛的老人，她很樂意擔任此計畫的助理，協助排灣笛吹奏者的訪談與聯繫。1995年我們先作地毯式的現況調查訪問（胡台麗，1995），1997年再邀請有民族音樂學訓練的錢善華教授與排灣族傳道人賴朝財（vuluk Zingerur）加入，展開第二階段的排灣笛藝人生命史、曲譜與製作法記錄（胡台麗，1997）。在這樣超越單一村落的廣泛調查基礎上，我才有可能從比較另類，但遍存於排灣各地區的笛聲、笛子表面的雕刻圖紋和相關聯的傳說著手，觸探到排灣族情感與美感的世界。

　　在拍攝《神祖之靈歸來──排灣族五年祭》過程中，因土坂村有一部分居民是日據時在政府安排下由舊古樓村遷入土坂，我便到西排灣來義鄉的古樓村訪問，並觀看了1984年的古樓五年祭。我發現古樓的五年祭較土坂保存得更完整，內容更豐富。心

想：如要對五年祭儀式與巫師祭儀經語有較深入的理解，古樓村應該是一個很理想的田野地點。1989年我再度參加古樓村的五年祭，並邀請之前在土坂拍片時結識的古樓後裔tjinuai Kaleradan（柯惠譯）加入田野採集工作。tjinuai曾協助語言學者Raleigh Ferrell（費羅禮）和Hans Egli（艾格理）神父記錄整理排灣族的語料，有很好的排灣語記音基礎，並有追索祖先文化的高度熱忱，而她的母親又擅長講述古樓傳說，可以從旁輔導。不過tjinuai在接觸到古樓的祭儀和巫師的祭儀唸經與唱經時還是遭遇很大挫折，感覺很難理解、記音、和翻譯。幸好晚近輕便錄影機發展神速，能夠將繁複冗長的祭儀語言與動作完整地攝錄下來，可供反覆閱聽記錄；我們又幸運地遇到有能力也願意作詳盡講解的古樓女巫師laelep Pasasaev，讓我們有機會透過以往研究者所疏忽或無法突破的祭儀文本的記錄分析，開啟排灣研究的另一扇門。

## 二、

受到Clifford Geertz在*The Interpretation of Cultures*（1973）一書中論點的影響，1970年代以後的當代人類學者越來越有興趣將文化象徵與行為當成文本來閱讀。閱讀時除了發抒自己的閱讀觀點，更注重當地人對自身文化表徵與活動的詮釋。研究者在民族誌中提出的文化詮釋，是與當地人的詮釋對話後被喚起的詮釋，是對文化象徵體系意義的追尋與深厚描述（thick description）。

《排灣文化的詮釋》這本書分為「上篇」和「下篇」，各包括三個章節。在以「傳說、情感與美感」為題的「上篇」中，我

從排灣族流傳久遠、極具代表性的圖像文飾、聲音模式與口語傳說的田野資料中，找尋排灣族高度認知的情感及美感，並據以支持和突顯意圖以「情感/情緒」詮釋文化現象的理論取向，進入過去被忽視而在近期逐漸受到重視的情感／情緒人類學範疇。

第一章〈百步蛇與熊鷹──排灣族的文化表徵與詮釋〉是以排灣族最鮮明、最為外界熟知的百步蛇與人頭圖紋表徵為切入點，在「泰武式」和「來義式」人頭圖樣差異的分類基礎上，我很想突破以往研究者對此表徵所作的表象描述，以及某些屬於臆測而欠缺當地人觀點的簡單詮釋。我在泰武鄉平和村與來義鄉古樓村收集當地排灣族人的說法，確認「來義式」人頭上端的紋樣不是獸牙而是熊鷹羽毛，而呈三角形的「泰武式」人頭圖像強調的是百步蛇頭部尖突的吻端。為何會有這樣的差異？我從村人講述的傳說中發現支持Durkheim與Mauss（1963）在談以圖騰動物作為原始分類時所提出的「情感甚於理智」的論據，也對Levi-Strass的動植物被選為圖騰是因為「適於思考」之說提出修正。排灣族的口語傳說蘊含著許多哀思（tarimuza／mapaura）與驚奇（samali）情感/情緒訊息，顯示百步蛇和熊鷹的形象、聲音與紋樣不僅「適於思考」（"good to think"），而且「適於感受」（"good to feel"），是情感與思考的匯集。排灣各村落雖然在情感上有共通性，但不同村落傳說的情思內容有差異，並在文化表徵的紋樣中表現出來。

我在第二章〈笛的哀思──排灣族情感與美感初探〉文中，從視覺圖像移轉到對排灣族人非常喜愛並能激起深刻感情的聲音模式（笛聲）之探討。排灣族分佈的地區雖然存在四類不同形制的笛子，但各地的吹笛者都認為笛聲似哭聲，讓人聽了產生哀思

的情感與美感。根據排灣當地人的說法，情感是由包含心、肺、肝的「胸」（varhung）發動，而「胸」與很會「想」的「頭」密切互動。排灣族的例子可用以破除西方「情感」與「思想」二元對立的迷思。此外，排灣族高度認知的「哀思」情感還進入了美感層次。在這篇文章中我並提出情感不只是為文化所建構，更有可能形塑排灣文化，成為最具解釋力與涵蓋性最大的概念的新思考方向。

「上篇」裡面的第三章〈排灣族虛構傳說的真實〉一文特別關注排灣族口述傳說中另一類內容神奇、可用吟唱方式表現的虛構傳說（mirimiringan），以與真實傳說（tjautsiker）類別相對應。我以田野採集到的兩則虛構傳說為例，除了讓大家欣賞極富文學戲劇意味、高潮起伏、異象頻生的情節（像人死復活、會講話的蜘蛛織絲為橋、石頭轉眼變華廈、一夜間造物者將村落遷移、百步蛇變成美男子、鳥變成會發光的美女、吟唱時嬰兒立即長大等），並發現其中蘊含了豐富的驚奇、愛戀、美麗、哀思等排灣族強調的情感和美感。歷代傳述的虛構傳說雖然是人編造的，但反映且塑模了排灣族人的真實情感與美感。

## 三、

悠悠時光之流中，雕刻圖像、口鼻笛聲和口語傳說都是排灣族文化象徵體系裡相當固定、偏向靜態呈現的「文本」，置於本書「上篇」討論。本書「下篇」以「儀式、文本與影像」為題，包含的三個章節聚焦於排灣文化中較動態的「文本」，其中最具

代表性的就是祭儀文本。排灣祭儀中有一類不易變動的固定文本便是女巫師唸唱的經語和男祭司唱的神聖祭歌。

我在「下篇」的首章〈排灣古樓五年祭的「文本」與詮釋〉一文中，嚐試記錄並分析古樓村五年祭期間巫師和祭司所展演的經語和唱詞，以及與祭儀緣起相關的真實傳說，以期挖掘出更多排灣文化的深層意義。女巫師在古樓最盛大的五年祭中唸唱的祭儀專屬經語凸顯了「村」（qinalan）的重要性和到「村」的各部位分送祭品的男祭司的角色。為「村」的重要部位做祭儀、獻祭品是為了增強「村」的靈力，以抵禦五年祭期間歸來的惡祖靈（意外死亡者之靈）的侵害。排灣族人期望五年祭時與善祖靈在同一條路（ta jaranan）上相逢，得到他們帶來的福運。五年祭經語中不斷地向善祖靈祈求賜予獵物（qimang），因他們相信若求得獵物，其他的福運會伴隨而來。五年祭的儀式活動中充斥著與獵獸和獵首、男祭司與勇士、象徵「矛」的祭竿與代表獵物首級的祭球、獵首祭屋等意象。這篇文章並借用Paul Ricoeur（1991/1971）將固定化言談和行動視為「文本」的論述，來拓展意義詮釋的領域，將人間「村」溯源時與頭目家族聯結的「同一條路」延伸到人間與神靈界的「同一條路」，對生命的源頭作意義的探尋。

「下篇」第二章〈儀式與影像研究的新面向——排灣古樓祭儀活化文本的啟示〉除了繼續將固定化的古樓祭儀語言視為「文本」進行探索，還注意此文本展演時整體的動態情境，包括身體動作、祭品擺置、主事者與旁觀者的反應等。在研究方法上我特別提出研究者如能借重新近發展迅速的輕便錄影機，將整套動態儀式「活化文本」作詳盡的影音紀錄，有可能突破前人研究的困

境，獲得前所未有的成果。我以自身運用錄影紀錄作研究為例，從古樓祭儀經語「文本」，發現排灣文化中非常重要的「家」（umaq／qumaqan）和「村」（qinalan）是人／神格化、有生命、有力量的「活的」存在，而祭儀中女巫師輕微地對手中豬骨哈一口氣，更有將豬骨化為祭獻「活豬」的神奇效用，超越了「物」的物質性限制，為文化詮釋指引新的方向。

「下篇」的最後一章是〈排灣族的影像展演與在地美感〉。我在前章提到以錄影機所作的實況錄影對文化的記錄和理解有促進和提升之效。這章則是述說我在攝製民族誌紀錄片《愛戀排灣笛》（胡台麗，2000）過程中，發現了排灣族特有的在地美感與視覺詮釋。排灣族人在面對攝影機時刻意地穿戴有傳統象徵紋飾的盛裝，因為他們希望藉照片或影片留給後代哀思的紀念物。我並透過民族誌影片的攝製，反省紀錄片的呈現形式。排灣族人在攝影機前盛裝展露的在地美感與情感，挑戰了西方標榜的真實與自然的「觀察性紀錄片」美學觀。「下篇」的最後章節再度回到「上篇」第一章中關於排灣族傳統百步蛇紋與人頭紋的討論，只不過此時由石板、木板上的雕刻紋飾轉到服飾上，再被攝入靜照和動態影片中，產生一脈相承、延續性的意義。

本書的文字也是一種紋飾（vetsik），從不同面向刻畫、展現排灣文化並作出詮釋。在靜態文本和動態文本、「傳說、情感與美感」和「儀式、文本與影像」的交相呼應與辯證中，同時反映了我個人的情感與美感傾向，以及身為人類學探索者的反思。對於一路上相伴的排灣族人與豐美的排灣文化，謹致上深深的敬意和感謝。

# 目次

上篇

# 傳說、情感與美感

圖1-3
古樓村 Tjiluvekan
家頭目 garaigai 拉
開熊鷹羽毛作詳盡
的說明
（胡台麗攝）

圖1-4
吻端翹起以及身軀
有三角形紋樣是百
步蛇的重要特徵
（林華慶攝）

圖1-5　泰武村家屋內石柱雕刻
（取自陳奇祿，1961：圖版VI）

圖1-6　古樓村Tjiluvekan頭目家屋內石雕柱
（胡台麗攝）

圖1-7　古樓村Tjiluvekan頭目家門口石雕柱

（胡台麗攝）

圖2-1　排灣族四種吹奏系統中擅長吹奏者都認為
笛聲似哭聲，傳達哀思情感(胡台麗攝)

圖2-2 排灣族在親友死亡時會泣訴吟唱（胡台麗攝）

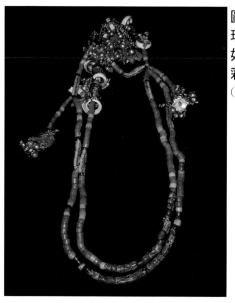

圖2-5
琉璃珠項鍊呈現如同彩虹般的色彩，是美的象徵
（胡台麗攝）

圖2-3　喪禮中婦女露出哀思的表情
（胡台麗攝）

圖2-4　男女披戴精美的喪服
（胡台麗攝）

# 第一章

## 百步蛇與熊鷹
### ——排灣族的文化表徵與詮釋*

　　如果問：臺灣原住民社會最具代表性的傳統文化表徵是什
麼？無論是臺灣原住民或非原住民恐怕都會從記憶中鮮明地浮
現排灣族群最常運用的百步蛇與人頭紋。尤其是在所謂的原始藝
術研究層面，排灣族群木雕、石雕、織繡等採用的紋樣一向是研
究者焦點之所聚，其中最為大家所熟知的就是陳奇祿先生的著作
《臺灣排灣群諸族木雕標本圖錄》(1961)。陳奇祿先生在該書的
導言中便指出，日據時代學者的論著中雖然對排灣群諸族的木雕
和織繡藝術屢予報導，但是「或因文字簡短，意有未盡；或則偏
重於藝術學理論之探討，對標本本身不作充分說明。」因此陳先
生的研究一方面根據國內學術研究機構和收藏家的藏品，另方面
展開實地田野調查，進行繪圖、照相與描述的工作，經過有系統

* 本文原發表於2006年順益臺灣原住民博物館出版之《歷史‧文化與族
群：臺灣原住民國際研討會論文集》。本文資料的收集與排灣語的翻譯
得到tjinuai Kaleradan(柯惠譯)極大的協助，而平和村部分則同時得到
tjuplang Rhuvaniao(年秀玲)的幫助，謹此致十二萬分的謝意。

的比對研究，完成了這本極有價值的著作。這本書豐富而多樣的
圖文更加確認了一個現象：排灣群諸族木雕所採用的主要紋樣為
百步蛇、人頭與人像。但是為什麼排灣族群會以百步蛇與人頭、
人像為主要的紋樣呢？陳奇祿先生與他之前的研究者一樣只提
出寥寥數句說明：「排灣語稱百步蛇為vorovorong，為長老之意，
因為排灣群視百步蛇為蛇之長老。他們信以為百步蛇是貴族的祖
先，對百步蛇有很多禁忌，且相當重視和敬畏。所以百步蛇在排
灣群木雕的紋樣中出現是具有宗教和社會的意義的，與具有圖騰
的民族對圖騰的敬畏頗為類似。百步蛇與人這兩種紋樣均可說是
因代表祖先而被尊重，亦是貴族階級的無形體財產。」（同上引：
160-61）相較於該書對紋樣外觀的詳細描繪敘述，陳奇祿先生對於
紋樣的內在意義詮釋顯得過於簡略，令人產生意猶未盡之感。

　　近些年我在排灣族村落中做祭儀以及鼻笛與口笛的研究，無
意中收集到一些與百步蛇相關的田野資料。當我翻閱陳奇祿先生
書中（同上引：21-24）並置的家屋立柱雕刻紋樣時，有兩類紋樣形
式特別吸引我的注意。其中一類是陳奇祿先生主要在泰武鄉村落
中發現的「泰武式」人頭紋樣，重要特徵為人像的頭部呈尖形，
與有尖突吻端的百步蛇頭部類似，有的尖形人頭紋邊上還加了一
對百步蛇（圖1）；另一類是在來義鄉村落中發現的「來義式」，「特
徵為頭部作橢圓形，頭上戴帽，帽上有牙狀飾物，似為表示常見
於該族之豹牙或豬牙帽飾」（圖2）。看到這兩類紋樣，我在田野所
累積的一些零散印象與訊息在霎那間凝聚了起來。沒錯，我做鼻
笛調查時，在泰武鄉的平和村看到尖頭的人像刻紋；做五年祭調
查時，在來義鄉古樓村看到的人頭都是橢圓形，而根據古樓人相

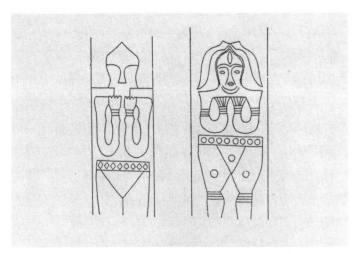

## 圖1-1　泰武村落頭目家屋立柱雕刻
（取自陳奇祿，1961：21）

## 圖1-2　來義式雕刻人像
（左：古樓；中：望嘉；右：來義）
（取自陳奇祿，1961：24）

當一致的說法，人頭上面的飾物是熊鷹羽毛而非陳奇祿先生猜測的豹牙或山豬牙。關於這一點，伊能嘉矩很早便在一篇描述排灣族雕刻紋樣的短文(1907)中提及：人頭上的裝飾是鷹羽。

泰武鄉的平和村與來義鄉的古樓村同樣屬於排灣族的Vutsul系統，可是二者的人頭紋樣卻有如此不同的呈現方式。前者的紋樣強調的是百步蛇頭與人頭的疊合，百步蛇的形象特別突出，連人的頭像造型也類似具有突起吻端的百步蛇的頭部；後者的紋樣中並沒有凸顯百步蛇頭部，但卻強調人頭上插著熊鷹羽毛。為什麼會有這樣的紋樣差異？紋樣如果是文化的表徵，百步蛇在不同的排灣地區是否有不一樣的文化意涵？熊鷹和熊鷹羽毛又代表了什麼？本文將以平和村與古樓村為例，從紋樣開始，探討排灣族的文化表徵並試圖提出融合「情感」因素的詮釋。

## 一、平和村的百步蛇意象

我在過去發表的文章中一再強調：排灣族的口述傳統若按照他們自己的分類，包含了代代相傳的tjautsiker(真實傳說)與mirimiringan(虛構傳說)這兩類性質不同的傳說，但不少研究者常含混地以「傳說或神話」稱之，而不加以區辨。排灣族人傳述tjautsiker時，接近口述歷史的概念，基本上相信tjautsiker中的人物事件是真實的存在，是前輩或自身確曾發生的經歷，如同部落、家族、與個人歷史的傳述，不敢隨意編造，我將之譯為「真實傳說」；而mirimiringan則接近故事的概念，是人用才智虛構、編造出來的人事物，其中人名多以重複音節表示，有別於現實生

活中的名字，故事內容常出現不可思議的情節，具寓言性與教育性，我將之譯為「虛構傳說」（胡台麗1998、1999b）。其實，小林保祥早在1930年代的西、南排灣便注意到「人們把不可思議的事情、異常美麗的東西稱為mirimiringan，民間傳說由於其內容多奇妙而不可思議而挪用了這個詞義。mirimiringan裡出現的人名或神名通常採用重疊稱呼，日常生活裡則不存在這種情況」（松澤原子編，1998：90）；吳燕和也於1960年代在東排灣收集田野資料時注意到tjautsiker與mirimiringan的區分，tjautsiker「有歷史的性質，沒有超乎尋常的事情，聽與講的人都很認真，而相信這些都是真的」，而mirimiringan「最大的特性是大家知道這是人造的故事，是假的，內容的人物常可做超乎尋常的變化」（1993：99）。從以下平和村的例子可以看出tjautsiker（真實傳說）對於排灣族紋樣的形塑有極大的影響。

　　泰武鄉平和村（Piuma）有非常貼近村人現實生活的關於百步蛇的tjautsiker（真實傳說）。排灣語的蛇叫做qatjuvi，而平和村人稱百步蛇為kamavanan，字根mavan的意思是「真實的」，kamavanan可譯為「就是那個最真實的」。平和村的村長vikung（家名Pasasav）說：我們平和村沒有直接與百步蛇相關的mirimiringan（虛構傳說），可是有百步蛇的tjautsiker（真實傳說）。除了平和村年長者皆能引述的有關平和村Mavaliv頭目家祖先是百步蛇（卵）所生的傳說，大家也都熟知另一則關於百步蛇的真實傳說。以下村長敘述的版本極具有代表性：

　　　　在我們遷下來之前居住的舊平和村附近有一條百步蛇

（kamavanan），祂是我們平和村人生命的守護者，從創始就在那裡。祂所在的地方叫做salalumegan，在村落下面，距離道路很近，有的時候我們在路上會突然遇到祂，便會對祂說：「你快離開這裡吧，村落的敵人要來了，你如果不小心就會被殺害！」祂聽了我們的話就會返回他住的地方。我們平和村人都很尊敬祂，相信祂是保護我們生命的神（tsemas），從古至今，從來沒有平和村人被這隻百步蛇咬過。

我們平和村沒有竹竿刺球的五年祭（maleveq），可是我們有祭拜百步蛇的祭儀。每隔五年我們輪流到兩個地方祭拜（每一處要隔十年才祭拜一次），一個地方是置放敵人頭顱的男子聚會所tsakar，男子前往那裡祈求維護村人的生命，以避免遭到被別村人獵首的惡運；另一個地點就是百步蛇居住的地方salalumegan。那裡有一棵叫做kalavas的大樹，百步蛇就盤踞在樹的根部。祭拜前祭師會先去對百步蛇說：我們要做祭儀，請你暫時離開一下。祂離開之後祭師會叫村中的男子到salalumegan百步蛇曾棲息的地方摸一摸，會發現還存留著熱氣。男子進入祭拜的場所，女子則在較遠處圍觀。村中代表做祭儀的老前輩說：「我們很感謝kamavanan保佑我們的生命，並防衛我們的村落，祈求祂繼續護衛我們。」等我們做完祭儀離開後，百步蛇會再返回樹的根部。

大約在民國三十九年底，有一個美國來的基督教醫療團到我們這裡傳福音，他們一直唱著：「來信耶穌」。醫

療團離開後的次年（民國四十年），那隻百步蛇突然很奇異地經常性地發出叫聲。老人家聽到了就很驚訝地說：「為什麼發出這樣的叫聲呢？」又過了一段時間，百步蛇棲息的那棵樹居然被雷電擊中枯死了，祂居住的地方沒有任何東西存活，令我們全村的人非常驚奇（samali）。在雷電擊中那棵樹之前，傳來百步蛇發出的聲音，大家對這事都有記憶，都很驚訝，事後才知道原來那是要被雷擊的預兆。那時我們全村的人都這樣想：「已經死了！」民國四十一年，平和村的tsemeresai（家名Patjalinuk）娶了筏灣村的女子tsemadas（家名Zengerhurh）。婚前她已經信了耶穌基督，婚後便在平和村傳教。民國四十一年到四十三年之間村中大部分人都信了教，大約在民國四十五年全村歸信耶穌。我們想我們現在信的上帝比那個百步蛇偉大，因為百步蛇住的地方居然被雷擊中枯死了。醫療團來之後百步蛇一直吹一直吹，大概是預知我們村子的人會變，要離開祂了，祂會感到很寂寞。

我們信了耶穌後就再也沒有聽到百步蛇發出聲音，也沒有再看見祂。不過有一天，tsemeresai牧師要去Tsalisi（射鹿村）主持禮拜，在路上突然遇到這隻百步蛇。他一邊說：「你這個魔鬼！」一邊拿起石頭想把祂打死，可是一轉身，那隻百步蛇就不見了。雷擊之後我們以為百步蛇死了，沒想到祂還活著，但是我們現在已經不再信從祂了。

在基督教傳入之前曾經擔任平和村Mavaliv頭目家最後一任祭
司（parhakalai）[1]並擅長吹奏雙管鼻笛的rhemaliz（家名Tjuvelerem）
根據祖輩的tjautsiker（真實傳說），對於百步蛇與頭目家、村落祭
儀和鼻笛的關係作如下的傳述：

> 百步蛇是Mavaliv頭目家的創始者。當我們在Mavaliv頭
> 目家做小米豐收祭儀時，若發生衝突或犯了過失，百步
> 蛇會出現，對我們施以懲罰。只有女巫師（marada）才可
> 以對百步蛇說：「請退回去吧！我們感到很羞恥。」祭
> 儀若有錯失，必須重新再做，做對之後百步蛇才會離
> 開。在Mavaliv頭目家出現的這隻百步蛇就是平時居住在
> salalumegan那裡的那隻百步蛇。
>
> 據說Mavaliv家有一位女祖先名叫muni擅長刺繡。有一
> 天發現百步蛇在她放置刺繡色線的竹籃中盤踞。muni便用
> 木棒觸動百步蛇。百步蛇於是託夢給一位祖輩名叫lavaus，

---

1 平和村除了通靈女巫師（marada）之外，與其他排灣族村落相較，有很特
　別的祭司（parhakalai）制度。平和村的祭司（parhakalai）有好幾位，分為
　一般性的祭司和大頭目Mavaliv家專屬祭司。村落一般性的祭司是由女
　巫師（marada）用珠子（tjaqu）在葫蘆（lui）上轉動卜選出來的，有三位，男
　女不拘，分司不同的祭儀：有的專司祈求作物豐收的祭儀，有的專司祈
　求豐獵的祭儀，有的則專司保守村人生命的祭儀。大頭目Mavaliv家的
　專屬祭司（parhakalai）不是由卜選產生，而必須由頭目家的人繼承，男
　女不限，是照顧全部落、掌管一切的大祭司。例如小米收穫祭（masarut）
　時，所有祭司都集中於Mavaliv頭目家，聽從頭目家大祭司的指示。大
　祭司親自做的純小米酒（不加發酵物）的味道濃淡，可以預示來年收成的
　好壞。

並說：「muni打了我，而我確實是你們的祖先（vuvu）。」
那隻百步蛇其實就是Mavaliv家的成員（tsemekemekel），
我們不可以侵擾、阻礙祂。只有很有靈性的人像女巫師
（marada）才可以對百步蛇說：「請你走吧。」也可以用
祭儀請百步蛇離開原先的位置。

平和村五年一次輪到前往百步蛇居住的salalumegan做
祭儀（mati salalumegan）時，那些會唱唸經語的女巫師會
對盤捲在kalavas樹根的百步蛇說話，請祂離開，然後手
中拿著麻（rekrek）做祭儀，祈求神保護大家的生命。我
們到那裡一路上要很小心，如果有一點割傷而堅持要
去，這個傷就永遠不會好。

我們認為百步蛇kamavanan是神靈（tsemas），不能殺祂，
尤其是頭目絕對不會殺祂。如果遇到祂時不能說那是
kamavana，是禁忌。我們要說那個vaud（籐類）過去了。
我有聽說我們貴族是百步蛇生的，kamavanan是我們的
祖先。我沒有看過平和村的百步蛇，但是祂真的存在
著，我的父輩曾看過祂。

根據過去老前輩所說的tjautsiker，百步蛇會從翹起的鼻
子吹出聲音，通常要下大雨時、天近黃昏時、暴風雨將
臨時，百步蛇都會吹出聲音，是預兆和警示的聲音。我
們吹的鼻笛聲和百步蛇從鼻子吹出的聲音是一樣的。我
們平和村很注重鼻笛（rharingetan），流傳著鼻笛是學百
步蛇聲音的真實傳說。以前唯有頭目階級男子才能吹鼻
笛，也只有在頭目的鼻笛上才適合雕刻百步蛇紋。日據

末期，有些平民開始吹鼻笛和口笛，但是他們絕對不敢
在笛子上刻百步蛇紋。吹鼻笛時我們要非常專心，柔和
細緻地送氣，輕輕開闔手指，這樣就能吹出令人哀傷思
念（temarimuzau）的笛聲。我們的哀思情感是是從「胸」
（varhung）產生的，如同為喪家吟唱的哀調，引人落淚。
村中頭目過世時不能隨便唱歌、說話，只能夠吹奏鼻笛
配合著婦女吟唱的哭調以表達哀傷。

rhemaliz告知，平和村舊聚落的Mavaliv頭目家屋中有四根柱
子，每根上面都雕刻著類似的人像。人像的頭頂是尖形的，而眼
睛和嘴則呈菱形。Mavaliv頭目家屋外部簷下的橫條木柱（sasuaian）
上也刻著連續的尖頭人像。rhemaliz的兒子根據以往Mavaliv頭目
家屋內主柱的人像造形在父親的竹製鼻笛上雕刻紋樣，我因此看
到了尖形的人頭像。平和村的老人表示尖形人頭是仿百步蛇頭，
而上端尖的部分是百步蛇翹起的鼻子。

此外，平和村的老人家也會講述有關百步蛇長大以後會變短
再蛻變為熊鷹（qadris）的真實傳說。熊鷹的兩邊翅膀中各有一根
斜長形且三角紋樣明晰的羽毛叫做parits，平民獵到熊鷹後要將一
對parits羽毛抽出來給頭目做貢賦（vadis）。平和村最看重的parits
熊鷹羽毛只有頭目（不分男女）才能夠插在頭上做飾物。但是無可
置疑地，平和村有關頭目是百步蛇所生、百步蛇是村落守護神以
及百步蛇頭部具有突起的吻端並會吹出聲音的真實傳說[2]，才是

---

2 我曾向臺灣幾位動物學者請教百步蛇的特性。省立博物館動物學組的林

深深縷刻在歷代村人心中無法磨滅的記憶。吻端突起的百步蛇頭因此與人頭疊和，成為平和村最凸顯的紋樣與最重要的文化表徵。

## 二、古樓村的百步蛇與熊鷹意象

　　來義鄉古樓村和其他排灣族一樣稱蛇為qatjuvi，但是他們稱呼百步蛇為vurung或kaqatjuvian，而非平和村使用的kamavanan。vurung是老的意思，kaqatjuvian是指真正最重要的蛇。古樓村屬於祭儀傳承家系的女巫師（puringau）laerep（家名Pasasaev）告知，世間的人（tsautsau）不包括在內，其餘所有在吃東西的都叫做qemuziquzip（動物）。qemuziquzip中以四肢走路的獵物叫做satsemer，其中最大的頭目（mamazangilan）是takets（似鹿的山羌）；在地上爬的蛇（qatjuvi）自成一類，其中的最大的頭目是vurung（百步蛇）；在天上飛的都叫做qaiaqaiam（鳥類），其中最大的頭目是qadris（熊鷹）[3]；在水中生活的叫做penuzalumanan，其中

（續）————————————————

　　俊聰先生告知百步蛇的嘴巴有一小圓孔，氣吹出時如同吹口哨。中研院動物所研究員林飛棧先生則表示百步蛇生氣時從嘴巴發出的聲音像在哈氣，但是不會很大聲。百步蛇屬於響尾蛇亞科，但是由於百步蛇身體的鱗片很小，生氣時即使抖動尾巴，應該也不會有什麼聲音。臺灣的蛇類中只有百步蛇的吻端凸出向上翹起，但是不知道有什麼特殊功能。百步蛇也是臺灣毒蛇中毒量最大的蛇，被咬中後死亡率最高（毛壽先、殷鳳儀，1990）。

3 排灣族所說的qadris應該是熊鷹（赫式角鷹）。何華仁先生的「臺灣野鳥圖誌」（1996：48-49）中有這樣的記載：尊奉百步蛇的魯凱族將這種「顏色較淡的鷹」視為守護神。熊鷹選擇原生的天然林棲息，生性隱密，以

的頭目是tjula(鰻魚)。世間的人、動物、山川、花草樹木等都是創造者naqemati造化的。

我們在古樓村並沒有聽到頭目是由百步蛇(蛋)所生的傳說。不過古樓祭儀傳承家系Qamulil家的女巫師laerep講述了前輩(父親的母親muakai)傳下的有關人死後變百步蛇再變熊鷹的tjautsiker(真實傳說):

> 我們人在世間(katsauan)會有一次死亡,死後到神靈界(makarizeng)後會經歷三次死亡的變化。第一次變成百步蛇(kaqatjuvian),第二次變成熊鷹(qadris),熊鷹再死亡,第三次就變成水(mezalum),會經過一種稱為kaqauan的竹子上升。留在竹節中的水是死者的眼淚,獵人都知道kaqauan竹節中的水不能喝。在路上遇見百步蛇時也不能用石頭把牠打死,通常會從麻織的網袋(sikau)上抽一點麻繩,綁在木材的一端,去套百步蛇的頭,再將牠移到旁邊。用麻繩套百步蛇頭的時候要對百步蛇說:「你不要在這路上,我們很怕會有年輕人或外村來的人把你打死,請你把頭伸入麻繩圈中,讓我把你移到安全的地方。」其他的蛇會亂咬人,只有百步蛇不會隨便咬人。
>
> 從傳說可以知道我們人間看到的百步蛇其實就是神靈

(續)————————————————

　　鳥獸為食。至今為止熊鷹在臺灣野外的生殖記錄尚無正式報告。

界的人，而神靈界的人看世間的人也是百步蛇[4]。因為
有這樣的傳說，我們對百步蛇和牠身上的紋樣（vetsik）
會特別的喜愛。百步蛇的紋樣延續到熊鷹（qadris）的翅
膀上，也就是說在熊鷹的翅膀上有百步蛇紋，是特殊的
記號，我們會給予特殊的尊敬。

　　古樓祭儀傳承家系的女巫師laerep將她從自己家族祖輩口中
聽到的關於人死後變百步蛇再變為熊鷹的傳說視為tjautsiker（真
實傳說）。女巫師laerep並強調經她的口講述的都是tjautsiker真實
傳說，而mirimiringan虛構傳說不是她要說的，留給別人去講述。
由此可見tjautsiker具有史實般的嚴肅性與真確性，不宜和虛構傳
說相混淆。我們在古樓問了將近十位六、七十歲以上的老人，他
們都聽過這則人死後變百步蛇再變為熊鷹的傳說，並且將之歸類
為tjautsiker（真實傳說）。有一位村人tsujui（家名Tjakisuvung）在講
述人死後不可思議的變化時，告訴我們這是一則miringan。我起
初誤以為他說的是虛構傳說mirimiringan，但經進一步查問，他表

---

4　古樓村有位年長婦人名叫dravu，她已過世的母親曾經是古樓村傳承祭
　　儀的Qamulil家的女巫師。dravu從母親那兒聽到一則傳說：Qamulil家的
　　始祖lemej曾到神靈界學習祭儀，並與神靈界的女子drengerh結婚生子，
　　所生的兒子後來成為男祭師之祖，幾位女兒則成為女巫師。傳說中lemej
　　的妻子與子女來到人間時都以百步蛇的形相出現。在世間人的眼中只有
　　lemej是人，其餘都是百步蛇。人們問lemej：為什麼你有這麼多隻蛇？
　　lemej回答：他們其實都是人，在lemej眼中他們都是人。對於dravu講述
　　的這則傳說，目前屬於Qamulil家的女巫師laerep表示她的祖輩不曾直接
　　對她說過「這麼好聽的傳說」，但是她也認為人間所見的百步蛇是神靈
　　界人（頭目）的化身。

示miringan和mirimiringan不同，miringan就是tjautsiker。不過，排灣文化中原來明確的真實傳說有可能在時代轉換時受到新的科學知識的影響，而讓講述者對於某些不可思議的傳說內容的真實性產生懷疑，以至於在對外人講述時將真實傳說視為虛構傳說。tsujui講述的有關百步蛇變為熊鷹的真實傳說如下：

> 人死了以後就會變成百步蛇(kaqatjuvian)。當百步蛇成長肥大到某種程度，牠的形體會縮短，並且會發出聲音（zemaing），會吹se-se-se的口哨聲(paulug)。等到停止吹口哨之後，他會發出qap-qap-qap的聲音，也就在這段時期牠漸漸地生出羽翅(paral)，然後再長出尾羽(iku)，最後變成qadris(熊鷹)。飛上天空時他就改發piu-piu-piu的聲音。我們的這位神靈(tsemas)可能就這樣升上去了。這是從創始以來就代代流傳的真實傳說miringan。

我們從古樓村不同的報導人口中聽到關於百步蛇變為熊鷹的真實傳說。例如有一位古樓人vais(家名Tjivarian)講述了祖父輩Giu告訴她的關於百步蛇變成熊鷹的tjautsiker：

> 從前我們在舊古樓pakakelang地方開墾時聽到qap-qap的叫聲，覺得很奇怪，就開始尋找聲音的來源。可是我們一開始找，那叫聲就停止；但一工作那聲音又響起。我們不放棄尋找，結果就在一個樹洞裡面發現一隻短短的百步蛇，看到牠正在長翅膀、正在演變成熊鷹。我們就

沒有再理會牠，過了幾天再去看，發現牠不見了。

　　百步蛇會變成熊鷹是古樓老一輩人深信不疑的事。他們說：「你看！qadris（熊鷹）翅膀上的紋樣與百步蛇身上的紋樣完全一樣！」有一次，一位四十多歲受過現代教育的古樓頭目略帶疑惑地問我：「百步蛇是不是真的會變成鷹？」顯然她從小被灌輸的觀念是百步蛇確實會變成鷹。

　　古樓人對於具有百步蛇紋（vetsik）的熊鷹的羽毛能夠作相當精密的區分。

　　男祭司tsamak（家名Parhigurh）和其他老人告訴我們，古樓村給頭目作為貢賦（vadis）的熊鷹羽毛是熊鷹身上一對叫做parhuqadupu的羽毛。熊鷹左右翅膀各有三根貴重的parhuqadupu羽毛，居中的一根階級最大（頂端弧度較寬圓、呈白色），較靠身驅的一根是二等階級，較靠外翅的一根是三等階級。二等和三等的parhuqadupu羽毛頂部較傾斜而尖，呈黑色。其他頂端更尖的parits羽毛與tjadratjadravan羽毛平民英雄可以作為頭飾，但中間一對最貴重的parhuqadupu羽毛絕對是頭目的專利。parhuqadupu羽毛上的三角形紋最多有十個。tsamak聽說當母熊鷹孵出幼鷹時會將自身居中那根parhuqadupu羽毛抽出，插在巢的出入口以保護幼鷹，防止掉落。隨著幼熊鷹羽毛的成長，母熊鷹會重新長出最大階級的parhuqadupu羽毛。tsamak表示母鷹會重新長出一根parhuqadupu熊鷹羽毛的現象和百步蛇長胖後會蛻換新皮（kipatjalavuq）、公鹿會換新角（kipiru）、公山豬會換新的臼齒（kivaluq）一般，都是令人驚異的奇妙事實。

．

　　古樓村人曾到泰武鄉參加排灣族歌舞比賽，男祭司發現泰武
鄉（包括前述的平和村）最看重並作為頭目貢賦的是熊鷹左右翅
中各一根稱為parits的熊鷹羽毛，而非古樓最珍視的居中的一對
parhuqadupu熊鷹羽毛，因此發生當地頭目認為來賓越權，而將古
樓平民英雄頭上的parits羽毛抽下一根沒收的事件。古樓村
Tjiluvekan家的年輕女頭目garaigai對熊鷹羽毛也有豐富的知識。
但我發現她的說明除了古樓傳統特別強調的parhuqadupu羽毛之
外也看重parits羽毛，應該是融合了外村說法的綜合性理解。有一
次garaigai得到一隻獵獲的活的熊鷹，她將熊鷹的單邊羽翅拉開，
對我們作了如下的說明：

　　　　上端最接近熊鷹頭部的六根較尖削的熊鷹羽毛叫做
　　　tjadratjadravan或稱為parhu　tjakit／tjakitjakit（好像刀形
　　　的），飛行時靠這組最外緣的羽毛排除障礙，有如開路
　　　先鋒，也像鋒利的刀，護衛著其下很有價值的一根羽毛，
　　　叫做parits；parits羽毛又再護衛著其下三根極貴重的羽
　　　毛，稱為parhuqadupu。parits和parhuqadupu羽毛比上面六
　　　根tjadratjadravan羽毛寬，白色所佔的面積較大，而白底
　　　上的黑色三角形百步蛇紋十分明顯。這四根貴重的熊鷹
　　　羽毛中parits最長，頂端也最尖斜，通常是男性頭目使用
　　　的頭飾，但女頭目也可以用；另三根parhuqadupu羽毛的
　　　頂端也呈斜三角形，並按照長短和百步蛇三角紋數目的
　　　多寡分為三個等級，主要是提供最大、次級和三級的女
　　　性頭目作頭飾（tedek）。通常女性大頭目頭上插三根

parhuqadupu熊鷹羽毛（或中間一根插parits羽毛），男性大頭目則在兩根parits熊鷹羽毛中間插一根parhuqadupu羽毛。

以往熊鷹羽毛頭飾是頭目的特權，平民除非得到頭目特准，否則不能在頭上隨便插熊鷹羽毛。頭目家子女所插的熊鷹羽毛等級和數目不能超過父母，而老大一定是使用最長最貴重的熊鷹羽毛。按照傳統，男方如果要向頭目家女子提親，必需致贈兩根parhuqadrupu羽毛，婚禮當天還要再贈送兩根parits羽毛。前面六根很尖的tjadratjadravan羽毛要分給打獵英雄和第一位發現熊鷹的獵人（或同行獵鷹的伙伴）以及男祭司和女巫師作為頭飾。

獵人獵到熊鷹時會對他所屬的頭目說：「請抽取你所喜愛的羽毛吧！」如果獵到的是雄鷹，頭目會抽取一對parits羽毛；如果獵到的是雌鷹，頭目就抽取最長的一對parhuqadupu羽毛，其餘的parhuqadupu羽毛由獵得熊鷹的人保存。熊鷹右邊的羽毛比左邊的貴重，色彩也較光亮。熊鷹非常袒護自身的parhuqadupu羽毛，牠飛行時一旦發覺我們要捕捉牠，便會排糞便將parhuqadupu羽毛沾污，再用腳爪將貴重的羽毛撕破。

熊鷹的尾羽下面接近屁股處有一叢細白的小絨毛。最中間有三根既直又白很高尚的絨毛叫做varhungavung，其旁圍繞而生較彎較黃的絨毛有護衛的作用，就像平民在護衛著頭目。獵獲熊鷹的人會將三根中的一根抽出來，

作為獵鷹祭儀（seman qala）之用，另二根要給頭目作為
貢賦（vadis），也是屬於頭目的專利（veseng）。熊鷹的十
二根尾羽連皮割下後展開晒乾，做成羽扇，供頭目女子
行揹婚禮時用以遮住哭泣的臉。熊鷹身上其他的羽毛都
要善加利用，不可丟棄。腹部和身上短小的羽毛可以編
成垂在髮後的飾品或者編置在貴重的 parits 和
parhuqadupu羽毛周邊。獵到熊鷹的勇士會將熊鷹的頭和
指爪做成帽飾，只有勇士和頭目有資格配戴。

從以上的敘述可以知道古樓村對於tjautsiker（真實傳說）中百
步蛇變熊鷹後仍然具有百步蛇紋（vetsik）的熊鷹羽毛極端重視。
其中百步蛇紋樣最多、最清晰而美麗的熊鷹羽毛成為頭目的專利
頭飾，是頭目的表徵。我所詢問的古樓村人大都能夠指認雕刻或
刺繡上面人頭紋樣的上端突起是熊鷹羽毛（大多為六根，是頭目
權力地位的表徵）。這樣的熊鷹羽毛紋樣有專有名詞：出現在雕
柱（tjazi）上時稱為lailai a qadris或簡稱為qadris；出現在衣服上時
叫做kumas。熊鷹羽毛紋樣以往是大頭目的專利（veseng），平民
如未得頭目允許，不可以使用。人面與熊鷹羽毛間有一層如同帽
緣的半圓形圖紋，古樓人稱之為velangau，是草編的頭冠（獸皮頭
冠稱為drekai）。古樓人頭紋樣上並沒有獸類牙飾，而平常獵獸英
雄前額以圓形貝殼作中心，周圍鑲上一圈獸牙的頭飾叫做
pagumats。羽毛通稱為paral，而熊鷹（qadris）的羽毛如插在男性頭
目、英雄頭冠上時叫做lailai，而女性頭上的熊鷹羽毛稱為tedek，
是頭飾的一種；綁在男性獵鷹或獵首英雄刀鞘尾端或矛的前端

或五年祭祭竿上的熊鷹羽毛叫做patjikut（較通俗的用語是tsaitsaing）。古樓頭目將他專屬的熊鷹羽毛視為貴重的財產，對待熊鷹羽毛如同其有生命與力量的存在，收藏時要為熊鷹羽毛做護符（lakev），並對熊鷹羽毛說：「你要好好珍惜這個lakev，如有不好的神靈侵犯，你要好好地規勸、防範他。」熊鷹與熊鷹羽毛在古樓文化中的凸顯角色令人印象深刻。

男祭司tsamak一再強調人死變百步蛇再變熊鷹這則真實傳說的重要性。由這則傳說可以知道熊鷹和人是同等的，所以獵得熊鷹和獵得人頭後要做相同的獵敵祭儀（seman qala）。獵獲熊鷹和獵獲人首都是極大的榮耀，古樓人說獵獲兩隻熊鷹相當於獵到一個敵首，獵首和獵鷹英雄才有資格以隆重的歡呼聲penanang高喊：u-dria-pu-a-puq，表示至高無上的榮耀。獵獲其他獸類有不同的呼叫法，叫作qemarats，呼聲是u---（叫三次u---表示獵到牙齒最長的公山豬，呼叫六次表示獵到六支角的大公鹿）。不同的呼叫聲傳達了不同程度的感情和榮耀。

男祭司tsamak曾獵過兩隻熊鷹，是用槍擊中的，而獵人通常是用鐵鋏獵熊鷹，以熊鷹喜愛的飛鼠肉、兔肉、猴肉等誘鷹入鋏。另外一種評價較高的獵熊鷹方法是先以豬骨等祭品連同祭葉在鷹巢所在的樹下稟告，然後爬上樹將熊鷹巢中小熊鷹的腳用麻繩栓在樹幹上，等小熊鷹長大後再將牠取回。往昔獵到熊鷹時不直接帶回村落，而是由女巫師做一份豬骨祭品，連同祭葉和小米梗（內加火炭和豬皮）一起交給一位勇士帶到村外休息站獻祭。獵熊鷹英雄必須跨過火後才能把熊鷹帶到古樓村中處理人頭的祭屋Rhusivavan，在屋前的立石座位處大聲歡呼（punanang）。

　　獵到熊鷹和獵到敵首一樣要殺豬，由女巫師做獵敵祭儀（seman qala）。女巫師做獵敵祭儀時會唸經、唱經，而唸經時女巫師會發出piu-piu-聲，並模仿熊鷹攻擊獵人的動作，同時會向熊鷹獻食（kikau）。女巫師再為獵熊鷹者增強力量，然後準備豬骨祭品和祭葉以及代表鷹巢的樹枝和鷹右翅的一根熊鷹羽毛，將熊鷹（靈）安置於石塊堆砌的祭位（tavitavi）中。當祭師們在祭屋內做祭儀之際，男士們就在外面跳獵首歌舞（zemian）。經過獵敵祭儀，熊鷹成為護衛神靈，從此村人可以到熊鷹祭位祭獻，要求熊鷹保護家人與村人。男祭司tsamak形容做完祭儀的熊鷹如同一家人（azua qadris na maia tua tja sika ta tsemekelan anga），是獵人的榮譽與運氣，也是外出打獵的助手。

　　做完祭儀後獵熊鷹英雄要發出penanang歡呼聲，然後按照禮規依序分熊鷹羽毛。分熊鷹羽毛的順序是先分給獵鷹者（nua na jemameq）並從獵鷹者父母雙方出生的原家開始分（nua tjarha pualak），接著分給頭目作貢賦（vadis）的熊鷹羽毛，再分熊鷹羽毛給女巫師，繼續分給獵鷹同伴或第一位發現熊鷹的人。

　　古樓人可以區辨出三種熊鷹（qadris），而羽毛的色澤與紋樣是重要的辨識標準。第一種是近海地域（maka sa lavela）的熊鷹，腳部沒有毛，羽毛上的黑白色不太分明，紋樣不整齊；第二種是中間地域（maka vetsekadan）的熊鷹，腳部有毛，羽毛是最優等的，黑白色澤清晰美麗，紋樣都是對稱的；第三種是生長於深山原始林的熊鷹，羽毛的黑白色很深，紋樣不太對稱。古樓獵人說熊鷹的肚子是白色的，體型較圓，飛翔時很慢、很穩重，大都向右方迴轉。熊鷹喜歡在tjeves樹上或在山谷及危險狹窄的山崖築巢。

在古樓人的想法中人與百步蛇與熊鷹是對等的關係，其性命同等重要。既然殺死熊鷹或殺死敵人要做祭儀，如果殺死了百步蛇或見到已死的百步蛇，也必須殺豬做祭儀，安慰其靈，希望牠不要危害人類，也有去除驚嚇的作用（遇見或者是殺死百步蛇都是令人很驚嚇的事）。百步蛇的埋葬處要撐起三塊石頭當作記號（lungari），那個地方便成為一個神聖的禁忌地（lerem），不可以隨便大小便將該處污染，因為那是有神靈住的地方。古樓人一方面說百步蛇不會亂咬人，必定是受到觸犯才會攻擊，而從前當他們遇見百步蛇時不但不會殺百步蛇，反而會因為擔心百步蛇被敵人殺害而用麻繩做成圈套，將百步蛇帶到安全的地方，有時還會分給牠一些財產，請牠不要停留在村人的住處。可是另方面他們也表示看到百步蛇會驚怕，而百步蛇確實會將人咬死，而人們也會在百步蛇咬死人後將百步蛇殺死償命。我們聽到幾則關於百步蛇咬死人後被殺的真實傳說：

　　──有位獵人名叫pangul，他被百步蛇咬過三次。他第三次被咬時，老人家就對百步蛇說：如果這是你的旨意，請你隨我們回村子。被咬的人結果死了，次日發現百步蛇來到村子下方，老人家就用麻繩將牠套住牽回村子。這隻百步蛇在路上一直伸吐著舌頭，好像表示牠是一個英雄，因為牠殺了一個人。返家後老人家將這隻百步蛇放在一個木桶裡面，百步蛇一直盤旋，好像在跳勇士舞，還一面吹著哨子（paulug），像在誇耀牠殺了人，是一個英雄！後來有人請女巫師來卜問，看要用什麼方

式來殺牠(因為牠殺了人),卜問結果是要將百步蛇砍成三段。砍成三段後村子裡連續有人發現百步蛇,共三隻,女巫師說這三隻百步蛇接起來等於分成三段的那隻百步蛇。被百步蛇咬的人有的會活,有的會死。如果死了,就表示創造者註定的死期到了;假使沒死,表示他往後會有特殊的運氣。如果被百步蛇咬三次還沒死,以後再被咬也不會死了。百步蛇是神靈(tsemas)。

——在舊古樓有一個人名叫buka,他會抓百步蛇賣給日本人,可以賣到很好的價格。他在抓第六隻百步蛇,正用麻繩綁百步蛇脖子時,他的手指被那隻百步蛇咬了。據說他很勇敢,還是把百步蛇綁起,帶回古樓,再將牠放在木桶裡。buka沒有很快地死,但當他在斷氣的時候,那隻百步蛇如同在唱跳獵首祭的勇士歌舞(zemian),邊旋轉蠕動,邊發出聲音。當時有一位名叫muakai的女巫師(同時是buka母親的大姐)就拿起長矛,想刺殺那隻百步蛇,因為她認為要以命換命。但是muakai並沒有把百步蛇刺死,最後由buka的母親再用同一根長矛把百步蛇刺死。不久神靈(tsemas)托夢給buka的家屬,問他們為什麼做得這麼過分?為什麼buka要捕捉這麼多百步蛇?buka埋葬時有行卜問儀式,有殺豬向百步蛇神靈道歉。那位舉矛刺殺百步蛇的女巫師原本有希望升任女巫師之首(kadrarhingan),但是她突然生下雙胞胎而喪失了升任的資格。如果百步蛇沒咬死人,我們不能殺牠。

　　有趣的是這兩則傳說都描述百步蛇咬死人後像英雄般唱跳獵首歌舞(zemian)。我們在古樓村五年祭(maleveq)期間看到唱跳獵首歌舞：男子圍成圈，先在原地立正，由一人編歌詞主唱，眾人覆唱時隊形向右手邊旋轉，再左轉回來。我領悟到與其說百步蛇在跳獵首歌舞，不如說獵首歌舞的隊形是在模仿百步蛇的動作而左右旋轉。

　　對古樓人而言，百步蛇變為熊鷹最具體的證據就是兩者都具有三角形百步蛇紋，叫做vetsik。由於人與百步蛇與熊鷹間的高度認同，人身上的刺紋也叫做vetsik，大多出現於排灣族頭目階級(女子)的手背和(男子)胸背臂上。何廷瑞(1955，1960)指出排灣族刺紋的花紋種類很多，但「在幾何形紋中，曲折形、鋸齒形、叉形、網目形均從百步蛇背上的三角形紋變化而來。這種花紋在他們的心目中就是百步蛇的簡體。……他們認為二道梯形紋夾一道曲折線紋為一組單位，象徵帶腹鱗與斑紋的百蛇的簡體紋。」(1960：23-25)何廷瑞先生注意到紋身部位與花紋在排灣族因地而異，而古樓村男子的胸、背與臂部紋樣以及女子手腕、手背的紋樣皆是由前述成組的幾何形百步蛇簡體紋構成。紋身雖為頭目階級的特權，但如果得到大頭目的許可，平民男子中的勇士和女子被選為刺紋者練習對象者可以刺紋，不過只有大頭目家女子才可以在手指背第一、二關節刺人形紋(1955：47-48)。百步蛇的紋樣vetsik在人的身上和熊鷹的羽翅上(都沒有出現在頭部和腹部)延續，是三者緊密聯繫的符號，在古樓強化了人死後變百步蛇再變熊鷹的真實傳說。

　　前文已經描述古樓村人特別看重熊鷹身上的parhuqadupu羽

毛。除了真實傳說，古樓村還流傳著一則關於parhuqadupu熊鷹羽毛的mirimiringan（虛構傳說），以下是擅長講述mirimiringan的vais（家名Tjivarian）敘述的內容：

> 從前有位婦人名叫sasereserepan，生了一個兒子叫做pulalulaluian。這個兒子遍訪四周村落，但找不到合適的同屬頭目階級的女友。有一天sasereserepan要到旱田掘蕃薯，出發前叮嚀pulalulaluian黃昏時要到田中幫忙把蕃薯揹回家。sasereserepan正在挖掘蕃薯時，忽然發現一根叫做parhuqadupu的熊鷹羽毛。她驚訝地叫道：「這根掉落的熊鷹羽毛是專利物（veseng）啊！怎麼這麼巧剛好有一根parhuqadupu鷹羽落在這裡！」sasereserepan怕損傷熊鷹羽毛，小心翼翼地拿到農舍裡面，將羽毛輕輕地放在竹條編製的床上，再返回田裡掘蕃薯。她邊掘邊想：但願這根掉落的parhuqadupu熊鷹羽毛能變成人，成為兒子的女友！」「但願同時能出現頭目穿的整套盛裝與飾物！」奇妙的事發生了：那根熊鷹羽毛果真變成一位貌美絕倫的女子，名叫tjukutjuku。她穿戴上一併出現的整套服裝與飾物，發覺非常合身。sasereserepan返回農舍見到這位女子，驚訝地說：「啊咦！這真是創造者naqemati有意的安排，要她成為我兒子的女友！」她於是吩咐tjukutjuku煮飯和肉湯。
>
> 傍晚時分，pulalulaluian來到田裡，sasereserepan趁tjukutjuku上廁所時為兒子說明這是創造者的安排，要他與

parhuqadupu熊鷹羽毛變的女子結婚生子。他們返家後立即共宿，結為夫妻。據說tjukutjuku第五天就懷孕，後來生了一個兒子，取名kulelelele。kulelelele一生下來就會坐。tjukutjuku以神妙的言行撫育兒子，因此kulelelele成長得特別快。他每天和母親寸步不離，不肯讓祖母sasereserepan抱他。sasereserepan心中不悅，差遣tjukutjuku去取水，不讓kulelelele跟去。kulelelele哭嚎不停，sasereserepan就不經意地說：「kulelelele，你何必為你的母親哭泣呢？她只不過是我撿回來的一根熊鷹羽毛！」等tjukutjuku取水回來，kulelelele將祖母說的話轉告母親，tjukutjuku聽後傷心地說：「她為什麼要輕易地告訴孩子我原是一根parhuqadupu熊鷹羽毛，而令我感到羞恥？我是在她誠懇地向創造者祈求之後才好不容易變成人的！」等sasereserepan入睡，tjukutjuku就帶孩子離家出走。他們來到pulalulaluian頭目專屬的休息石座椅處，tjukutjuku內心不斷祈求希望能在那裡按照她揹著孩子的形象變成一株杉樹。她決心不要再變成熊鷹羽毛飛走。sasereserepan醒來後發現媳婦與孫子不見了，為她曾經說過的話後悔地痛哭失聲。打獵歸來的兒子pulalulaluian四處尋找，終於發現那顆杉樹，跪下哭求tjukutjuku和孩子歸來。但是只有一陣風吹來，表示他們已不再回頭了。pulalulaluian便跪抱著上面塑著妻子和孩子的樹幹昏迷而死。

講述上述mirimiringan的vais表示因為這一則關於parhuqadupu
熊鷹羽毛變人的傳說令人極度哀傷思念(paurauran)，歷代頭目為
了紀念這則哀思感人的虛構傳說，便將parhuqadupu熊鷹羽毛視為
頭目的專利頭飾和特殊的標記。這則「虛構傳說」年長的古樓人
大多聽過，雖然受重視的程度比不上人死後變為百步蛇再變為熊
鷹那則真實傳說，但在無形中增強了熊鷹羽毛在古樓人文化情感
中的份量，也特別強調熊鷹羽毛的紀念性質。

## 三、文化表徵的比較與詮釋

本文在一開始便提出這樣的問題：為什麼排灣族會以百步蛇
與人頭、人像為主要的紋樣？接著以泰武鄉平和村及來義鄉古樓
村看到的紋樣為例，想瞭解為什麼在同屬Vutsul系統的排灣族村
落，人頭紋樣的表現方式卻如此不同：平和村的人頭紋樣與百步
蛇頭部疊和，特別強調百步蛇頭部尖突的吻端；而古樓村的人頭
紋樣並沒有凸顯百步蛇，但卻強調人頭上插著熊鷹羽毛？雖然我
們很難僅根據兩個排灣村落的例子便作出一般性的推論，但至少
這兩個村落的紋樣意義探索可以提供一些解答問題的線索，並激
發一些不同於以往的思考。

平和村和古樓村的例子顯示排灣族各村落普遍流傳的tjautsiker
(真實傳說)與作為文化表徵的紋樣之形塑有極密切的關係。我們
發現平和村的百步蛇意象非常的清晰而強烈，也極為注意真實傳
說中百步蛇從吻端發出的聲音，因此模仿百步蛇以鼻子吹笛，認
為鼻笛聲和百步蛇的聲音相同。平和村的文化記憶包括了眾人所

熟知的頭目家祖先是百步蛇(卵)所生、以及村落附近住著一隻守護村人生命的百步蛇並於Mavaliv大頭目家出現的真實傳說(tjautsiker)。這些真實傳說強化了平和村人的百步蛇意象，再加上他們對百步蛇從吻端吹出的能透露預警和傷感訊息的「鼻笛」聲印象深刻，可能因而影響他們的紋樣以具有尖突吻端的百步蛇頭與人頭疊和的形式呈現。

在古樓村流傳的真實傳說中，人死後會轉化為百步蛇再轉化為熊鷹再化為水，而人間所見的百步蛇是神靈界人的化身。受到百步蛇會轉化為熊鷹的真實傳說的影響，古樓村人對具有百步蛇紋的熊鷹羽毛有極為細緻的區辨，同時對於由百步蛇變為熊鷹之際以及獵人獵到熊鷹後的呼叫聲有特別描述。熊鷹和熊鷹羽毛成為古樓文化中極為突出的意象，很可能因此影響古樓人在表現人頭紋樣時附上具有百步蛇紋的熊鷹羽毛作為頭目和勇士的表徵。

無論是平和村或古樓村，在其真實傳說中百步蛇的造型、聲音或紋樣(延伸到熊鷹羽毛與人體)是強調的重點。為什麼是百步蛇而不是其他動物的造型、聲音與紋樣成為排灣文化的重要表徵？這是人類學、社會學領域長久以來在討論到人與特殊動植物「圖騰」關連性時很基本而重要的問題。Rodney Needham (Durkheim & Mauss, 1963)在翻譯介紹Durkheim與Mauss所寫的「原始分類」(Primitive Classification)文章時，提到此二人認為原始人與圖騰動物認同是源於意象與觀念的迷惑混亂，缺乏確定的分類概念，並主張分類並非人與生俱來的能力，必定先有社會範疇的分類，人們才將動植物等依據社會群體而分類。但是最令Needham不解的是Durkheim與Mauss在他們論述的結尾部分突然

在毫無實例為證的情況下強調：「社會與象徵分類的最終解釋必須訴諸『情感』(sentiments)或者說『觀念的情緒價值』(emotional value of ideas)。在物與物之間和人與人之間有情感的密切聯繫，而此種情感聯繫是分類的基礎。因此，觀念並非純粹的觀念，而是情感的產物。東西的分類是情感勝於理智("more affective than intellectual")，並且在不同的社會產生不同的情感影響，使得該物的呈現也會有所差異。」(同上引：85-86)Needam表示他沒有辦法接受Durkheim與Mauss這種沒有經驗研究支持的論述。

的確，Durkheim與Mauss雖然提到每個地區有其特殊的情感價值(affective value)，會影響到物的分類與呈現，但未舉出任何一個社會的例子告訴我們當地人是如何地透過情感聯繫而對某些動植物產生認同並以之作為表徵。另一位著名的人類學者Levi-Strauss在「圖騰主義」(1962)一書中很清楚地表明他不贊同以情感、情緒來作解釋。他認為情感只是附屬的因素，是果而不是因。Levi-Strauss強調智性的思考(心智的結構)在人與動植物「圖騰」的連結上扮演最重要的角色。他所提倡的結構主義重智性(intellect)而輕情感(sentiments)。Levi-Strauss不接受實用功能主義(utilitarian functionalism)與情感有關的解釋，例如功能論大師Malinowski對於「圖騰」與某些動植物聯繫所提出的解釋是：在原始人的意識中最先產生的就是引起情緒的食物的需求，圖騰動植物常是該部族的主食；Levi-Strauss也不同意Durkheim的功能論說法：為了維護社會秩序，必須讓構成社會的氏族穩固，而此穩固性要奠基於個人的情感，而為了有效的表達情感，必須藉著集體的儀式附著於固定的對象(圖騰動植物)之上。Levi-Strauss

認為(1962)：自然界的動植物被選擇為「圖騰」並非因為「適於食用」("good to eat")，而是因為「適於思想」("good to think")，藉著圖騰物能夠展現心智結構「對立的結合」(the union of opposites)之原則。

讓我們再回到排灣族平和村和古樓村的例子。對排灣族人來說，如同「圖騰」的百步蛇是禁止吃的，因此百步蛇之成為「圖騰」表徵不會是因為「適於食用」。

陳奇祿先生在說明為什麼排灣族以百步蛇與人像為表徵時曾表示「因代表祖先而被尊重」。Levi-Strauss便曾根據一些社會的例證指出，「圖騰」動植物雖然常被視為祖先，但並不一定是祖先。百步蛇在平和村很清楚地被視為頭目的祖先，亦即頭目祖先是由百步蛇卵孵化而生。但在古樓村並沒有百步蛇卵孵化頭目的說法，僅指出神靈界的人會在人間以百步蛇的形象出現，而人死後也會化為百步蛇再化為鷹再化為水。

平和村和古樓村的例子促使我對Levi-Strauss所忽視貶抑的有關情感的解釋重新加以檢視。我發現真實傳說(tjautsiker)對排灣族文化表徵的形塑很重要。但傳說僅具「真實性」是不夠的，真實傳說中所蘊含的情感才是文化表徵得以形成與延續的主因。另外，排灣族所特別重視的情感在虛構傳說(mirimiringan)中反映出來，因此虛構傳說對文化表徵的形塑有增強的作用。

我在與排灣族人相處時聽到他們談及情感時最常使用的語詞，在平和村等北排灣村落是用tarimuzau / temarimuzau，在中排灣的古樓一帶村落則是paurauran / mapaura，二者意思相同，指的是一種哀傷思念之情。凡是能夠引發哀思之情的傳說或聲音或者

是人的形貌都很美，他們用samiring一詞來形容。虛構傳說
（mirimiringan）和samiring的字根都是miring，有很久遠的意思。
他們一致認為最好聽的虛構傳說（mirimiringan）就是會令人哀傷
思念而落淚的傳說。另有一個排灣族經常用來表達情感的語詞是
samali（驚訝）。samali（驚訝）是排灣族人在描述神奇不可思議的事
時所流露的情感，例如虛構傳說（mirimiringan）中奇妙的情節內容
常令他們感到非常驚奇（samali）。百步蛇的某些特性激發排灣族
人哀思和驚奇雙重情感。譬如平和村人對於百步蛇從吻端發出的
聲音印象特別深刻。他們覺得百步蛇的聲音以及模仿百步蛇而吹
出的鼻笛聲如同頭目喪禮吟唱的哭調會讓人產生哀思
（tarimuzau）的情感；而所有蛇中只有百步蛇的吻端有翹起的三角
形凸起，以及百步蛇所具有的「從吻端發聲」以預測和警示的能
力都令他們感到很驚訝（samali）。不過，最令平和村人驚訝的恐怕
是守護村人生命的百步蛇的居所竟然會遭雷擊中枯死！而百步蛇
在雷擊前也發出了預警和哀思的聲音。村人在發出「已經死了」
的感嘆之後，很快地導致信仰的轉變。古樓村人則對百步蛇轉化
為熊鷹後在翅膀中間出現極為明顯的三角形百步蛇紋的羽毛感
到非常驚異（samali），因而特別注重熊鷹羽毛的區辨與裝飾。他
們也對母熊鷹孵出幼鷹時會將自身居中那根parhuqadupu羽毛抽
出，插在巢的出入口以保護幼鷹，並隨著幼鷹的成長母熊鷹重新
長出parhuqadupu羽毛的再生現象感到很驚異。他們同時對百步蛇
平時很沉穩不攻擊人但在被侵犯而將人咬死後會興奮地左右旋轉
並發出聲音感到很驚異，而有仿同百步蛇動作的獵首歌舞。古樓人
在獵到熊鷹與獵到人頭時發出相同呼聲表示驚喜與榮耀。當古樓村

人聽到關於熊鷹羽毛變成美麗女子而後悲慘死亡的虛構傳說（mirimiringan）時，一方面覺得很驚奇（samali），另方面則產生濃厚的哀思情感（mapaura）。

我們或許可以說平和村關於百步蛇的真實傳說中因為包含了對百步蛇的形象與聲音產生的驚訝（samali）和哀思（paurauran）雙重情感，所以足以支持百步蛇頭文化表徵的形塑。古樓村的真實傳說中顯現出對百步蛇轉化為熊鷹的形體和聲音變化以及百步蛇紋樣的延續的驚奇之情（samali），同時以關於parhuqadupu熊鷹羽毛的虛構傳說來補強哀思之情（mapaura）。

從平和村和古樓村引述的真實傳說文本，我們不但可以得知其思考邏輯，也能感受到其情感的表現。我認為百步蛇和熊鷹的形象、聲音與紋樣不僅「適於思考」（"good to think"），而且「適於感受」（"good to feel"），是情感與思考的匯集。Levi-Strauss對「圖騰」所作的詮釋太過於注重某些動物與動物、人群與人群間心智結構的關係，而忽視了情感的關聯。Durkheim與Mauss對情感的強調絕對值得研究者在做實證研究時多加考量和驗證。另外，我注意到Levy-Bruhl提出的「情感」詮釋。他表示：「表徵」（representations）並不是純粹智性的現象，特別在原始社會中「表徵」與情感元素混溶。超自然力量的「情感範疇」（affective category）透過「非尋常之物」呈現。原始人遇到「非尋常之物」時，在情感上被觸動，有時進入困惑或驚愕失神的狀態。他的潛意識對驚奇已有準備，認為不尋常之物的發生一定有神靈操縱，而不尋常之物的奇異性與稀有性可能會賦予該物某種力量（Cazeneuve, 1963）。Levy-Bruhl所說的對於「非尋常之物」的情感

主要指驚懼的情感，但排灣族的驚訝情感(samali)包含的意義比較廣泛(驚懼只是其中的一種反應)，有時會在驚訝之餘感覺很獨特、很美麗，而產生愛憐或悲憫之情。

在排灣族，我們雖然發現分布於各地的村落在思想與情感上有很多共通性，但是不同的地區會受到真實和虛構傳說情思內容的影響而有不同的強調，並於成為文化表徵的紋樣上反映出來。也許有人會問：平和村和古樓村的人頭紋樣既然被陳奇祿先生劃歸為「泰武式」和「來義式」，就不只出現於這兩個村落，而當他們在別的村落出現時要怎麼解釋？由於我收集的資料主要是以這兩個村落為主，所以未能探討別的村落的狀況。不過，有線索顯示(黑澤隆朝，1959；胡台麗、年秀玲，1996)泰武鄉的平和村、泰武村、萬安村、佳興村以及瑪家鄉瑪家村等出現「泰武式」紋樣(人頭與具有尖突吻端的百步蛇頭疊合)的村落恰好是排灣Vutsul系統雙管鼻笛(一支三孔一支無孔)分布的村落。陳奇祿先生書中提到「來義式」紋樣(人頭頂有熊鷹羽毛)主要出現於古樓村、來義村，並在望嘉舊址的砂岩石柱上發現雕刻著類似紋樣。高葉榮先生在一篇文章(1992)中也企圖解釋陳奇祿先生所歸類的「泰武式」與「來義式」雕像形式。他作了簡單的推測：「泰武式」尖頭人像可能是「蛇生說」(強調百步蛇和頭目祖先的血緣關係)文化集團的藝術典型，是一種「人神同形同性」的神祇象徵，是綜合百步蛇頭部和人類頭部特徵的一種表現。高業榮先生同時沿襲了陳奇祿先生的描述，將「來義式」人頭上的突起視為「牙狀帽飾」，並逕自推論來義村和望嘉村的「牙冠帽飾」風格似與箕模人分布區的「太陽卵生」型傳說有關，且認為該造型係

模擬青銅刀柄的人像而作。高業榮先生的解釋雖然也注重地方性傳說，但與作為文化表徵的紋樣之連結因無當地人的觀點，而純屬臆測之詞。為避免此缺失，當我在本文提到個別村落的傳說時便特別注重報導者原文的翻譯引述。我雖然沒有到來義村進行田野調查，但古樓村有幾位由來義村婚入的婦女告訴我來義村也認為人頭紋樣的頭頂突起是熊鷹羽毛而非「牙狀帽飾」，也有人死後變百步蛇再變為熊鷹的真實傳說。我們知道古樓村和來義村無論舊社或新社距離都很近，歷代兩村頭目間與平民間的通婚情況很普遍，可能流動分享著一些相同的傳說，也因此有類似的紋樣表現。但是否真是如此，需要進一步的研究來釐清。

　　總結來說，本文討論的重點是：成為排灣族文化表徵的百步蛇，以及由百步蛇轉化後具有百步蛇紋羽翅的熊鷹，在不同的排灣族村落中是如何與特殊的真實與虛構傳說相結合，呈現出具地方特色的紋樣形式。本文的探討雖有其局限，但可視為一個起步，希望補充和修正過去對於排灣族文化表徵過於籠統單一的理解與描述。從個別村落的檢視，我們發現經由真實傳說以及虛構傳說的持續傳述，排灣族的傳統文化表徵並沒有消逝，還深深刻刻在現代排灣族人的記憶和現實生活中。而排灣族所著重的哀思與驚訝情感透過傳說的敘述，在文化表徵的形塑過程中扮演了重要的角色。

# 第二章

# 笛的哀思
## ——排灣族情感與美感初探[*]

## 一、接近「情感」

　　這篇從笛聲探討排灣族情感與美感的文章並不刻意捲入
Michelle Z. Rosaldo所謂的西方學界關於思想(thought/cognition)與
情感(affect/feeling)兩元對立的爭辯。Rosaldo(1984)將近年逐漸注
重情感的研究歸諸於二元對立論的修正,提出思想不會離開情感
而獨立、而情感也是文化所形塑的論點。但是我們的確不能不反
省:為何過去有關臺灣原住民文化的研究,竟然如此輕忽情感的
面向?或許是西方學界重思想輕情感的二元論取向也同時影響
著臺灣人類學界,結果使得各個原住民族群的情感特徵被社會組
織與制度的論述所埋沒了,彷彿成為不知如何表達情感或不重視

　　* 本文原發表於於2002年中研院民族所出版之《情感、情緒與文化》研討
　　會論文集。本研究要特別感謝柯惠譯(Tjinuai Kaleradan)和年秀玲
　　(Tjuplang Ruvaniao)在排灣語翻譯上給予的協助。

情感的民族。

就我個人來說，接觸排灣文化是從台東土坂村的五年祭開始（胡台麗，1984），之後我將重點置於屏東古樓村五年祭的紀錄分析(1999c)。在五年祭中我體會到一種對祖先很深摯的情感，特別是藉由唱五年祭專屬的祭歌曲調iaqu表現出來。雖然我對村民流淚唱iaqu曲調的景象有很深的印象，但在對繁複的五年祭進行描述分析時，因為有太多的象徵物、細密儀節與冗長經語吸引我的注意，而沒有特別提及情感的因素。另一個主要的原因是過去對排灣族情感的研究太少了，缺少對此議題的敏感性與研究經驗的累積。而且我還無法確定那種隱隱浮現的情感是不是構成排灣族五年祭的重要元素，以及在排灣族文化中是否具有普及性，能否影響其他的文化層面。我感覺需要更多的觀察與資料收集，才能進入排灣族的情感世界。我最近的一、兩篇文章(1998、2000)開始消化一些經驗資料，慢慢地移轉到情感的領域。在本文中我將探討情感與文化的關聯性，並提出情感極可能是排灣文化最重要元素的新的思考方向。

研究者要如何掌握一個族群的情感內涵？Robert Levy(1973, 1984)的Tahitians研究提供一個很好的範例。他發現大溪地人的情感/情緒(emotions)中有一類屬於「高度認知的情緒」(hypercognized emotions)，例如「憤怒」（riri）。「憤怒」係從「腸」產生，會進入「心」，進入「頭」。他從許多早期西方觀察者的紀錄中得到一致的結論：大溪地人很少有「憤怒」、暴力的行為，因他們非常害怕「憤怒」、暴力導致的後果。所有大溪地關於情感/情緒的詞彙中含「憤怒」意涵的詞彙所占的比例最高。他們對於「憤

怒」有許多規範，人際接觸時要盡量防範這不好的情緒所產生的惡果。亦即大溪地社會有許多文化提供的機制來解釋或處理「憤怒」情緒。另外有一類情緒則被歸類為「低度認知的情緒」（hypocognized emotions），例如「哀傷」。Levy從其他觀察者的紀錄和他親眼目睹的大溪地喪禮事件中體認到：大溪地人對親人死亡或離別所呈現的哀傷情緒極為短暫，很快就轉換成談笑風生的場景。大溪地人認為如果未亡人流露太哀傷的情緒，死者會難以離開世間，而且可能會占據此人的身體，讓他生病。大溪地社會沒有清晰的詞彙表達哀傷或寂寞，他們只是用「感覺困擾」、「感到沉重」、「感到疲憊」、「生病」來形容失去親人的生理反應。總之，大溪地人認為哀傷、孤獨、自憐的情緒微不足道，很容易被其他情緒所取代。根據Levy的分析，大溪地文化中「高度認知的情緒」牽涉到個人與外在環境的關係，而「低度認知的情緒」則是個人與自己身體的關係。從Levy所做的大溪地研究我們得知，不同的社會對類似的情感會有不同的詮釋，而且在同一社會中對各種情感也會有不同程度的強調。

　　Catherine Lutz(1988)特別著重從日常生活的互動行為、事件、社會情景(social scenarios)中理解Ifaluk情感語彙的意義，然後和研究者自身文化中情緒語彙作比較。例如在Ifaluk社會的日常生活中，fago(愛、憐憫和悲傷)的意義在強調家戶間集體性的關懷照顧和食物分享，這和中產階級的美國人對愛、憐憫、悲傷趨於個人化的解釋很不相同。Lutz發現情感/情緒和文化價值是相關聯的，亦即日常生活的情感／情緒經驗是由文化所建構，例如特殊的歷史經驗、語言傳統、政經及生態情況等都可能影響情感

的建構。在每一個文化社群中也會有一些社會場景(social scenes)
最能夠展現出某種情緒，成為研究者觀察的目標。不過，Lutz同
時指出人類學者在田野研究情緒時可能面臨的困難和盲點。因為
情感/情緒涉及人和人之間很深的承諾，必須在共享的社會位
置和道德及情緒觀點中才能對該社會的情感/情緒有所瞭解。人
類學者以外地人的身分，披著客觀的科學外衣，的確很難在當地
社會體系中發展出對某些事件共享的情感。

在排灣族社會我要怎樣才能瞭解族人的情感特性？當我展
開排灣笛的研究計劃(胡台麗，1995、1997；胡台麗等，2001)後，
出乎預料地，在探索笛聲意義的過程中，我逐步踏入了極為豐富
的排灣族情感與美感世界。為什麼從笛聲可以理解排灣族的情感
與美感？相較於日常生活中表達情感的詞彙、語言，每一個文化
皆存在著一些較為固定的聲音模式，會引發當地人明顯的情感/
情緒反應。Steven Feld(1982)有關聲音與情感的研究給予我很多
啟示。他認為聲音是一種文化體系，藉著分析Kaluli社會的聲音
表現形式(哭聲、歌曲、詩語等)以及該聲音形式與神話傳說(「男
孩變成muni鳥」)的連結，可以顯現該族深刻的情感與美感(悲
傷)。像這樣的聲音形式非常戲劇化地出現於Kaluli社會的Gisalo
儀式活動中(Schieffelin, 1976)：客人進入長屋後開始唱歌跳舞，歌
聲與歌詞內容反映的是失落與被遺棄的悲傷，主要的目的在於讓
主人感到悲傷而迸出眼淚放聲大哭。此時主人中有人會被觸發的
悲傷所激怒，抓起一把火炬去刺舞者的肩膀，而舞者不顧灼傷繼
續唱跳著……此時主人再度坐下哀哭。除了Gisaro儀式，Feld
(1982, 1990)注意到在喪禮和其他儀式與日常行為中也常出現這

樣的聲音模式，蘊含著Kaluli的基本族群情感(ethos)與美感。排灣族社會是否也有特殊的聲音模式？能不能顯現出排灣族情感的基調？我發現笛聲是重要的切入點。

## 二、笛聲似哭聲

　　一個族群如果有某種定型的聲音表現形式，應該不是偶然的現象，而應和文化的形塑有關。笛子是排灣族最普遍、最受喜愛和最具代表性的傳統樂器，至今笛聲仍在許多排灣村落飄揚著。以往雖然還有口簧琴和弓琴，但普及程度不及笛子，且早已在排灣族的現實生活中消失。當我們做「排灣族鼻笛、口笛現況調查」(胡台麗、年秀玲，1996)時，總共訪問了三十位鼻笛、口笛吹奏者；後來並對其中的九位作了詳細的生命史訪談(胡台麗，1997)。我們發現在排灣族的聚落中主要存在著四種鼻笛、口笛吹奏系統。

　　第一種是雙管鼻笛系統。雙管鼻笛以北排灣Vutsul系統的平和村(包括遷往瑪家鄉涼山村者)會吹奏的人數最多、鼻笛的形制最具代表性、並有關於鼻笛聲仿百步蛇聲的傳說，極可能是排灣族雙管鼻笛的中心。這個系統稱雙管鼻笛為raringdan，另外也存在著單管口笛，稱為kuraru(或pakuraru)。他們指出雙管鼻笛是很高貴的樂器，以往只有頭目家男子可以使用，在追求女友和頭目去世時吹奏。鼻笛雙管中的一管有指孔(三孔)，吹出主旋律，如同在「說話」；另一管無孔，吹出單一的配音。雙管鼻笛的頂端吹口是在竹結上穿圓洞。鼻笛的曲調基本上只有一個，可用高、中、低音吹奏。雙管鼻笛系統中使用的單管口笛的竹管較鼻笛

細，指孔數可多達五、六個。單管口笛早期平民中要獵過首的勇士才能吹奏。在雙管鼻笛的系統中一般人會給予鼻笛吹奏較高的評價，也最喜歡聽雙管鼻笛的聲音。他們會說只有雙管鼻笛而非口笛的名稱出現於古老的虛構傳說(mirimiringan)中：有一個男子kulelelele常在一美貌的女子muakakai家門外吹笛，由此可見雙管鼻笛是遠古就有的樂器。

第二種是雙管口笛系統。我們在北排灣的Raval支系中普遍見到雙管口笛paringed。目前雙管口笛的吹奏者主要居住於三地門鄉大社村、德文村和賽嘉村。在這個系統中雙管口笛和單管口笛都稱為paringed，可是吹奏者的最大目標都是雙管口笛，認為比較有韻味。雙管口笛的竹管比較細，一管有五個指孔，另一管無孔，吹口有木塞，吹奏的傳統曲調是固定的，有一至五個曲調，視個人功力而定。雙管口笛是以前追求女子時使用的樂器。男子夜間前往女家探訪時會在女家屋外吹奏口笛。有些人表示當村人死亡時可以吹奏口笛安慰喪家。還有就是男子孤寂憂悶或與朋友聊天聚會時可吹口笛以舒解心情。吹奏口笛的男子沒有身分資格的限制。在Raval雙管及單管口笛系統中也存在比較粗的雙管鼻笛，叫做raringetan，與雙管口笛相同，一管五個指孔，一管無孔，吹口穿圓洞。目前Raval系統村落中已無人會吹奏雙管鼻笛，可是他們都知道雙管鼻笛往昔必需是獵過首的勇士才能吹奏。北排灣Raval系統的人並不認為雙管鼻笛比雙管口笛優越，反而給予雙管口笛很高的評價，並能講述關於雙管／單管口笛paringed的古老傳說故事。

第三種是單管五孔口笛系統。在北排灣Vutsul支系中我們發

現單管五孔口笛系統，以高燕村（padain，現併入排灣村）和筏灣
村（sepaiuan，現為排灣村）為代表。此系統中口笛雖有五孔（有時
開六個孔，但吹時最上面的孔按著不開，實際上只有五個孔發生
作用），但使用時最後一個孔不按，而且每個吹奏者只吹固定的
一、兩個曲調。單管五孔口笛早期頭目之外平民中必須是獵過首
的勇士才能吹奏。單管五孔口笛經常用於追求女友。男子晚上在
女友家門外吹奏，以笛聲代表內心想說的話語，喚醒已入眠的女
友。此系統中也有雙管鼻笛的存在，但雙管較細，而且目前會吹
的人都不嫻熟，似乎不是此系統最根本的形制。

　　第四種是單管七孔口笛系統。此系統存在於中排灣，以來義
鄉的古樓村及由古樓分出的南和村為代表。村人稱單管七孔口笛
為raringdan（後來也採用pakuraru的稱呼），吹奏時最後一個指孔
不用。傳統的曲調有一到六個。單管口笛的吹奏者沒有身分限
制，吹奏的主要目的是追求女友和自我消遣解憂。這個系統只吹
奏單管口笛，而無鼻笛之存在。

　　雖然笛子是男性吹奏的樂器，但排灣族人無論男女，只要聽
到笛聲，不論本身會不會吹奏，都會發出a-i的感嘆聲，表示非
常地喜愛和感動，會沉浸在一種特殊的情感和美感經驗中。我們
向以上四種排灣族不同鼻笛、口笛系統中還會吹奏笛子的人請
教：怎樣才算吹得好？怎樣的笛聲才是排灣族所喜歡的？笛聲表
達或觸發了什麼樣的情感？

　　四個不同系統的排灣笛吹奏者都不約而同地提到：笛聲好像
哭聲，讓人聽了想流淚，感到非常的哀傷和思念。北排灣最常用
tarimuzau而中排灣最常用mapaura語詞來形容。他們覺得越像哭

聲的笛聲越好聽、越美（samiring）、越縈繞不去。下文將引述一些他們的敘述。

在雙管鼻笛系統中，泰武鄉平和村最擅於吹鼻笛的蔣忠信（rhemaliz家名Tjuvelerem）便如此表示：

> 吹鼻笛是要讓人tarimuzau。tarimuzau的意思是令人想哭。吹得好的，老人家聽了就會說：真令人tarimuzau！以前學鼻笛的時候，老人家告訴我，怎樣的音才是對的，我就學那個音。能抓住原住民的varhung（「胸」）的聲音才算好聽，如果我們隨便u-wa-u-wa的亂吹，就沒有什麼意思了。老人家有一種很喜歡的音，他們聽了會說：啊，那吹得真是令人想哭啊！後來我成年了，聽到老人家說：只有rhemaliz很會吹鼻笛，他比較會抓住原住民的音。我以前吹鼻笛時，有些老人就會說：a-i-anga raringdan!（a-i-這個鼻笛聲真讓人傷感！）會讓他們產生tarimuzau之感。通常老人家聽到鼻笛聲，都會感動地掉眼淚。tarimuzau的感情是從varhung（「胸」）產生的。頭目逝世時，可以吹鼻笛，也可以用於追求女友，而鼻笛聲就代表吹奏者的哭聲。鼻笛聲像哭的聲音，會令人tarimuzau。如果有人去世而我們不會哭，那鼻笛聲就代表了我們的哭聲。尤其是男孩子不太會哭，便吹鼻笛。以前沒有女孩子吹鼻笛，上帝賜給女孩子會哭的本性，他們都會在喪事中tsemangit（哭訴吟唱）。

　　平和村另一位鼻笛吹奏者鄭尾葉（tsamak家名Paqalius）的說法是：

> 聽到鼻笛聲，就好像我們一個人在哭泣，有心事。這個鼻笛就是很令人感傷（na temarimuzau），過去的種種會一直湧上「胸」（sema varhung）。我吹奏鼻笛時就會想起我們漸漸逝去的舊有慣習（kakutan）、還有我們過去的村莊、我們的一切、會想起已去世的雙親及老人。我們在吹鼻笛時必須要吹得像有抖音（magelegeleng）才好，聽起來像在哭泣一般。

　　由平和舊村落遷到涼山村的鼻笛吹奏者李秀吉（tsemeresai家名Pariuz）也認為：

> 鼻笛（raringdan）是有關tarimuzau（思念）的。如果想起女朋友、親人，就會吹鼻笛，會說a-i-好想念他們喔！如果有人去世，鼻笛聲如同哭聲，吹起來像是在泣訴吟唱（tsemangitsangit）。

　　在雙管口笛系統中，北排灣三地門鄉德文村的劉惠紅（diatu家名Rhulajeng）告知：思念女友時會吹奏笛子，雙管口笛（paringed）要吹得令人想哭比較好聽。德文村的蔡清吉（pali家名Madalak）也說笛聲有哭的感覺。德文村另一位雙管鼻笛吹奏者林石張（tjivurangan家名Tjaugadu）表示：

有人死亡時婦女在哭，男子可以在旁吹笛，代表吹奏者
的哭聲。口笛paringed要吹奏得好聽，必須聽起來有
samiring的感覺，也就是說吹奏出來的笛聲讓人覺得寓
意很深（makjalad）、很遠（makatsaja）。samiring是一種
「胸」的悲傷思念（na kipaura a varhung）的感覺。口笛
不是為了追求快樂而使用的。如果心情很快樂時吹口
笛，人家會覺得你吹得不好。samiring的意思是指我們
的思想一點都沒有邪念，varhung（「胸」）很專注（na
minseg a tja varhung），譬如說只想著追求女朋友的意
念。但是不論是吹奏笛子或者是唱歌跳舞，若是心情浮
躁、精神不專注，就吹不出、唱不出samiring的感覺。
又譬如說一個男孩子並沒有真心想追求一個女孩子，那
麼他所吹奏出來的笛聲就不會有samiring（深情）的感
覺。有沒有samiring的感覺主要是看吹奏者的「胸」和
態度。

　　三地門鄉賽嘉村的董明文（laugia家名Tjavelengan）雙管口笛
吹得很好，他對笛聲作如此描述：

　　　笛聲聽起來很samiring。samiring的感覺就好像是當我們
　　　遠望一座山時，心中所產生的孤寂之感。又譬如雷雨過
　　　後，天空中現出一道彩虹，這樣的情境就是na
　　　semamiring，感覺很美麗、很悠遠、很哀淒，腦海中總
　　　有揮之不去的感覺，這就是samiring。吹奏者的心情若

沒有孤寂之感，就不會吹出好聽的笛聲，就吹不出na samiring的感覺、韻味。笛子的聲音很像人的哭聲，但是跟有人去世時哭的調子以及女子結婚道別時的哭調是不一樣的。

賽嘉村的涂文祥（uriu家名Kaviangan）也吹雙管口笛，他的說法是：

笛聲聽起來會使人有na qemaurian、孤寂的感覺。排灣族很喜歡這樣的感覺。譬如說我們吹奏笛子給女朋友聽，她會一直回想笛聲，這樣的感覺就是na qemaurian，好像是「意猶未盡」的感覺一般，也就說男朋友或者女朋友的一舉一動縈繞在心頭上。我所吹的曲調和有人去世時哭的調子和結婚時哭的調子都蠻像的。單管口笛較單調，好像是在獨自哭泣。雙管口笛有另一個配音，就好像兩個好朋友在一起唱歌或一起哭泣，聽起來會比較好聽。

三地門鄉大社村的雙管口笛吹奏高手許坤仲（pairhang家名Pavavalung）對笛聲有這樣的說明：

我們大社村有很多人會吹奏笛子，但是我們吹奏的方式、按指孔的方式都不一樣。很多人都可以吹出聲音來，但是這其中又分為吹得很好的和吹得不好的。有一

些人真的吹得很不好，吹出來的音調都一樣。雙管口笛
不是只有找女朋友的時候才可以吹，跟朋友（男的朋友）
玩耍、聊天的時候也可以使用。有人死亡的當天不可
吹，可是過了幾天就可以吹了。我們不是在喪家而是在
路上吹。如果有人死亡不管是不是頭目，若聽到了這個
笛聲，就好像是聽到他們在哭一樣。

我十七、八歲時便開始到女朋友家去探訪，那時我已經
很會吹奏口笛了。老人家、女朋友聽到了笛聲，他們就
會有tarimuzau和qemaurian的感覺。qemaurian的意思就
是聆聽笛聲的人在笛聲停止後仍舊渴望再聽到這樣的
笛聲，這種感覺就叫做qemaurian。tarimuzau則是譬如我
們看天色有些暗，或者是陰天，這樣的天氣讓人的心情
有一種感覺，這樣的感覺就叫做tarimuzau。這個笛子可
以拿來回憶過去的事情，一吹奏起來心情就會變得很愉
快、舒服。如果身體疲累，一吹笛子就不再感到疲憊了。

三地門鄉三和村的曾春吉（ulas家名Tjalivadan）和湯九如
（kulele家名Tjuvererem）也都認為：笛子吹得好聽是讓人一聽到笛
聲varhung（「胸」）就產生一種很傷感思念的情感。

已故的吹笛高手sujaru（余施金城）原是德文村人，後遷居牡
丹鄉東源村。他在生前對徒弟陳明光（gilegilau家名Ralangal）講述
了一則古老年代流傳下來的mirimiringan（虛構傳說），其中提到雙
管口笛聲是一對兄弟的哭聲：

有一個家庭有父母親及兩個兄弟。一天，母親叫他們去
河流捕魚。媽媽在家裡舂打小米準備做小米糕，作為兄
弟捕魚時的便當。隔天他們要出發之前，爸媽交代他們
袋子裡的便當那一份是哥哥的，那一份是弟弟的。到了
中午要吃中餐時，他們雖然都吃同樣的小米糕，但是打
開來時哥哥的小米糕裡頭包的餡都是蟑螂及一些不乾
淨的東西，而弟弟的小米糕裡頭包的餡都是魚、蝦。哥
哥剛開始覺得沒有什麼，結果吃第二個、第三個都一
樣。這樣的情形連續三天，到了第三天的中午，哥哥咬
一口，發現還是一樣。此時哥哥已經沒有心情捕魚，於
是對弟弟說：「我要回去了」。回家後哥哥就問媽媽：
「為什麼我吃的東西會是這樣的？」媽媽回答說：「有
什麼不一樣，還不都一樣？」他就很難過地說：「原來
父母親是這樣對待我！這樣的不喜歡我啊！」

那天他去到一個稱做kureng的山坡地，那裡是他常吹雙
管口笛的地方。他在那裡哭泣，為父母親這樣的嫌棄他
而難過。到了夜晚，他回家收拾行李時被弟弟發現，弟
弟知道哥哥要離開，但他不願意和哥哥分開。到了清晨
哥哥要離開時，弟弟就跟在哥哥後面。哥哥知道弟弟跟
來，就對弟弟說：「你趕快回去吧！不然爸媽怎麼辦？」
弟弟不願意回去。哥哥因為年紀大，跑得比較快，就躲
了起來。弟弟跟在後面哭，哥哥不忍心，便出來跟弟弟
說：「你怎麼搞的，叫你回去你都不聽話，那爸媽怎麼
辦？」弟弟回答說：「不，哥哥，我一定要跟你去。」

哥哥又說：「你怎麼都不聽話啊！」之後哥哥又躲了起來，跑了很遠之後，哥哥還是擺脫不了弟弟，最後哥哥只好妥協地對弟弟說「好吧！那一起走吧！有什麼辦法呢？」於是這兩個兄弟一直走，一直走，走得很疲憊。弟弟就對哥哥說：「哥哥，我們在這裡停下來休息吧！」後來他們就變成兩座山，一座較大，一座較小，大的是哥哥，小的便是弟弟。雙管口笛有孔的笛聲是哥哥的哭聲，而無孔的笛聲是弟弟在旁陪著哥哥的哭聲。

在單管五孔口笛系統中，泰武鄉排灣村原屬Padain舊聚落的吹笛能手李正(tsegav家名Tjarhulaiaz)對笛聲的表現有如下的敘述：

以前的人聽到笛子的聲音真的會哭。過去老人會說口笛(pakuraru)聲令人tarimuzau(哀傷思念)。吹笛子的時候一些事情就會湧上「胸」(mavarhung)。笛子是有意義的(izua patarhevan)，並不可以任意吹奏。從前必須是頭目和獵過首的勇士才可以吹奏。

Padain村的人都喜歡聽笛聲。笛子吹得很好聽的話，我們會稱讚，會說他吹的笛聲samiring。samiring是說很令人驚異(na seminamali azua rhi samiringan)。獵首勇士吹笛子時會心繫於他所獵殺的人，會想起(kinemeneman)他所做過的事情，有榮耀、誇耀自己的用意，也有可憐(nasemarimsim)那個被殺的人的意思。

聽口笛（pakuraru）會引發 tarimuzau 之情。如果家裡
mapulu（人少而孤單），又沒有雙親，我們就會很容易想
起令人 tarimuzau 的事。tarimuzau 是指悲傷，像我的父母
兄弟很早去世，我心裡就會 tarimuzau 啊！我還會自問：
到底是怎麼回事？tarimuzau 有「胸」一直在想的意思
（kinemenemen a varhung），也有「胸」在痛（saqetju a
varhung）的意思。那種哭（痛苦）是對神（tsemas）的憤怒
（duduan ta tsemas），會問道：為什麼對我這麼殘忍？

　　排灣村原屬筏灣（sepaiuan）舊聚落的金賢仁（legeai 家名
Tjaududu）擅長吹單管五孔口笛。他說：

　　我比較喜歡在山上吹笛子。吹的時候我聽著笛聲，好像
人在哭似地讓人難過。老人家說聽了笛聲，就好像在哭
一般。因為我們家人丁單薄（na mapulu），我有時候聽到
笛聲就會難過、會哭。以前人吹笛子的時候「胸」很憂
煩，想著女朋友，想著被獵首的人。早期口笛不是一般
人可以吹奏的，必須是頭目和獵首勇士才能吹奏。

　　在單管七孔口笛系統中，來義鄉原居古樓村後遷往南和村的
蔡國良（kapang 家名 Tariu）是村人公認笛子吹得最好的人。他表
示：

　　根據前輩們的說法，當我們聽到笛聲，就會感覺很

mapaura（傷感），通常都會思索往事，會思緒起伏。我
們會說：「a-i-真令人思念悠遠的戀人啊！」我們的「胸」
會沈思於悲傷中。我們吹笛子的時候，「胸」中必定是
懷著思念（mapaura）情人的情緒。我們會思索：戀人啊！
妳耳邊有沒有聽到我的笛聲？有沒有體會到我藉笛子
傳達的情意？我們在這路上也感到非常的淒涼呀！女
友們聽到了笛聲會很感動。她們說：我們聽到你的笛
聲，就都睡不著了。你要回家的路上，我們的「胸」也
會跟著你的笛聲一起走。我們透過笛聲讓情人細聽我們
「胸」內的感傷和孤寂。我覺得吹得很長，吹得令人傷
感的、曲折的、悲哀的（mapaura）笛聲比較好聽。靜心
吹笛子能忘記一切雜念，得到慰藉。吹笛子會令人感
傷。如果有人剛死，那些老人家絕不准我們在喪家附近
吹笛子。老年人說這樣會讓死者的家屬更加哀傷、自憐。

古樓村的蔣幸一（kapitjuan家名Tjapalai）對於單管七孔口笛
聲有這樣的敘述：

老人家曾說笛聲就好像是人的哭聲，而每一個人的表現
方法都不一樣。最好的笛聲是能完全表達哭的聲音，令
人感動。男子吹奏時是很自卑地在吹，盡量感覺女友不
瞭解我的真情。在古樓村若有人剛死不能到他家中吹笛
子，只有在死了一段時間後很思念（mapaura）逝去的親
友時才可以吹奏。

　　古樓村的邱善吉（tsujui家名Tjakisuvung）對單管七孔口笛的笛聲表現十分瞭解。他說：

> 我們聽了笛子的聲音「胸」中會感到十分mapaura（悲哀）。如果我們深夜到屋外吹笛子，全部落的人幾乎都不能入睡了。笛聲會使人哀傷流淚。笛子的聲音像哭的聲音。吹笛子時聲音要吹得很悲哀，要吹得很長、很動聽，是自己情感的表露，讓對方知道我們對她的愛意。古樓的笛子有七個孔。第七個孔吹時不按，是為了使聲音曲折，如果塞住的話，聲音就會扁扁的。古樓稱笛子為raringdan。raringdan是paurauran（傷感、思念）的意思。如沒有raringdan就沒有paurauran。

　　邱善吉還講述了一則古樓村自古流傳的單管口笛的tjautsiker（真實傳說），提到做笛子的kaqauan竹子中如果有水，那是祖先的眼淚：

> 我們古樓村只用稱為kaqauan的這種竹子做笛子，別類竹子不能做。竹子表面不一定有洞，但有時kaqauan這種竹子裡面竟然有水！以前的傳說提到我們人死時會到kaqauan竹子裡面（人死後在神靈界會經歷三次死亡，第一次變成百步蛇，第二次變成熊鷹，第三次變成水，會經過kaqauan竹子上升），竹節中的水是死者的眼淚。通常裡面有水的竹子就不會發出聲音。老人家就會說：像

這樣發不出聲音裡面有水的竹子已經被神靈祖先（tsemas）放進了眼淚，所以吹不出聲音來。老人家是說我們死後會在竹子裡面，而我們（留戀人間）的眼淚也會在竹子裡。做竹器的人如看到這種有水的竹子，他們會說這個竹子比較脆弱，已經有眼淚在裡面了。做笛子的人也會說：不會出聲的竹子是已經有眼淚在裡面。但也不是整叢的竹子都會有水，大概也只有一支會有水。kaqauan竹子的葉子在祭儀裡面也有用到，把它當作是接水之物。如果我們做祭儀的目的是為了驅趕傳染病、蛀蟲等，我們會使用kaqauan竹子的葉子，因為這種竹子裡的水是死者的眼淚，所以蟲會害怕。

笛聲有要表現我們「胸」中的眼淚（ruseq）。老人家有一首歌的歌詞是形容一個人的愛（tjengeraian）：ku vurhuvurhan tjanumun，si darau ta kaqauana（我愛戀你的眼淚就裝在竹子裡面）；也就是說：我對你意亂情迷，我的眼淚流到了竹子（kaqauan）裡。

## 三、哀思情感的文化情境

前節有關笛聲的描述，有一些特別值得我們注意的地方。首先，笛聲似哭聲，傳達的是一種哀傷的情感，同時會引起思念之情，北排灣最常用tarimuzau，而中排灣用mapaura來形容。他們所提到的笛聲最會勾起tarimuzau/mapaura情感的情境大多和男子

對女友的追求、親友的死亡、個人家族及村落mapulu(孤寂)的命運相關聯。其次，tarimuzau/mapaura的情感雖然很哀傷，但卻是排灣族人所喜愛的情感，或說由愛而產生的戀戀不捨、縈繞不去的情感。此外，他們認為tarimuzau/mapaura這種情感是由varhung(胸)發動且存在於varhung。

我問排灣族朋友：「很有情感」排灣語要怎麼說？回答是：rhu paurauran。paurauran是對於人、事、時、地、物等情境的mapaura(哀傷／思念)。一位年長婦女告訴我，paurauran是由愛而引起的感傷思念(izua tja tjengeraian sa tja ka paurai)。她說：現在年老了，但常會回憶年輕時不能和自己所愛的人結合的傷痛，那是我對過去戀人的paurauran(哀傷思念)。她又反問一句：誰沒有paurauran？另一些長者告知paurauran的範疇很廣，凡是過去珍愛的人、事、時、地、物都會成為paurauran(哀傷思念的對象)，例如傳說、祭儀經語、歌舞、手藝、笛藝、家名、人名、愛人、榮譽、衣飾財物、儲藏的小米、遺言、墓園、舊居家園、雕刻等。排灣族長輩會說他們的所作所為例如開墾土地、製作衣飾、講述傳說等都是為了讓後代子孫能夠思念他(ku paurauran tua ku vuvu)。

中排灣古樓村的女巫師洪宋網市(laerep家名Pasasaev)指出：排灣族人比較喜歡rhu paurauran(哀傷思念)的感情。她說除了笛聲的氣拖得很長，排灣族的歌大都是拉得較長(qimalu/paradruq)，令人聽了悲傷想哭，舞步也較緩慢。對於情感所在的varhung，她作如此說明：quru(頭)以下的軀體由qelev(橫隔膜)分為上下兩部，上部是varhung(胸)，包括qavuvung(心)、va(肺)、

qatsai（肝）等；下部是tjial（腹），包括vu（腸）、vitjuka（胃）等。無論什麼事，quru（頭）和varhung（胸）都會相互呼應。varhung比quru容易改變，一件事能否完成，完全要看varhung。「頭」想（kinemenemen）時，「胸」會哀傷想流淚；胸哀傷時「頭」也會一直「想」，二者密切關聯。一個人容易流淚，表示他的varhung很軟（rumelak a varhung），很會同情別人（rhu pinauran a varhung）。mavarhung是悲傷、擔憂之意。吹笛子的時候會哀傷（mavarhung），也很會想和思念（makinemenemen）。吹笛子的氣是從varhung產生。全身的氣（nasi）匯集到varhung，好的nasi會往上衝；不好的nasi（例如屁qetjutj）則往下放。另外，根據幾位吹笛者的描述，「胸」（varhung）本身也會想（kinememamen a varhung），「聽到笛聲時，我們的varhung會沉思於悲傷中，會思索往事。」

在排灣族哭（qemaung）得最厲害的文化情境是親友的死亡。有人死亡時親友都會在埋葬前（死者還留在人世間）到喪家和死者話別（kiseqaqivuan）。弔喪者會一面以歌調哭泣，一面對死者說話，這種泣訴吟唱叫做tsemiruq/tsatsirugan或tsemangit。泣訴吟唱（semiruq/tsemangit）時一定會流淚。過去女子大多會tsemiruq/tsemangit，有些男子也會。如果女子不會哭，有一種說法是她曾在親友死亡時不小心將淚水滴落墓穴，淚水因此變乾，以後就無法再流淚哭泣。男子一般來說比較不會哭（這是創造者的造化），但對於男子哭，排灣族人並不介意，不覺得有什麼不好，反而認為他們「胸」很軟，很會同情別人。所以不太會哭的男子便以笛聲來表達哭聲。排灣笛的音調係模仿tsemiruq/tsemangit時拉長音泣訴的感覺。泣訴時常常以感懷思念的a-i-語調開頭，接著是泣

訴的詞，每句句尾是拉長的啜泣聲，充滿哀傷思念的情感和內
容。例如平和村在頭目死亡時tsemangit的部分詞句形式是這樣
的：

> a--i--我的兄弟姊妹，a--i--我的父輩們！
>
> （a-i- tia kaka, a-i tia kama!）
>
> 你們現在都在哪裡？變成什麼形貌？
>
> （i inu mun tutsu? i tjanuanema mun tutsu?）
>
> 我們正在致歉！我們正在哭悼！
>
> （javai saka javajavai la, qemauqaung amen la.）
>
> 我們歷歷細數，朝夕思念你們。
>
> （lemitalita men la, tua qadau tua surem.）
>
> 我在這裡哭泣！
>
> （e…ua na na uza tsu aken la a qemauqaung.）
>
> 我正在回憶啊！
>
> （a kipaqeneqenetj la……）
>
> a--i--我在屋內啊！
>
> （a-i- i maza i qumaqan la.）
>
> 我在哭悼頭目！
>
> （qemauqaung la tua mazangizangil la.）
>
> 願受到保護啊！……
>
> （sekilivak aia ken la ….a….e…）

中排灣古樓村的女巫師laerep表示：對不同身分的人例如頭

目、祭師、勇士、平民等會有不同的tsemiruq(泣訴吟唱)語詞。
例如頭目死亡時的部分泣訴詞是這樣的：

> a-i！你終生照顧著我們。
>
> (a-i la! su ka kipuarangan!)
>
> a-i！a-i！你終生關懷著我們兄弟姊妹和全村的人。
>
> (ai la! ai la! su ka kipurhukuzan tu tja kaka, tu tja sika ta qalan.)
>
> 你交代了那一位來照顧這一切？
>
> (saka ti ima anga tsu a su pinazazekazekatj?)
>
> 你究竟交代誰來接替？
>
> (ti ima anga tsu a urhi sevarit?)
>
> 誰能清楚處理、掌管我們這些兄弟姊妹、
>
> (tu ki puarang anga! tu ki purhukuz anga! tu tja kaka!
>
> 全村的人和這些農事祭儀？
>
> (tu tja sika ta qalan! tu qinalan!tu tja sengesengan!aia itjen.
>
> 我們因頭目的喪亡而痛哭哀號！
>
> (maia tua zua a mivaq itjen.)
>
> 你是我們的彩虹！……
>
> (nia su qulivangerhau aiau…)

　　再以古樓村針對獵人死亡的吟唱泣訴詞為例，是如此起頭
的：

a-i a-i！你現在怎樣了？

（a-i la! a-i driva parhut la! kemuda sun tutsu?）

究竟是為什麼？你為何如此過份？

（aku azua? aku pareqereq sun arhavats?）

你的孩子們！你的孫輩們！該怎麼辦啊？

（saka kemuda anga a marh ka su alak.a marh ka su vuvu.）

你的兄弟姊妹們！我們的家庭，還有野外獵場要怎麼辦呢？

（a marh ka su kaka. a tja umaq. a tsemetsemer? aia.）

a-i！你雖然有的地方不如別人，

（a-i anga! saka i ka sun a maia tu zuma.）

a-i！但你常細心照顧、勤懇耕種、將獵獲物獻給頭目。

（a-i anga la!tu su kikaja la!tu su kikavetsenger.）

a-i！你常步行的道路！a-i！你常休息的石椅！

（a-i la su jaran! a-i la su qaqirajan!）

a-i！你常巡視的獵場！a-i！你的狩獵陷阱！

（a-i la su kakaravan! a-i la su quatian!）


　　排灣族吹笛的最主要情景是青春時期男子結伴在女友家門外以笛聲來追求女子。我問吹笛男士：為何追求女友要吹奏哀傷的笛聲？他們的回答是：我們吹笛子是要表達我們的paurauran，那是對我們喜愛的女子的一種很想念、很亂的思潮，因不知道她到底喜不喜歡我，便用悲傷的笛聲來感動對方開門；女孩子聽了笛聲也會情思起伏而睡不著，會因哀傷的笛聲而對吹奏者產生同

情(sarimsim)和愛意。有一位吹奏者kapitjuan的描述很具代表性：

> 我們吹笛時盡量感覺女友並不瞭解我的真情，而且自己
> 並不能作主和哪一位女子結婚。男人吹笛時是懷著自卑
> 哀傷的情感，因喜愛的女友可能突然在父母安排下和別
> 人結婚了。

　　排灣族階層社會對男女交往婚嫁條件的約制，是青年男女產
生哀傷思念情感的溫床。過去排灣族男女在婚前都採集體式的交
遊。對一個未婚女子來說，每個未婚男子都可算是男朋友；同樣
的，每個未婚女子都是未婚男子的共同女友。不到結婚的時刻，
社會不允許任何個人宣稱誰是他／她的固定伴侶。白天的交往是
一群男女在一起換工；晚上的交往則是男子結伴到女友們家拜
訪，很少一對一交往的例子。雖然如此，每個人都會有最屬意的
對象，但不公開表露。在排灣族聽到太多無法和自己喜愛的人結
婚的敘述，尤其是貴族頭目家的子女很難和平民家的子女成婚，
因父母長輩永遠把家世身分的考量放在第一位。由於很難確定愛
的對象，年輕男子吹笛子時會懷著哀傷自卑的情感。年長以後，
回憶起青春時代自己真正喜愛但不能結合的戀人，無論男女，
「胸」中都會充滿了哀傷思念的情感。雙管鼻笛吹得十分動人的
rhemariz就提供一個很好的例子。他有貴族的身分，但他年輕時
愛上的女友是平民又是要繼承家的老大，他的父母不贊成，要他
和同樣有貴族身分的女子結婚。他吹鼻笛時會一直思念以前愛戀
很深但無法結合的情人。

男子在吹奏笛子時除了會經常想念他們喜愛的女子和逝去的親人，有的吹奏者還會想起自己孤苦的家世和故居的土地家園。這些他們過去的所愛，如今都成了哀傷的思念（paurauran），藉著笛聲表達出來。單管五孔口笛吹得非常好的tsegav就表示：

> 吹笛子時會想起很多以前的事，我們過去的遭遇，經歷過的重大事件，曾經遇到的困難，也會想起戀人，男女之間的交往。吹笛子時我們也會想到親人，尤其是如果只剩下自己一個人，那真是很難過的事。有時候會自憐自己的一些遭遇，會想要前去殺敵人啊。

在笛子吹奏者的採訪過程中，我聽到兩則有關笛子的mirimiringan（虛構傳說），內容描述一個人會因失去所愛的笛子，而產生非常強烈的哀傷思念之情，以至於想殺人或自殺。第一則是由德文村的tjivurangan以吟唱的方式講述，內容如下：

> 有一對父子，父親名叫purarerarengan，兒子叫做kulelelele。種小米季節，他們必須要到田裡去趕小鳥、看顧小米園。但是每當父親吩咐兒子去做一些事情，這個兒子總是說：等一下，我要去田間工寮，而不做父親所吩咐的事情。到了中午，父親就很生氣地對兒子說：「你怎麼回事，已經中午了，你怎麼什麼事都沒有做？」於是就叫兒子去挑水。父親趁這時來到工寮，發現兒子原來在做笛子！父親為了要氣他的兒子，就將兒子的笛

子投入火中當材燒了。兒子取水回來時，四處找笛子，看見了笛子的殘骸，非常難過，心想：為什麼爸爸要這樣對待我？他就拿了父親的vuka（小鐵鍬）到芋頭田裡去，將vuka插在芋頭堆中。在他離家前，他請母親轉告父親，要父親去芋頭田裡除草。後來，父親去園裡把芋頭上蓋的葉子掀開，結果先前兒子所插的vuka就變成百步蛇，將父親咬死了。

之後，兒子前往別的部落。他每到一個部落就問誰是頭目。他到第一個部落問到頭目名叫kulelelele，他就將頭目殺了。到了下一個部落，他又將第二個部落的頭目sapulengan給殺了。於是其他村落的人都想殺他，但是沒有人可以傷得了他。據說他的力量很大，即使左手邊有一百人，右手邊有一百人，他照樣可以打敗他們。最後，他又到一個部落，問一個正在玩耍的小孩當地頭目是誰？小朋友回答說是uakai。這位uakai就是他所喜歡的人，但兩人並沒有結合。後來他碰到一位很老的人，他就把長矛交給這位老人，請老人將他殺死。終於，他也和父親一樣死了。

第二則mirimiringan是由德文村遷往三和村的女子lavets（家名Tjalivadan）所吟訴的，有些情節和前面記述的虛構傳說相似：

這是kulelelele（弟）和sapulengan（兄）的故事。他們的媽媽是uakai，媽媽喜歡kulelelele而不喜歡sapulengan。平

常不管sapulengan做什麼事，媽媽都不喜歡。媽媽煮東
西也都煮好的東西給kulelelele，煮不好的東西給
sapulengan，甚至煮的東西裡面都放一些蟑螂的排泄物
等。sapulengan非常的難過，媽媽對他和弟弟的待遇差別
太大了！不僅如此，連漂亮的小姐，媽媽都說是kulelelele
的；而比較醜的小姐，媽媽就說是sapulengan的。
有一天sanpulengan出去打獵，他的口笛被媽媽燒掉了。
等他打獵回來，發現他的口笛被燒毀，就非常難過地自
殺了。
有一個年輕女子的名字也叫uakai。她原是sapulengan的
女友。sapulengan去世之後，kulelelele就想娶她。但是
uakai喜歡的人是sapulengan而不是kulelelele。每當
kulelelele來看她，她都不願看他一眼，一直待在自己的
房間裡不出來。uakai的母親責罵她，叫他不要這樣對待
kulelelele。但是她說：我喜歡的男友既然死了，我也要
跟著死！

　　以往mirimiringan的吟訴是排灣文化很普遍的現象。大家都知
道代代相傳的mirimiringan和tjautsiker（真實傳說）不一樣。
mirimiringan中的人物事蹟不是真的，而是編撰出來的，人名用重
複音節例如tjukutjuku。mirimiringan中常出現不可思議的情節，
具寓言性和教育性（胡台麗，1999b）。tjautsiker是真實的人物事蹟，
有明確可考的人名和家名。過去長輩們常在孩子們睡覺前吟唱講
述古老的mirimiringan，成為排灣族人成長過程中深刻難忘的記

憶。值得注意的是mirimiringan和喪事中的tsemiruq類似，都是以一種固定且拉長的音調吟唱。更有意思的是笛聲通常不為普通的歌伴奏，但卻可以配合mirimiringan的吟唱而吹奏，也可以和著喪事中的tsemiruq/tsemangit（泣訴吟唱）吹奏。換言之，這三種聲音的表現方式有其共通交融之處。果然，排灣族報導人告知：大部分的mirimiringan都是temarimuzau（哀傷）的；mirimiringan要tarimuzau（哀傷）才好聽，會令聽者感動落淚。排灣族人從小在mirimiringan床邊故事的薰陶下，培養哀傷思念的情感。排灣村很會吹奏單管五孔口笛的金賢仁（legeai家名Tjaududu）說：

> 我的父親很會吟訴mirimiringan（虛構傳說），而我的記憶力又好，所以我都記得。mirimiringan幾乎都是比較悲傷的，其中主角的背景常常都是人丁單薄（mapulupulu）、家裡很貧苦，後來他受到祝福之後，就會變得很幸福。mirimiringan聽了會令人流眼淚，因為吟述的都是讓人悲傷（na temarimuzau）的故事，而吟訴的人的聲音又非常讓人想哭。女子吟訴mirimiringan特別好聽，會令人想哭。譬如有個mirimiringan是講一位哥哥（或姊姊）一直要求母親快餵弟弟（或妹妹）吃奶，但是母親一直說等一下、等一下、始終沒有餵。後來這兩個孩子為母親的作為感到難過，就變成了鳥：tjugerui和ngaingai。這樣的故事不是很令人悲傷嗎？那位媽媽不好，對孩子沒有關愛（neka nu kilivak）。

笛聲、喪禮的吟唱泣訴聲和mirimiringan的吟訴聲，傳達的都是哀傷思念的情感。此外，婚禮時也有表達哀傷難捨的哭調。還有，日常生活中最常聽到的是a-i-的語調。例如朋友隔一段時間相會，一見面就會說：a-i-anga sun！（a-i-好想念你啊！）要分離前也會說a-i-anga！表達的是不捨之情。聽到笛聲時會說：a-i-anga raringdan！（a-i-這笛子真讓人哀傷思念啊！）村中有人死亡時更是到處聽到對死亡事故感到悲傷的a-i-感嘆聲，包括泣訴吟唱的語句也多以a-i-起頭。

## 四、情感與美感

哀傷在許多社會被視為負面的情感，希望能夠避免和消除。排灣族人卻一致認為笛聲、吟唱的虛構傳說（mirimiringan）以及歌聲要令人哀傷哭泣才好聽、才美。換言之，哀傷的情感在排灣族已進入美感的領域。有些排灣族吹笛者在談到哀傷思念情感（tarimuzau/mapaura）時會同時提及另一個詞彙samiring，在本文的第二節便有所引述。從他們的描述中samiring也是一種哀傷的感覺，而且有遠古、孤寂、美麗、驚異、專注、真情、縈繞等意涵。其中有一位用遙望遠山的心境和雨後陽光中的彩虹景象來形容samiring。平時請教排灣族人「美麗」的排灣語是什麼？他們指出普通的美是nanguanguaq（nanguaq的意思是「好」）或burai（南排灣、東排灣較常使用），而對於俊男／美女的形容是sa uqalai/sa vavaian或varelevel；不尋常、令人難以忘懷且有恆久價值的美是samiring。他們並認為越久遠古老引人哀思的東西越有samiring的

感覺。samiring的字根和mirimiringan(虛構傳說)的字根(miring)相同,都有「久遠」的意思,是代代相傳的古老故事。真實傳說tjautsier也可以稱為miringan,而字根tsiker是回轉之意,也是自古流傳不斷覆訴的傳說。我們發現無論是真實傳說(tjautsiker)或虛構傳說(mirimiringan),皆是排灣族哀思情感與美感的重要源頭。

　　彩虹／虹彩(qulivangerhau)常被用來作為samiring美感的象徵。古樓村人說當太陽外圍被一圈虹彩圍繞,就表示有頭目將死,而那圈虹彩是太陽的喪服(kapulu)。在排灣族太陽和原初的創造者以及頭目的意象是分不開的。美麗的虹彩和令人哀傷哭泣的死亡連在一起,完全符合排灣族的情感與美感經驗。我們在來義鄉望嘉村聽到一位八十歲的女巫師黃珍玉(qalesirh家名Jangerits)敘述一則女友變成彩虹、男友變成百步蛇的真實傳說(tjautsiker),非常能夠反映排灣族所強調的情感與美感。現節錄如下:

　　這傳說是祖先真實經歷過的事蹟(tjautsiker)。有位名叫pulaluian的男子和叫做tjuku的女子是同胞兄妹,屬於Galatjimu頭目家。據說哥哥很關心妹妹的貞潔,怕她有不當行為而使家人蒙羞。為了試探妹妹,他就在深夜闖入tjuku的臥房偷摸她的側身。tjuku臥在床上正嚼著檳榔,便順口將檳榔汁吐到這位男子的短裙角上。
　　天亮後tjuku叫人通告全村男子在村界休息站集合,準備去打獵。Tjuku就在那裡觀察男子的裙角有無檳榔汁,但都沒有發現。最後,她的胞兄來了,在他的短裙邊上

竟然有她吐的檳榔汁記號！tjuku就驚訝地對哥哥說：
「原來是你！你昨晚為何戲弄我？」她的哥哥沒有回
答。

tjuku回家之後就把滿裝珠子（qata）的一個有耳大甕抱下
來，按照不同的顏色串成一條條的珠鍊；也就是說將那
綠色珠子（matjak）串成一條，將黃色珠子（vurhau）串成
一條，將紅色珠子（qujijil）串成一條，將褐色珠子（pura）
串成一條……，如同彩虹的各種色彩。她又另外串了一
條小珠子，用來拉動整串珠鍊。

tjuku和哥哥住的房子很大，有八個窗、三個門。tjuku
串完珠子離家前向祖神祈求：「但願我們家屋的門和窗
戶被樹枝封閉；但願像用蜜臘密封、像用荊棘阻擋。我
的哥哥為什麼戲弄我？願他遭到惡運！」那房屋的門、
窗果然立刻都被封住了。

另外有一個男孩也叫做pulaluian，屬於Rhuvilivil頭目
家。他是那位tjuku的戀人。tjuku就前往戀人pulaluian那
裡，對他說：「來吧！我要盪珠子做的鞦韆。請你拉動
這一條小珠串，讓我擺盪。那串小珠鍊最後會留給你（做
紀念），而做鞦韆的珠串則屬於我！……我被哥哥戲弄
了，我喜歡用這樣的方式告別！」

他們就一同來到tjuku家門外的puq樹下。那個用琉璃珠
串成的鞦韆就綁在puq樹橫生的枝幹上。tjuku告訴那位
pulaluian：「請你搖盪我吧！你拉動第五次時，將是我
最舒暢的時候。今後你如果看見殘斷的彩虹，表示會持

續地下雨，你一定要將曬乾的木材收放好；你如果看見半圓形的彩虹，那表示雨被彩虹擋住了，你不必收曬乾的木材。」於是那位pulaluian便很小心地搖盪坐在琉璃珠鞦韆上的tjuku。當他往回搖盪第五次時，那琉璃珠鞦韆的接頭突然斷了。斷了的琉璃珠鞦韆和tjuku就順著風飄飛而去，成為彩虹。

據說當時那位pulaluian手握住剩下的珠鍊，目瞪口呆地站在原地，淚水流個不停。全村的人也跟著他哭，因為大家都知道那位tjuku是pulaluian的戀人。他回到家後非常感傷，什麼事都不做，只是不斷地吹笛。他的母親叫他去取水，他也不聽從。母親無奈地對他說：「你眼看著媽媽辛勞地舂小米而不幫忙！」但他還是不理會，只是吹笛。母親又叫他去取煮飯用的水。

他終於扛起裝水的長竹筒往水源地去取水。那位母親見他老是沉迷於吹笛，便趁此機會把他鍾愛的笛子投入火爐燒燬。pulaluian取水回來時發現笛子不見了，便問母親：「妳把我的笛子放到哪裡去了？」母親回答說：「我怎麼知道？我沒有碰啊！」他到處找而找不到，最後走近火爐，發現愛笛在火爐中被燒成灰。他就很悲哀地說：「a-i-！媽媽，妳已經把它燒成灰了！就在這裡！只剩下笛上刻的百步蛇了！」那位母親名叫kalalu，她忙著舂小米，根本不理他。

pulaluian便這樣祈求：「但願我能變成百步蛇！但願能夠像留在笛子灰爐中的那隻百步蛇。」話一說完，

pulaluian就立刻變成了百步蛇。那隻百步蛇就在門外蜷曲著，等母親要進屋時，那隻百步蛇就伸頭攻擊。因為母親不知道pulaluian已變成百步蛇，就大聲喊叫：「pulaluian！快來救我！快把這隻百步蛇引走！」那隻百步蛇伸出頭把鼻子翹起，一直攻擊。那位母親再呼救，叫鄰近男子來幫助驅趕百步蛇。但那隻百步蛇攻擊的力道越來越猛，根本無法驅離家門。那位母親只好空手離開了那個家。從那時起，那間房屋就沒人居住，而讓給那隻百步蛇住。在舊望嘉，村人要經過那間家屋時，必需用樹葉遮護自己。

以上真實傳說中的人物在極度傷心下，女的變成了彩虹，男的變成百步蛇。

其中的男子在戀人變成彩虹後，難過得什麼事都不想做，只是不停地吹笛。另外，我們發現男子愛笛成癡，母親或父親將兒子的笛子投入火中燒成灰的主題，無論在吟唱的虛構傳說（mirimiringan）或講述的真實傳說（tjautsiker）中都重複出現。兒子失去愛笛後的反應十分激烈，會悲傷得想殺人或自殺，甚至變成百步蛇攻擊人。換言之，排灣族的傳說顯示：吹笛者會因為對人或對笛子的愛戀而引起強烈的悲傷思念的情感。彩虹、琉璃珠、以及百步蛇等也都成了哀思情感和美感的表徵。

我曾在〈百步蛇與熊鷹：排灣族的文化表徵與情感詮釋〉（1999b）一文中提及百步蛇和羽毛上有百步蛇紋的熊鷹是排灣族重要的文化表徵。我並認為它們之所以能夠成為重要的文化表徵

是因為真實與虛構傳說中包含了對它們的形象與聲音所產生的哀思(mapaura/tarimuzau)與驚異(samali)的情感與美感。譬如平和村有雙管鼻笛聲是模仿百步蛇的聲音的說法,也有平和村Mavaliv頭目家的祖先是百步蛇(卵)所生,以及舊平和村附近自創始以來便居住著一隻守護村人生命的百步蛇的真實傳說。但後來有一個美國來的基督教醫療團到平和村傳福音,該團離開後的次年,那隻百步蛇突然很奇異地經常發出哀傷的聲音,和鼻笛聲一樣,好像是預知村人要離開他了,他感到很寂寞。又過了一段時間,百步蛇棲息的那棵樹居然被雷電擊中枯死了,周圍沒有任何東西存活。村人非常驚異(samali),認為百步蛇死了,便都歸信了耶穌。

在平和村民的認知裡,百步蛇的聲音是悲傷的,而模仿百步蛇叫聲的鼻笛聲似哭聲。再進一步引申:因百步蛇是頭目家的祖先,所以祖先的聲音似哭聲。我們可以說平和村民對百步蛇叫聲和鼻笛聲的認知與詮釋是文化所形塑的。我曾請教過幾位臺灣研究蛇的專家,他們都表示百步蛇雖然是響尾蛇亞科,但臺灣的百步蛇由於身體的鱗片小,所以尾端擺動時不會發聲,並且百步蛇的鼻子和嘴都不會發出長而響的聲音,最多只是短促的哈氣聲。但是這並不能否定平和村人聽到似哭聲和鼻笛聲的百步蛇叫聲,雖然他們都只是「聽到」而不是「看到」百步蛇在「吹笛」;他們都覺得聲音應該是但並不確定從百步蛇翹起的吻端發出。

百步蛇、有百步蛇紋(vetsik)的熊鷹羽毛(我在1999b文章中曾引述一則熊鷹羽毛變女子最後有悲傷結局的虛構傳說)、以及彩虹都是古老傳說描述的對象。這些傳說皆是祖先留給後代的哀思紀念(paurauran)。吟唱的虛構傳說(mirimiringan)由於有自由想

像及感受的虛構成分，並有音調配合，更容易表現排灣文化的情感和美感。排灣族有關笛子的真實與虛構傳說為哀思情感與美感提供了絕佳的詮釋。

## 五、不是尾聲

聲音是文化體系，而笛聲是其中較固定不變的一環，不但存在於排灣族遠古的傳說，而且在漫長的歷史歲月中是那樣地貼近排灣族人的生活，陪伴他們成長。笛聲應該是探索排灣族情感模式很重要的線索。近年來我對於研究原住民社會固定而古老的「文本」例如經語、祭歌、傳說等很感興趣（1995b、1999a、1999c），因為我相信較固定不易變更的「文本」中蘊含著傳統文化的精義，而笛聲也屬於這樣的「文本」。聲音「文本」的研究似乎與Catherine Lutz等人從日常互動行為、事件、社會情景中研究情感語彙的方式很不相同，但實際上並非如此，因聲音「文本」也必須置於社會文化情境中才能理解。不過本研究比較倚重吹笛者對於笛聲表現的主觀描述、與笛聲相關的傳說的分析、以及與笛聲類似的其他聲音「文本」的探究。從笛聲著手可以將我們引領到寬廣的排灣族情感與美感世界。

本文第一節曾提及Robert Levy的研究發現：大溪地人的哀傷、孤寂、自憐情感/情緒很短暫而微不足道，很容易就被其他情感/情緒所取代，而且沒有清晰的詞彙表達哀傷與寂寞，因此哀傷在大溪地是屬於「低度認知的情緒」（hypocognized emotions）。若與大溪地人的哀傷情緒相較，排灣族人對於哀傷情感／情緒有

非常不同的認知。從笛聲「文本」的研究，我們得以瞭解排灣族人所謂的有感情，最主要指的是哀傷的情感。蘊含哀傷情感的聲音模式存在於許多排灣文化情境中，除了笛聲最常出現的青春男女交往情境，還有喪禮情境中的泣訴吟唱，家庭中長輩對子孫講述虛構傳說時的吟唱，婚禮時的哭調，以及日常生活中不時因離別思念等情境所引發的a-i-感嘆聲調、五年祖靈祭時的iaqu曲調、和一般性抒情歌曲等。排灣族的悲傷情感／情緒由「胸」發出，但一定牽動「頭」的思緒，產生思念之情。因此排灣族的「胸」與「頭」、哀傷與思念、情感與思想是分不開的，無形中提供了一個「情思文化」的例證，顯示西方學界將情感與思想二分的不當。此外，在排灣族男性與女性同樣強調哀思情感，雖然創造者讓男性的眼淚較少，但男子會以笛聲等代表哭聲，表達哀思之情。哀思情感在排灣族應屬於「高度認知的情感」(hypercognized emotions)，但並不是因相關詞彙所占的比例特別高(像大溪地的「憤怒」)，而是由於哀思情感(tarimuzau/mapaura或paurauran)很濃厚，所涉及的文化層面相當地深廣。

　　另外，我們發現排灣族的哀思情感與遠古、孤寂、憐憫、情愛、美麗、驚異等意涵相連，也是一種美感經驗。Karl Heider(1991)便指出：情感語彙在各地會有不一樣的連結，例如在英美社會「愛」與「快樂」連結，而在印尼社會「愛」則與最核心的「哀傷叢組」(sad cluster)連結。我們已注意到排灣族人所著重的哀傷情感與Robert Levy研究的大溪地人非常不同，但與Steven Feld研究的Kaluli社會在許多方面卻非常接近，亦即將哀傷情感與美感劃歸同一範疇。在Kaluli社會，男孩變成Muni鳥的神話傳說(男孩

與姊姊一同捉蝦，男孩一直捉不到，要求不斷有所獲的姊姊分給
他一隻，但一直遭拒。男孩非常哀傷，最後變成一隻美麗的Muni
鳥，不停地哀哭……)是哀傷情感與美感的隱喻基礎。他們認為
哭聲似Muni鳥的叫聲，而婦女在喪禮中的哭調被視為最接近男孩
變成Muni鳥時的聲音，因此最為動人。在Kulali社會的Gisalo儀式
活動中，主人會因受不了客人舞者在歌聲中所反映的失落與被棄
的哀傷而痛哭，並會傷痛到憤怒的程度，而以火炬攻擊歌舞者。
在排灣族，無論是鼻笛或口笛聲都說是像哭聲，與真實傳說和虛
構傳說中的哭聲淚水相連，並在古老傳說中屢屢出現男主角愛戀
至深的笛子為父或母燒燬，他便哀傷得殺人或自殺，甚而變成百
步蛇攻擊人的情節。由此可見在Kulali和排灣社會，哀傷的情感
相當強烈，在笛聲、歌調與傳說中明顯表現。我們透過模式化的
聲音以及與聲音相關的傳說的研究，可以找到該文化所強調的情
感與美感。

　　過去一些排灣族研究(石磊，1971；李莎莉，1993；吳燕和，1993；
許功明、柯惠譯，1994；黑澤隆朝，1959)雖然對於排灣族的傳說、
衣飾與樂器等有所觸及，但未真正踏入情感與美感研究的範疇。
或許有人認為笛聲及情感研究處於排灣文化研究的邊緣。但是經
由笛聲等聲音模式所揭示的排灣族哀思情感與美感，讓我突然對
許多從前不解的排灣文化現象有了全新的體認，甚至感覺哀思情
感很可能是排灣文化的核心、是塑造排灣文化最重要的元素。誠
如報導人所說的：排灣族哀思(paurauran)的情感很重，認為人在
世間所做的一切是為了讓後代能夠思念。例如前人努力留下了傳
說、祭儀、經語、歌調、琉璃珠、陶甕、衣飾、田地、家屋與家

名、專屬人名等都成為後代哀思紀念的對象。如果一個「家」人丁單薄，無法繼承前人流傳之物，也無法為後代留下紀念，這個家中的成員就會感到很悲傷(mapaura)，思潮起伏，一直難以釋懷。排灣文化是在濃濃的哀思情感中代代延續。我們或許可以進一步作出這樣的假設：哀思情感與美感是排灣文化得以延續的主因。譬如我以前不太理解為何臺灣原住民族群中只有排灣族發展出這麼隆重繁複的五年祖靈祭與送祖靈祭，且至今仍在中排灣和東排灣的一些村落中維繫不墜。現在加入情感的思考，才體會到五年祭期間排灣族人主要是在哀思情感的驅策下做這麼多細密的儀節、唱這麼久iaqu的哀思曲調、並向祖先祈求留給人間更多福祉；而排灣族的祖先也被認為由於他們非常思念留在人間的後代，而需要藉祭儀、夢等方式回轉到人間探望(a-i- kiatsiker tua i katsauan)。另外，透過哀思情感與美感的分析角度，我們可以解釋為何現代的排灣社會在服裝飾物的製作與選擇上喜歡模仿古老的紋樣，而琉璃珠的研製者更是盡量琢磨古味，凡是越接近古老琉璃珠的質感並有類似彩虹、太陽的眼淚、鷹羽等紋樣的珠子，便覺得越好、越美、也越貴；為何排灣族人仍對新建家屋與新生嬰兒的命名這麼看重；為何在排灣族年輕男女聚會的場合他們會以吉他和其他現代樂器伴奏，唱著一首又一首詞義和曲調都有著濃濃哀傷思念情感的歌曲，尾音拉長並抖顫，好像不這樣唱就無法互訴衷情。

的確，在現代的排灣社會，吹奏笛子的文化情境已轉變，青年男子不再於晚上結伴到女友家門外吹笛訴情。但是即使笛子本身有傳續的危機，但是我們可以觀察到笛聲所強調的哀思情感與

美感依然在現代排灣社會的許多文化情境中呈現。除了前面所提的一些現象，最近我在不同的排灣村落參加喪禮，都聽到延綿不斷的泣訴哭調，那聲音像極了笛聲，表達出十分深沈濃厚的哀思情感，令人難以忘懷。而且排灣族人不論長幼，只要有機會聽到笛聲，都表示很喜愛和感動，會產生哀思之情。

　　哀思情感與美感極可能是排灣文化中最具解釋力與涵蓋性最大的概念。但為何排灣族會特別注重哀思情感？前面我雖然提到哀思情感與遠古的真實傳說與虛構傳說、與階層社會對情感的限制、以及和創造者的命定說有密切關係，但何者為因、何者為果實難斷定。如果經過進一步廣泛細密的求證，更加確認哀思情感與美感是影響和維繫排灣文化最重要的因素，我們就可以說「情感」是排灣研究的中心而絕非邊緣。我們希望藉排灣族的例子對人類學與心理學日益豐富的情感與文化研究（例如kitayama and Markus eds., 1994; Schwartz, White and Lutz eds., 1992; Lutz and Abu-Lughod eds., 1990)作出積極貢獻，讓「情感」在文化觀察與詮釋中扮演Catherine Lutz(1983)所說的基本的、組織性的角色。不過即使我們發現「情感」在排灣族很重要，且有某種情感居於主導地位的現象，這並不意味著情感因素在每一個社會都會居要角。但我們必須先研究後再下結論，不能夠在一開始就主觀判斷「情感」不重要而予以忽視。這篇由笛聲分析排灣族情感與美感的文章只是一個起頭。我有興趣瞭解排灣族除了哀思情感，還有哪些「高度認知」和「低度認知」的情感？彼此關聯為何？又如何運作？哀思情感與美感如果是文化所建構，又如何反過來形塑其他層面的文化？對排灣族不同文化層面的實際影響情況如

何？是否可以建立以哀思情感與美感為中心的排灣文化體系？
這些都是我今後研究要繼續努力探究的課題，是另一個階段的開
始，而不是尾聲。

第三章
# 排灣族虛構傳說的真實[*]

　　我在過去發表的文章（胡台麗，1998、1999a、1999b、2002）中一再強調：排灣族的口述傳統若按照他們自己的分類，包含了代代相傳的tjautsiker（真實傳說）與mirimiringan（虛構傳說）這兩類性質不同的傳說，但不少研究者常含混地以「傳說或神話」稱之，而不加以分辨。排灣族人傳述tjautsiker時，接近口述歷史的概念，基本上相信tjautsiker中的人物事件是真實的存在，是前輩或自身確曾發生的經歷，如同部落史、家族史、與個人生命史的傳述，不敢隨意編造，我將之譯為「真實傳說」；而mirimiringan則接近故事的概念，是前人用才智虛構、編造出來的人事物，其中人名多以重複音節表示，有別於現實生活中的名字，故事內容常出現不可思議的情節，具寓言性與教育性，我將之譯為「虛構傳說」。

　　其實，小林保祥早在1930年代的西、南排灣便注意到「人們

---

* 本文原發表於2004國立傳統藝術中心出版之《屏東傳統藝術：屏東縣傳統藝術研討會論文集》。排灣語記音與初譯：柯惠譯（Tjinuai Kaleradan）。

把不可思議的事情、異常美麗的東西稱為mirimiringan，民間傳說由於其內容多奇妙而不可思議而挪用了這個詞義。mirimiringan裡出現的人名或神名通常採用重疊稱呼，日常生活裡則不存在這種情況」（小林保祥、松澤員子，1998：90）；吳燕和也於1960年代在東排灣收集田野資料時注意到tjautsiker與mirimiringan的區分，tjautsiker「有歷史的性質，沒有超乎尋常的事情，聽與講的人都很認真，而相信這些都是真的」，而mirimiringan「最大的特性是大家知道這是人造的故事，是假的，內容的人物常可做超乎尋常的變化」（1993：99）排灣族朋友對我說：tjautsiker一定是真實的事，不會用吟唱的方式講述；mirimiringan是可以用唱的，但它的內容是不可能發生的、不可能變成真的（ini ka masan paqurid），例如mirimiringan中的人一生下來就長大了。不過，對於外族人和受了現代科學知識薰陶的排灣族年輕一代而言，無論是mirimiringan或tjautsiker，其中都有非常神奇、難以置信的情節，很容易將兩者混淆。即使在排灣族，某個村落傳述的tjautsiker（真實傳說）到了另一個村落，相似的情節與人物很可能被編入mirimiringan（虛構傳說），以不同的形式流傳。

　　雖然排灣族對於mirimiringan和tjautsiker有區辨真假，但是當我們將注意力放在其中所顯現的情感與美感與價值觀時，傳說本身是真是假的區分就不再那麼重要了，因為所有呈現的情感、美感與價值觀都是「真的」，是排灣族人所熟知、所認同、並從傳說的一代一代講述中，潛移默化成排灣族人所共有的情感、美感與價值觀。排灣族報導人認為，真實傳說及虛構傳說都是祖先留給後代的哀思紀念（paurauran），但過去的研究者並未重視排灣族

口語傳說中可能蘊含的情感與美感等訊息。可以用吟唱方式傳述的虛構傳說（mirimiringan）由於有自由想像及感受的虛構成分，並有音調配合，應該更適於探索排灣族的情感與美感內涵。本文限於篇幅，將僅以tjinuai Kaleradan（柯惠譯）與我採集整理的兩則排灣族「虛構傳說」為例[1]，再與過去研究者收集的mirimiringan相對照，以揭示「虛構傳說」中所強調的排灣族真實情感、美感與價值觀。

## 一、蜘蛛為Tjukutjuku織路
## sisan jaran ti Tjukutjuku nua kumakuma

izua zua ku mirimiringan aia: izua zua ti Sasereserepan ka tisa Semidarudaru. na pualak tu madrusa aia. azua a tjavurung ti Pulalulaluian, azua tjalalak ti Tjukutjuku. azua ti Pulalulauian tsemiurh tua vaik a qemalup. lakua ka urhi vaik azua ti Pulalu- laluian a qemalup. "kina! ti Tjukutjuku maia sa semekaukaul!" aiain a kina.

我要講一個虛構傳說[2]。Sasereserepan（女）和Semidarudaru（男）生了兩個孩子。老大名叫Pulalulaluian（男），老二叫做Tjukutjuku（女）。Pulalulaluian帶領（村人）出外打獵。出發前他對

---

1　這兩則傳說皆由排灣族古樓村遷至台東土坂村的vais Tjivarian（葉新妹）女士講述。她生於1922年，記憶中存藏了70餘篇mirimiringan（虛構傳說）。這些傳說先由其長女tjinuai Kaleradan（柯惠譯）記音與翻譯，再由胡台麗潤飾與選編。在此特向她們母女致敬與致謝。

2　這則虛構傳說是講述者vais Tjivarian的母親kedrekedr以前在織布時講給她聽的，覆述過許多遍，是她最喜愛聽的一則神奇的虛構傳說。

母親說：「媽媽，絕對不要叫Tjukutjuku做任何事情！」

lakua azua kina urhi venaua tu si pitaqalan a pakavatsuk.tua zua azua ti Tjuku- tjuku na mararang manu sekaulan nua zua a kina. "Tjukutjuku! sau sa tjatjanu a paramu ui! tu ku si vaua! urhi pa kavatsuk itjen a pitaqalan!" aia zazua a kina. manu ka urhi vaik anga zua ti Tjukutjuku a sema tjatjan. "kina! azua a jiret ringejelu kina! azua tjengerai aken! nu mangetjez aken a kemasi tjatjan urhi ku jiretan azua a tsivan!" aia zua ti Tjukutjuku.

但是那位母親正要釀酒，以供全部落屬民開墾時用。那時Tjukutjuku在刺繡，母親卻使喚她：「Tjukutjuku，妳快去取水，我釀酒要用！我們將邀請全部落的屬民開墾！」那位Tjukutjuku要去取水時突然說：「媽媽！那些黏在攪拌匙的小米飯要留好啊，我很愛吃。當我從水源處取水回來時，我就要吃那黏在攪拌匙上的小米飯。」

ka vaik azua ti Tjukutjuku a sema tjatjan.ringejelen azua a tsivan. manu maipuq sa jiraqi nua zua a vatu. ka mangetjez azua ti Tjukutjuku a kasi tjatjan. "ainu anga a jiret kina?" aia zua ti Tjukutjuku. "i zua ku riningejel drauan! pai la kiqenetji!" aiain. "na maipuq! jiniraqan anga nua vatu! savaqarh aken!" aia zua ti Tjukutjuku aia. manu kisan kuia zazua ti Tjukutjuku.

當Tjukutjuku到水源處取水的時候，母親就把那攪拌匙立著放，但突然掉地，並被狗舔了。Tjukutjuku取水回來時便問母親：「那黏在攪拌匙上的小米飯在那裡？」母親回答：「我立著放，請注意看！」據說那位Tjukutjuku就回答說：「已經掉在地上又

被狗舔過了！我嫌髒呀！」Tjukutjuku極為傷心。

maka vaua anga zazua a kina. "makuda a taqed ta ku kina!aku
maia si pajiraq tua vatu azua a jiret saka na sa keman aken? saka
savaqarh aken a keman tua jiniraqan anga nua vatu!" aia zazua a ti
Tjukutjuku. "ula taqed tsu a ti kina a tsu—ai! saka ini ka kemelang tsu
a ti kina tu vaivaik aken!" aia. mirhava azua ti Tjukutjuku tua
nanemanemanemanga nimaju.

那位母親已經釀好了小米酒。Tjukutjuku便呼求：「但願我
的母親能睡著！為什麼黏在攪拌匙上的小米飯會讓狗舔吃呢？
而我嫌髒不敢吃呀！」Tjukutjuku又呼求說：「但願媽媽能睡很
久很久，而不知道我出走！」Tjukutjuku邊祈求邊把她所有東西
都打包好。

manu ka tjalu riliriling azua ti Tjukutjuku mavetjek azua a kalat.
au izua zua ita a ini ka linengelengan.vaik azua ti Tjukutjuku a na
temuqul tua nemanga.tjalu zua i pana izua zazua a vatsal a parisi
arhavats azua a vatsal.ini ka malengelengeleng a katarajan nua zua a
vatsal tua ki na qatsa. ui izua zazua tjagul i vetsekadan tua zua a vatsal.
i zua azua a ti Tjukutjuku. "ai-anga zua a tjagul uka ken a sema zua!"
aia zua ti Tjukutjuku.

當Tjukutjuku走出家門檻時，她的琉璃珠手鐲突然斷了，有
一粒散落而沒有被發現。Tjukutjuku頭頂著東西離家出走了。來
到岸邊，那河中有很深的水潭，是極端禁忌的水潭。那水潭深的
看不見底部。在那很深的水潭中間有一個大石頭。Tjukutjuku就
愣在那裡。Tjukutjuku想著說：「唉呀！如果我能到那水潭中間

的大石頭⋯⋯。」

Izua zua a kumakuma a kipuravaravat tua zua ti Tjukutjuku. seman apu azua a ti Tjukutjuku. ka sivuluq azua a patak. arapen nua zua a kumakuma. "tjengerai sun kumakuma ta ku sinu patak?" aiain ni Tjukutjuku. "ui! avan a ku linai nu qemujal! urhi ku si linai! urhi ku pizua tua ku kinanuka a semakesak!" aia zazua ti kumakuma.

有一隻蜘蛛在Tjukutjuku周圍騷擾著。Tjukutjuku包好檳榔後，將檳榔蒂丟掉。那蜘蛛就將檳榔蒂拿起。Tjukutjuku就對蜘蛛說：「蜘蛛！你很喜愛我除掉的檳榔蒂嗎？」那蜘蛛回答說：「是的，下雨時我要當傘，是我避雨用的傘！我要放我捻的線！」

"nu maia tua zua saka tjengerai sun! ku su pavaiai tu riau! san jaranan aken! san jaranan aken a pasa zua i vatsekadan tua zua i vatsal a tjagul" aia zua ti Tjukutjuku. kijekets azua kumakuma tua zua vetsik nua rima ni Tjukutjuku. "akumaia su ki jeketsan a ku vetsik ?" aiain ni Tjukutjuku. "tjengerai aken!" aia zua kumakuma. "nu tjengerai sun, urhi kusu vetsikan! urhi ku pase qilain a ku vetsik. sa ku pavaian tjanusun!" aia zua ti Tjukutjuku. "vetsiki anan aken! sa na ke san jaran!" aia zua ti Kumakuma.

Tjukutjuku就說：「如果你那樣喜歡（檳榔蒂），我就多送你一些！你為我築道路吧！你為我做一條通往水潭中間大石頭的路吧！」那蜘蛛爬到Tjukutjuku有紋路的手背上停住。Tjukutjuku又問蜘蛛：「你為什麼停在有紋路的手背上呢？」蜘蛛回答說：「我很喜歡啊！」Tjukutjuku就說：「如果你喜歡，我就為你紋身！我要將我手背上的紋路轉給你！」那蜘蛛又說：「妳先給我

紋身，我再為妳造路！」

saka sini patsatsurutsuruj nua zua ti Tjukutjuku uta tua zua a patak nua savuki. azua ti Tjukutjuku lengelengelengan azua a qidung .qatseqatsan sa vetsiki azua a kumakuma. avan nu sika izua nua zua a vetsik nua zua a kumakuma aia.sini vetsik ni Tjukutjuku. seman jaran azua a kumakuma. qemelesai anga saka maia tu pakazuan ni Tjukutjuku a sema zua i tua tjagul i vatsekadan tua zua a vatsal a qatsaqatsa zazua a vatsal a ini ka malengelengeleng a kajunangan aia tua ki na qatsa aia.

Tjukutjuku為那隻蜘蛛sini patsatsurutsuruj累積了很多檳榔蒂。據說那位Tjukutjuku看見黑木炭就拿起來，往蜘蛛身軀畫著紋路。因此那蜘蛛的身上至今還留著Tjukutjuku畫的紋路。那蜘蛛就開始織路，不斷地在岸邊與水潭中的大石頭間往返，織築道路，好讓Tjukutjuku抵達潭中大石頭。據說那水潭深廣得看不到土地。

maka zua zua ti Tjukutjuku a sema zua i tua tjagul a ki neka nu tja qatsa aia. "makuda la me umaq tsu la! sa ke ka i mazamaza anga! kisan kuia ken tua zua ti kina!" aia zua ti Tjukutjuku aia. me umaq azua a tjagul tu ki neka nu tja sasanguaq aia. azua ti Tjukutjuku i zua zua ti Tjukutjuku a tjemenutjenun aia.azua kinatsu a nanemanemanemanga nimaju aia.

據說Tjukutjuku就順著織成的路，來到大水潭中間的大石頭。Tjukutjuku呼求著：「但願這個(大石頭)能變成房屋，讓我長久居住！媽媽太令我難過了！」據說那大石頭突然間真的變成

了非常美觀的房屋。Tjukutjuku便長久居住在那裡。因Tjukutjuku帶了她所有的東西，就在那邊繼續做織布的工作。

　　ka patseged kemikim anga zazua a kina aia. "saka ki na sema inu azua ti Tjukutjuku la?" aia zazua a kina.nu kivadaq tua sika ta qalan.neka la na patsun aia. linita anga a qinalan a kivadaq saka neka la na patsun tjai Tjukutjuku aia. "aku maia vaik ti Tjukutjuku? si kisan kuia la jiret a na maipuq sa jiraqi nua vatu.i ka ki tjala sanguaqan! lakua urhi kirhivuanan aken ni Pulalulaluian!la ku sekaulan tua sema tjatjan!" aia zua a kina aia. "ai-anga la! nu mangetjez azua ti Pulalulaluian la ki ken a urhi anemaia?" aia zua akina.

　　據說當那位母親睡醒後就到處尋找女兒。她問道：「Tjukutjuku究竟去那裡了？」她到處問部落的人，卻沒有人看見。各部落都問了，卻沒人看見Tjukutjuku。那位媽媽就說：「Tjukutjuku為什麼出走呢？難道只是為了那黏在攪拌匙上的小米飯，而攪拌匙掉地讓狗舔吃的事？那小米飯並不是最好吃的呀！但是我會被Pulalulaluian罵！因為是我叫她到水源處取水！」媽媽又說：「啊—咦！Pulalulaluian回來時我到底要怎麼說？」

　　azua kina qemaung anga saka maia zazua a kina aia. mavurhuvurh aia saka maia. manu ka tsasau azua a kina.lengelengan azua a ita（qata）a kalat a ini ka linengan la ka mavetjek a kalat aia. "uza tsu a（qata）a kalat nua ku alak la!ini! ki manguaq a ku kivadaqan! tu ki na sema inu ti Tjukutjuku?" aia. selujen nua kina sa jajasi saka i zua a ginemegem anga saka maia azua a kalat ni Tjukutjuku aia.

　　據說那位媽媽就一直在那裡哭，心不斷地翻攪。當她來到門

外，突然看見那時手腕飾斷掉而散落的一顆琉璃珠，是沒有被發
現的那一顆（琉璃珠）。母親說：「這就是我孩子手腕飾上的一顆
琉璃珠呀！我最好請問這顆琉璃珠，Tjukutjuku究竟往那裡去
了？」Tjukutjuku遺落的一顆琉璃珠，被母親撿起後一直握在手
心（當成寶貝）。

　　mangetjez azua ti Pulalulaluian a na qemalup aia. "Tjukutjuku!
tsasavu aken tua zua a karasingan!" aia. manu ini ka marangeda zua ti
Tjukutjuku aia. saka ti Pulalulaluian na matavak. nu na mangetjez a na
qemalup. tsasaven nua kaka tua zua pini karasingan（kupu）a vaua ka
tua tjinangetjangan a saviki aia. "kina! na sema inu ti Tjukutjuku?
kimaia su sinekaulan la! maia sa semekaukaul ku su aiain kina!" aia ti
Pulalulaluian.

　　據說Pulalulaluian打獵回來了。就說：「Tjukutjuku，妳拿尊
貴的酒杯出來接待我吧！」Tjukutjuku沒有聲音。那位Pulalulaluian
每次打獵回來時很習慣有胞妹Tjukutjuku以尊貴的酒杯及包好的
檳榔出來迎接招待。Pulalulaluian問道：「媽媽！Tjukutjuku到哪
裡去了？妳很可能差遣她去做事了！媽媽，我對妳說過：不要叫
她做事！」

　　"ui la! neka nu ku si vaua a zalum! ula vauau tja si pitaqalan aia ti
tjama! saka pai tjaurai anan azua su a-arangen vaiku anan a temarau a
paramu ku aiain azua ti Tjukutjuku! manu kipuarangan a jiret kina!nu
mangetjez aken ku jiretan! tjengerai aken aia zazua a ti Tjukutjuku.
saka ku riningejel manu inipuq nua zua a vatu saka jiniraqan! kimaia a
kisan kuia!" aia zazua a kina. "aku si kisan kuia ni Tjukutjuku a na

maia tua zua? a sikuda zua a jiret?" aia zua ti Pulalulaluian.

母親回答：「是的，我釀酒要用的水沒有了。你父親說：妳釀酒吧！我們要在請全部落開墾時飲用。我就對Tjukutjuku說：妳將刺繡的工作放下，去取一下水！她要出去取水的時候說：那黏在攪拌匙的小米飯要留好啊！我很愛吃！我就把那攪拌匙立著放好，突然被那隻狗弄倒且被舔光了！」Pulalulaluian就說：「Tjukutjuku怎麼會為了那一點事難過？那黏在攪拌匙上的小米飯是做什麼用的？」

tsemeqelap azua ti Pulalulaluian sa vaik aia. izu-a zazua ti Pulalulaluian "irhu gura ti Tjukutjuku tu sema zu-a i tua vatsal! malavelav azua a vatsal! akumaia matu umaq anga zazua a tjagul i tua vatsal? qajau ka na sema zua a ku kaka?" aia zazua ti Pulalulaluian aia. azua a kumakuma i zua-a ki puravaravat aia.

據說那位Pulalulaluian(一氣之下)便佩戴刀走了。Pulalulaluian說：「Tjukutjuku應該是往大水潭那裡去了！那大水潭很特別！為什麼水中間的大石頭看起來很像房屋？我的妹妹是不是到那裡去了？」那蜘蛛就在那裡騷動著。

saka azua ti Tjukutjuku. "nu mangetjez ti kaka ini ka tja tjumalan dri! tu su sini san jaran aken!" na inaia zua a kumakuma ni Tjukutuku aia. lakua "kumakuma! na sema i nu a ku kaka ti Tjukutjuku? na patsun sun?" nu aiain azua a kumakuma. "ini anan ke patsun!" aia zua ti Kumakuma aia. manu lengelengan azua a rujaq ni Tjukutjuku aia. "irhu ka gemura tu i zua a ku kaka! lengi tsu a rujaq!" aia ti Pulalulaluian. "aku na leminai sun tua patak nua saviki? matu ni

Tjukutjuku a sini pavai!" aiain ni Pulalulaluian azua a ti kumakuma aia.

　　然而Tjukutjuku曾對蜘蛛說過：「我哥哥來的時候，你為我織好路的事絕對不可以告訴他呀！」那位Pulalulaluian便問蜘蛛說：「蜘蛛，我的妹妹Tjukutjuku往哪裡去了？你看見了嗎？」蜘蛛回答：「我沒有看見啊！」據說Pulalulaluian突然看見Tjukutjuku吐的檳榔汁。Pulalulaluian說：「沒錯，我的妹妹可能到那裡去了，你看這吐的檳榔汁！」據說Pulalulaluian對蜘蛛說：「你為什麼把檳榔蒂當作傘戴著？很像是Tjukutjuku送給你的！」

　　seman apu azua ti Pulalulauian sa vuluqan azua patak. arapen uta nua zua ti kuma kuma. "salinga sun kumakuma?" aiain. "ui! avan a ku linai nu qemujal!" aia zua a kumama uta aia. "san jaranan aken a pasa zua! matu su sini san jaran ti Tjukutjuku a sema zua!" aiain azua a kumakuma aia. "ui! i zua anga ti Tjukutjuku!" aia zua a kumakuma. saka na zemaqau a patagil aia. "urhi ku su pavaian tu riau tua patak ka na na tjangerai sun!" aia zua ti Pulalulaluian aia. qemelesai azua ti kumakuma aia.

　　那位Pulalulauian包好檳榔後，將檳榔蒂丟掉。蜘蛛又將檳榔蒂拿起。Pulalulauian就對蜘蛛說：「蜘蛛！你很喜愛我除掉的檳榔蒂嗎？」那蜘蛛就回答說：「是的！下雨時這就是我的傘！」Pulalulauian又對蜘蛛說：「你為我織造前往那裡的路吧！你好像有為Tjukutjuku織造了往那裡的路！」蜘蛛就回答說：「是的！Tjukutjuku就在那裡啊！」其實那蜘蛛起初一直保密。Pulalulauian

又說：「如果你很愛檳榔蒂！我會給你很多很多檳榔蒂。」蜘蛛就開始不斷地來回織築線路。

"patsengetseng anga zua urhi ku susuin?avan a ken a sika vetjek!" aia zua ti pulalulaluian aia. "ini ka mavetjek! i zua ti Tjukutjuku a tjemenutjenun!" aia zua kuma kuma.susuin ni Pulalulaluian. tjemenutjenun azua ti Tjukutjuku aia.vakalen ka mangetjez aia. sa vutsiqi sa arapi azua a qatsai aia. sa vaik a sema umaq aia.

Pulalulaluian說：「（你織的）線路經得起我走過去嗎？只怕會讓我踩斷了！」蜘蛛就回答說：「絕不會踏斷啦！Tjukutjuku正在那裡織布啊！」Pulalulauian便順著織好的線路走去。Tjukutjuku正在織布。據說他到達後在一瞬間就下手將Tjukutjuku刺殺，然後解剖，將肝割取，帶回家。

si pavai tua kina "uza! ula sun a kemelang!" aia. sa pavaian tua kina aia. arapen nua kina sa qaung aia. "ai-anga la! marhu pakiringaven aken angata ni Pulalulaluian la! mali ku kinirhivuanan azua ti Tjukutjuku! lakua kiken a vaik a kemim tua ku alak! tjarha na makelang tua i zua i tua parisi a katje tjagulan a pi vetsekadan a vatsal! urhi ka na sema zua ti Tjukutjuklu!" aia zua a kina aia.

他將肝遞給母親時說：「在這裡！願妳明白了吧！」。那母親拿著肝痛哭。她說：「啊咦！Pulalulaluian真是太責難我啦！我又沒有咒罵Tjukutjuku！但是我要去找尋我的孩子！她應該是在那很深的水潭中間的大石頭禁地。Tjukutjuku很可能到那裡去了！」

arapen azua a qatsai ni Tjukutjuku sa bengesi sa rubuki aia. izua

kalat ni Tjukutjuku a na setjaura a ita a ini ka linengan aia. "ku
kivadaqai tsu a kalat ni Tjukutjuku! pai la naqemati la paurau
aken!tutsu a ku mapuvarhungan tua ku alak! ula ken a tjumali nutsu a
kalat ni Tjukutjuku a na se tjaura a ita!" aia zua a kina aia.

　　據說那母親將Tjukutjuku的肝拿著並包好裝入袋子裡。
Tjukutjuku有一顆因手腕飾斷落而掉在地上的琉璃珠，之前沒有
被發現的一顆琉璃珠。那母親說：「我要向Tjukutjuku遺落的這
顆琉璃珠詢問！請造物者憐憫我吧！現在我為我的孩子極度憂
心！願Tjukutjuku遺落的這顆琉璃珠能告訴我她的居處！」

"ku ma—tjak a ku palalivak la! maka i inu ti Tjukutjuku?" aia
zua ti Sasereserepan aia. mineturuq azua a kalat aia.kitsiurha—an nua
zua kina azua a kalat nu mineturuq aia. "ku ma—tjak a ku palalivak la!
maka i inu ti Tjukutjuku?" aia zua ti Saserese repan aia. mineturuq
azua a kalat azua a qataqata aia.marhu sema zua i sasekezan aia. saka
nu vaik azua a kina jemavats lengan azua qataqata aia. "ku ma—tjak a
ku palalivak la! maka i inu ti mua Tjuku?" aia zua ti Sasereserepan aia.
mineturuq azua a kalat aia. vaik azua a kina lengan i kajaranan uta
azua qataqata a kalat ni Tjukutjuku aia.

　　那位Sasereserepan就說：「我的綠色琉璃珠是我的護佑啊！
請問Tjukutjuku是往那個方向走？」據說那一顆綠色琉璃珠就跳
躍起來，每當那顆琉璃珠跳躍時，那位母親就跟著追蹤。那位
Sasereserepan說：「我的綠色琉璃珠是我的護佑啊！請問
Tjukutjuku往那個方向走？」據說那一顆綠色琉璃珠就跳到休息
處。那位母親就跟著綠色琉璃珠來到新的位置。那位Sasereserepan

說：「我的綠色琉璃珠是我的護佑啊！請問Tjukutjuku往那個方向走？」據說Tjukutjuku掉落的那一顆琉璃珠就跳躍起來。那位母親就順著琉璃珠的跳躍方向走，又在路上發現那顆琉璃珠。

"ku ma—tjak a ku palalivak la! maka i inu ti mua Tjuku?" aia zua a kina aia. mineturuq azua a qata a kalat ni Tjukutjuku aia. sema pazuazua anga tua pana aia.

"ku ma—tjak a ku palalivak la! maka i inu ti mua Tjuku?" aia zua kina aia. mineturuq azua a kalat aia.seme zua i tua vatsal i lavilaving tua ki neka nu tja qatsa aia. saka i zua zua tjagul a qatsaqatsa i vetsekadan tua vatsal aia. lengan azua a sinan tjakudrang nua kumakuma na makamaian azua tjakudrang aia. a sinan tjakudrang tjai Pulalulaluian.

那位母親說：「我的綠色琉璃珠是我的護佑啊！請問Tjukutjuku往那個方向走？」據說 Tjukutjuku掉落的那一顆琉璃珠就跳到河對岸。那位母親說：「我的綠色琉璃珠是我的護佑啊！請問Tjukutjuku往那個方向走？」據說那遺落的一顆琉璃珠就跳到大水潭邊。水潭中間有非常大的石頭。據說那位母親看見那蜘蛛織好的橋。那橋原來是蜘蛛為那位Pulalulaluian織好的橋，還保留在那裡。

vaik azua kina sema qumaqan. le—ngan ti Tjukutjuku a na se tangez tua qaqerhengan a kamaian a tjatjenunen. "ai—anga la! ku alak! aku maia kisan kuia sun arhavats tua namaqama--qarh a su si vaik a maia tutsu?" aia. patsikeren nua kina azua a qatsai ni Tjukutjuku aia. "maku—da mapatsiker azua a qatsai nua ku alak la!"

aia zua kina aia. mapatsi—ker azua a qatsai aia. "maku—da matsaqis azua a vinakalan ni Pulalulaluian la!" aia. matsa— qis saka patsi—ker aia. "maku—da patseged tsu a ku alak! saka namaia tua patseged a na taqed! sa la ua! kina sa aia!" aia zazua a kina aia. namaia tua patseged a na taqed aza ti Tjukutjuku aia. "kina!" aia zua a ti Tjukutjuku aia.

那位母親走到房屋內部。她發現Tjukutjuku靠著床邊，織布機仍然套在身上。那位母親很哀傷地說：「啊咦！我的孩子！妳怎麼會為了那麼一點小事就如此難過而出走呢？」據說那位母親就將Tjukutjuku的肝放回原位。她哀求說：「但願我孩子的肝臟能恢復（功能）！」據說那肝臟的功能立刻恢復。那位母親又哀求著說：「但願Pulalulaluian刺殺的傷能立刻完全癒合。」據說那傷立刻完全癒合了。那位母親又哀求著說：「但願我的孩子甦醒過來！猶如從睡眠中清醒！能呼喚，並叫媽媽！」據說那位Tjukutjuku好像從睡眠中清醒過來。她並呼喚：「媽媽！」

"saka makuda kigetjem a tjemenun la tsa ti Tjukutjuku! sa jeri sa ke qaqivui!" aia zazua a kina aia. kirhimu a tjemenun azua ti Tjukutjuku. "kina! saka aku kemelang sun tu i ma—za ken?" aia zua ti Tjukutjuku aia. "ui la! qemauqaung aken saka maia! ki sema i inu aia aia ken saka maia. saka aku maia su si va—ik azua a namaqamaqarh! la jiret la su si vaik! sa ke ka i zua anga saka maia a na mavurhuvurh! ka mangetjes azua ti su kaka! sa itsatsikar anga saka maia! saka vaik a kemim azua ti su kaka! makina- mali azua ti su kaka. lakua maia sa semekaukaul ti Tjukutjuku inaia ken sa vaivaik a qemalup. lakua vauau anga tjasi pi taqalan! aia uta ti tjama. saka neka la zalum a urhi ku si vaua! saka ti tjama ini anan pangetjez a kemasi vavua! pai nu mangetjez ti tjama uta saka neka sun. neka ken. ki mavurhuvurh ti tjama!" aia zua a kina.

那位母親又哀求著說:「但願Tjukutjuku能繼續做織布工作,而且能笑,並開口對我說話!」Tjukutjuku便立刻繼續做織布的工作。Tjukutjuku又開口說話:「媽媽,妳怎麼知道我在這裡?」那位母親說:「是的,我哭了很久!我一直猜想妳會到那裡去呢?妳只為了那粘在攪拌匙上的一點小米飯而出走!讓我在那裡擔憂。妳哥哥回來後就吵起來,他立即動身去找妳。妳哥哥很生氣,因為他出去打獵前有特別叮嚀:絕不要叫Tjukutjuku做事。但是妳父親又說:必須釀酒供全部落族人開墾後飲用。沒有水釀酒。妳的父親出去工作還沒有回來!妳的父親回來時如看不見你,也看不見我,一定會很擔憂啊!」

"kina! maia sa mavarhung! pasaraji ti kama ka ti kaka! qerhengu kina! ula sun a masu rulaian. tua su mapuvarhungan! maia mavarhung pai kina!" aia ti Tjukutjuku aia. taqed azua kina la masurem anga. saka na marulai azua a kina tu si qaung anga aia. ula qemauqaung a kina sa kikim tjai Tjukutjuku a lemita tua paling a kivadaq. saka neka la na patsun aia. la namarulai a kina tua mapuvarhungan tua zua a si qaung anga aia.ka qemerheng ta—qed azua a kina aia.

Tjukutjuku說:「媽媽,不必擔心!不要管哥哥和爸爸。媽媽,躺下來吧!解除妳的疲勞、妳的憂苦!媽媽,不要擔心啦!」因為天已經暗了,那位母親也睡著了。據說那位母親已經哭的很累了。因為那位母親一面哭一面挨家挨戶的尋找Tjukutjuku的行

蹤，但沒有人看見。那母親因過度憂慮痛哭而勞累不堪。她一躺
下就睡著了。

　　manu ka mangetjez azua a kama a kemasi vavua. "i inu ti tjaina
Pulalulaluian ka ti Tjukutjuku?" aia zua a kama. i—ka qivu azua ti
Pulalulaluian aia. na matjarau aia.

　　"saka manu kemuda? aku ini ka sun a qivuivu? manu i inu ti
tjaina ka ti Tjukutjuku aku ini ka sun a qivuivu?" nu aiain nua kama.
i—ka quvu azua ti Pulalulaluian aia.

　　na mapuvarhung uta aia. laku ula na kemesa anga zua ti
Sasereserepan kemim tua kinesa sa kan azua kama aia. "pai kani
Pulalulaluian! aku kavarhungen ki maia i Vavurevurengan! ki maia i
zua i tjai tjaina i Muakaikai a kivaravara!" aia zua a kama.

　　當那位父親從農園回來，就問道：「Pulalulaluian，你的母親
和Tjukutjuku在那裡？」據說那位Pulalulaluian一句話都不說。他
還在嘔氣。那父親又問：「你究竟怎麼了？你為什麼不說話？你
的母親和Tjukutjuku在那裡？」他也在擔憂。那位Pulalulaluian仍
然不說話。那位母親Sasereserepan早已煮好飯，因此那位父親就
自己找飯吃。那父親又說：「Pulalulaluian我們吃飯吧！你用不著
為她們擔心，她們很可能在Vavurevurengan親戚家吧！她們很可
能在小姨媽Muakaikai那裡吧！

　　i—ka keman azua ti Pulalulaluian. ula na mapuvarhung uta aia.
keman aia.azua a na mazeri azua kama a mavatsuk. "ula qatsaqatsa
anga a ku kavatsuk nu pitaqalan amen la!" aia zua a kama.
tjesereсereman azua a kama. qemerheng sa kataqed aia. na taqed anga

zua ti Pulalulaluian ka tua kama. na taqed anga zua a kina i zua i tua tjagul i tua kinaizuanan ni Tjukutjuku aia.

　　那位Pulalulaluian仍然不吃飯。因為他也很擔憂。那父親就吃了飯。他做開墾工很勞累。那父親就說：「我希望我們邀全部落的人來做義務開墾工作時，我們已有很大片的開墾成績！」據說那父親每天都做到很晚很晚才回家。那位Pulalulaluian和父親都睡著了。媽媽在Tjukutjuku居住的大石頭那裡也睡熟了。

"ku kudauau azua ku sika ta qalan la? sa samaza! nu patseged ti kina, ula i maza anga ti kama ka ti kaka！saka i maza anga a nia qinalan!" aia zua tia Tjukutjuku aia. mapuvarhung azua ti Tjukutjuku aia. "ki tja manguaq aken a kiqaung tjai naqemati！sa ku ki pasualingi a naqemati tu ku paka arapen a nia qinalan a pasa maza！saka i vetsekadan tsu a ku umaq tua nia qinalan. sa sesapitj azua a nia umaq a mangetjez！avan tsu a urhi ka niaken a umaq?" aia zua ti Tjukutjuku aia. "ki ku anemaiai azua a nia qinalan ka tua umaq a pasa maza? ula nu patseged a nia sika ta qalan. ki samali tu i maza anga men. saka na makazatjan a maqatsaqatsa tsu a i maza a kajunangan!" aia zua a ti Tjukutjuku. "ula me kazatjan tsa i maza tu qatsaqa--tsa tu ka i zuanan nua nia qinalan!" aia zua ti Tjukutjuku a kisenai aia.

　　Tjukutjuku說：「我那整個村落要怎麼辦呢？希望能移到這裡！當爸爸醒過來時，願我爸爸和哥哥都已經移到這裡！希望我們整個村落都移到這裡了！」那位Tjukutjuku為此事費心思量。Tjukutjuku說：「我最好向造物者懇切的哭求！我要向造物者哀求將我們整個村落移到這裡！但願我這房屋能在整個部落的中

間！我們的房屋能移到這旁邊來！這（石頭變的）房屋是屬於我個人的！」那位Tjukutjuku又說：「我們的整個村落和房屋我究竟要用什麼話祈求才能移到這裡來呢？但願我們整個村落的人醒起來後，會很驚訝地發現我們已經移到這裡來住。但願這裡能變成平坦寬大的土地！」那位Tjukutjuku吟唱祈求：「但願這裡能變成平坦寬大的土地！」

"e! ku ula ulauau azua nia qinalan! saka tisun a naqemati ula su pakitsiurhi a ku varhung! sa pangetjez saka maia a nia qinalan i maza! sa sesapitj a umaq ni kaka tutsu a urhi ka niaken a umaq! avan tsu a urhi ka niaken a umaq. azua umaq angata nua mamazangilan. avan azua urhi ka ni kaka!" aia zua ti Tjukutjuku aia.

那位Tjukutjuku說：「哦！我願為我們整個村落哀求移地！求造物者您能依照我的心願成全！請應允我們整個村落移動到這裡來吧！但願我哥哥的房屋能移到這屬於我個人的房屋旁邊來！這將是屬於我個人的房屋！那屬於原始頭目的房屋，原本就是屬於哥哥的房屋！」

"sa—si—rhi—lu! sa—si—rhi—lu! sa tjalu rarau-dran!" aia zua ti Tjukutjuku aia.（naqemti la! ki pasualing aken! tu su pasirijen! tu su pasirijen! a nia qinalan a pasa maza i rauz i tua ku kinaizuanan a tjagul a ku umaq.aia aia a emula--ula zua ti Tjuku tjuk la.）taletseq azua a qinalan sa sirarauz aia. "sa—si—rhi—lu! sa—si—rhi—lu! sa tjalu rarau-dran!" aia zua ti Tjukutjuku aia. taletseq azua a qinalan sa sirarauz aia. "sa—si—rhi—lu! sa—si—rhi—lu! sa tjalu raraudran!" aia zua ti Tjukutjuku aia. taletseq azua a qinalan sa sirarauz aia. ki galu

azua qinalan a maparhu mal. la tjali qatsa zazua a qinalan aia.
"sa—si—rhi—lu! sa—si—rhi—lu! sa tjalu rarau-dran!" aia zua ti
Tjukutjuku aia. taletseq aia.marhu tjemelu anga tua zua a pana aia.
"sa—si— rhi —lu! sa—si—rhi—lu! sa tjalu raraudran! saka pi
vatsekadan tsu a ku umaq.sa se sapitj a umaq ni kaka. a ni kaka angata
a umaq!" aia zua ti Tjukutjuku aia.

　　那位Tjukutjuku哀求：「移—動—吧！移—動—吧！移到下
方的平地為止吧！」據說那整個村落發出「喳」聲響，往下移動
著。那位Tjukutjuku哀求：「移—動—吧！移—動—吧！移到下
方的平地為止吧！」據說那村落的範圍很大，因此那村落移動得
相當慢。那位Tjukutjuku哀求：「移—動—吧！移—動—吧！移
到下方的平地為止吧！」據說那整個村落發出「喳」聲響，就移
動到河對岸。那位Tjukutjuku哀求：「移—動—吧！移—動—吧！
移到下方的平地為止吧！但願我這房屋能在中間。我哥哥的房屋
能移到這屬於我個人的房屋旁邊來！那屬於原始頭目的房屋，原
本就是屬於哥哥的房屋！」

　　masan nanguaq azua a qinalan. saka i vetsekadan anga zua a
umaq ni Tjukutjuku, sa se sapitj azua a umaq angata niamaju a nua
mamazangilan aia. saka neka anga zua vatsal. saka azua a umaq ni
Tjukutjuku tarau aia. qarhilerhilem azua umaq ni Tjukutjuku aia. a
izua a kana anemanemanema anga aia. a sini qetjung a paling. a
qezung a qarhilerhilem a kana anemanemanema anga a penulat azua a
umaq ni Tjukutjuku aia.

　　那部落立刻變得美好。果真按照Tjukutjuku的願望，讓她的

房屋在部落的中間。那屬於原始頭目的房屋，也就是屬於哥哥的房屋確實移到了她房屋的旁邊！那大水潭已消失了。據說Tjukutjuku的房屋是玻璃屋。她的房屋十分亮麗，各式各樣的東西都很齊全。門、窗都是鑽洞的。Tjukutjuku房屋的各種設備都是閃閃發光的。

　　ka malia. sa patseged azua a sika taqalan. samali ka na setjavat anga. samali anga saka maia tua zua a umaq ni Tjukutjuku. ka mali azua a kama ka ti Pulalulaluian ka patse-ged.iau—a anga i tua sina zua ni Tjukutjuku a tjagul a ki neka nu tja qatsa azua vatsal i zua aia. masan qilanan anga zua a i zua saka pivetsekadan azua a tjagul aia. au tiamaju a sika ta qalan ka patseged. namaia tua samali tu ki anema ka na se patjavat anga zua qinalan. azua a kama ka ti Pulalulaluian ka patseged iuu—a anga a na se sapitj anga zazua a qinerhengan nua kama ka tua kaka tua zua a tjauka umaq ni Tjukutjuku aia. saka izua anga saka amin azua. tjalu zua anga zazua a ku mirimiringan.

　　天一亮，全部落的人就醒了，對於已遷居的事感到驚訝，並對Tjukutjuku的房屋感到很驚奇。父親和Pulalulaluian醒起來的時候也叫道：真奇妙！因房屋奇異地移動到水潭中Tjukutjuku居住的大石頭旁邊。據說那裡在轉眼間變成了村落。大石頭的位置就在中間。全村人醒起來時，因部落的遷移而感到萬分的驚異，更是無法以任何東西來形容那奇妙的運作。父親和Pulalulaluian醒起來的時候發出驚嘆的呼聲，他們睡覺的房屋竟然移動到Tjukutjuku居住的房屋旁邊。我的故事講完了。

## 二、那隻鳥變成最美貌的女人
azua qaiaqaiam na me tsautsau a tjala varelevelan

izua zua ku mirimiringan aia.izua zua ti Pulalulaluian a pinatsaian anga nua kama aia,matsiditsidil, lakua izua zua na sirhuvetjek nua kina, saka na pualak tua zua ti Muakaikai, saka izua zua sika tsekel ni Pulalulaluian, a rhu vatevateq tua situngan ni Pulalulaluian, a parhimasumasuj tua umaq aia. azua ti Pulalulaluian, ula matsiditsidil nu malia vaik a mavatsuk aia. lakua izua tu qadau. "mazeri anga ken arhavats la! ki ken a i umaq anan a kisu zerian, sa ku parhimasuji tsa nia umaq, sa ku pasa suasuapi a maka puraurauz, urhaka sema maza maza ta ti Muakaikai a parhimasuj! la na kitju tsemekelan, suasuapan a pagalugalu!" aia zua ti Pulalulaluian aia. i umaq a semu qejil tua umaq,a semuap tua puraurauz aia. azua a maka katsasavan suasuapan nua marh ka maqatsuvutsuvung aia.maka parhumasuj.

我要講一個虛構傳說[3]。有個孤兒名叫Pulalulaluian，他雙親早逝，只剩他一個獨子。但他母親的二代親中有個女子名叫Muakaikai，是Pulalulaluian的姨媽，幫忙Pulalulaluian洗衣、打掃。Pulalulaluian孤單生活。每日天亮時，就去開墾。但有一天

---

3　這則虛構傳說是講述者vais Tjivarian14歲左右在家中幫母親分排各色繡線時，聽祖輩Ravuravu(Paluvaqan家)女士講述的。之後她在採收花生的工寮外乘涼賞月時又聽Ravuravu複述了幾遍，因此記得很清楚。

Pulalulaluian說：「我太累啦，我要在家休息，解除疲勞，順便整理房屋，將床舖下徹底清掃。Muakaikai雖然常來這裡清掃，她自己有家庭，她只是掃掃地而已。」Pulalulaluian就在家裡清除屋頂上的煙塵，再清掃床舖下面，而屋外有青年團體幫忙清理，直到屋內外都清理完畢為止。

"mavanau anan aken la! ki ken a na maqunevulan!" aia zua ti sa Pulalulaluian aia. mavanavanau anga zua ti Pulalulaluian aia. "kaka! kaka i Pulalulaluian! qatjuvi! qatjuvi! kudrar!" aia zua kakedrian aia. "aku izua la qatjuvi a na ki parhanak i katsasavan a tjau parhimasuj aken? saka ini ka ku linengan! qajau ka venetsa nua kakedrian la!" aia zua ti Pulalulaluian. "pasaraji! ini ka tja vuluqen! maia sa veneseqitj! maka pavanau anan aken!" aia zua ti sa Pulalulaluian aia.maka pavanau sa situngan, palilian a paka qezung aia. lengan azua kaqatjuvian a na mavuringalau i tua katsasavan aia. "i! saka semetangar azua a qatjuvi tua kudraran!" aia zua ti Pulalulaluian aia. vaik azua ti Pulalulaluian a marap tua rekerek sa tsaris anan aia. ula azua a kaqatjuvian,ini ka ui a dreqerhen tua ini ka rekerek aia.ui izua-a saka maia azua na qemazau aia. e! si tjulivurut ni Pulalulaluian.

Pulalulaluian自言自語：「我去洗個澡吧！我身體一定很髒了！」Pulalulaluian洗澡的時候，屋外的孩子們就喊叫：「哥哥！Pulalulaluian哥哥！有蛇啊！好粗大喔！」Pulalulaluian說：「我剛清理過，為什麼屋外會有蛇出現？我剛才怎麼沒有看見？這些孩子可能在欺騙我！」那位Pulalulaluian又說：「你們不要理牠！不要用石頭擲傷他！我先洗完澡再來看！」他洗完澡穿上衣服

後，從窗口窺視。他看見了那蜷曲的百步蛇。Pulalulaluian驚奇地說：「噫！那條很粗大的百步蛇真驚人！」Pulalulaluian迅速地去拿曬乾的麻纖維捻成線。因為百步蛇一定要用麻線才有辦法套住它的頭部，否則百步蛇如不同意，會很難捉住。那條百步蛇一直伏在原地。Pulalulaluian就用麻纖維捻成的線，打成活結。

"pai idu la! aku maia i maza sun a rhamaleng? avan a vuluqen sun nua kakedrian! veseqitjen sun！ku satjezau! aku i maza sun a na ki parhanak i katsasavan? patsuni a kakedrian tua tjurhuvuan!" aiain nia Pulalulaluian aia. tjileqang sa pajurhejurhan tua tjinalivurutan ni Pulalulaluian a rekerek azua quru.sa paseretjeretjan tua zua tukuzan ni sa Pulalulaluian,sa tsavuridi sa vaik aia. avan azua seqadil azua ti Pulalulaluian tua zua ki na kudrar nua zua qatjuvi aia. satjezen a pasa zua i tua lerem i Tjadrakalipa aia.(aitsu a ku si mirimiringan ni sa Ravuravu anga a Paluvaqan .saka izua zua lerem i Tjadrakalipa i Kulalau.)sa tjezen a pasa zua zazua vurung a pasa zua ni sa Pulalulaluian.ka jemalun azua i tua lerem aia. umaq a vinetsikan a na sa sanguaq a pinu saulaulaian tu matja tjeru a kaluvuluvung a pu laulaung tua zua jarhalap aia.

Pulalulaluian對那條百步蛇說：「請來吧！你這位老人家為什麼輕易地蜷伏在屋外呢？就怕孩子或外來的敵人用石頭將你擲死！用木棍將你打死！我要把你移送到平安的地方！你怎麼會在這外面隨意現身呢？你看！有那麼多孩子！」那條百步蛇抬起頭來，將頭穿過那活結後，Pulalulaluian立刻將麻線拉緊鎖住百步蛇的頭部，然後將蛇身纏繞在他的拐杖上，扛在肩上帶走。

Pulalulaluian感覺很重，因為那條百步蛇很粗胖。他盡力將百步蛇扛到地名Tjadrakalipa那裡的神靈居住禁地。據說Pulalulaluian將那條百步蛇送達神靈居住的禁地時，他突然看見雄偉且有雕像的房屋。屋前榕樹下的休息台上設了三個石柱及石座。

"i! saka tsa umaq a tjau ka leng tsu! tjau leng aken tutsu a ini ka magalu a ku si paka maza maza a qemalup! a maka maza a nia jaran a qemalup! ka ini ne ka lemengelengeleng tutsu a umaq!" aia zua ti Pulalulaluian. ka jemalun sa tjaurai ni Pulalulaluian. ka migatsal! tsautsau a ki neka nu tja sauqalai a na ki vetsik aia.(ti sa Pulalulaluian azua na kisan qatjuvi!)sa vaik a sema qumaqan aia. e! tsuai anga i qumaqan, tjevuta zazua rhamaleng a qudras anga a ngisengis aia.na kemaradrai tua zua qaiaqaiam a sini tsepu tua qau. saka i taraj tua sinan purhupurhurh aia. qujijil a ita. jeleselesem a ita. qulizalizarh a ita. vuqavuqal a ita. sepatj azua i taraj aia. "e! Pulalulaluian!urhi ku su pazeriulan! lakua patsunu! urhi paka ita sun a marap,nu avan a kijekets tua su rima,urhi ka avan a na ki jekets tua su rima, urhi ka avan azua su katsuin." aia zazua a rhamaleng aia.

Pulalulaluian很驚奇地說：「呀！這棟房屋！我剛剛才看到！我經常上山打獵走過這個地方，我怎麼剛剛才看到這棟房子？」據說Pulalulaluian到達這個地方時，將蛇輕輕地放下，那條百步蛇突然站立起來，變成難以形容的美男子，全身還有刺紋。他立刻進入那棟房子，過了一段時間，有位白鬍鬚的老人手提著竹編的鳥籠，裡面有四隻鳥：一隻是紅色的、一隻是綠色的、一隻是黃色的、一隻是白色的。那位老人說：「喔，Pulalulaluian，我要給

你獎賞！請看（這些鳥）！但是你只能拿一隻，只有飛到你手上的那一隻，你才能帶走。」

Au "tiaken na ti sa Pulalulaluian aken! na su vuvu aken!" aia zazua aia. "vuvu! tjengerai aken a penulat! niaken anga tsu a penulat!" aia zua ti Pulalulaluian. "ini! ini ka nanguaq a paka riau! ita a urhi su katsuin! e! paletaraju a su rima! nu avan a kijekets tua su rima, avan azua a urhi su katsuin! ini ka nanguaq a paka drusa! ita saka maia su katsuin!" aia zua ti vuvu vuvu aia.

那位老人說：「以前的我名叫Pulalulaluian！我就是你的祖先！」那位Pulalulaluian說：「祖輩呀！（這些鳥）我全部都很喜愛呀！全都給我吧！」那位祖輩說：「不！貪多是很不好的。你只能帶一隻。喔！你的手伸入鳥籠裡面吧！你只能帶飛到你手上的那隻鳥！要兩隻鳥實在是很不好的！你只能帶一隻！」

ka paletarajen ni Pulalulaluian azua a rima, ki jekets azua a qulizalizarh aia. "avan azua urhi su katsuin!" aia. "salinga ken angata vuvu tu ku gudemen a kematsu!" aia ti Pulalulaluian. "ini la! ini ka kakudan a drusa! ita urhi su katsuin!" aiain nua ti vuvu aia. ka maka pavai tjai Pulalulaluian tua zua qaiaqaiam aia. jinajas ni Pulalulaluian saka vereqed tua sa kematsuan a penulat tua zua ti Pulalulaluian tua zua ki na na nanguaqan nua qaiaqaiam aia. maqurip azua a umaq aia. saka tsemetsemer anga aia. au vaik azua ti Pulalulaluian.

當Pulalulaluian將手伸入鳥籠裡面時，那隻黃色的鳥立刻飛到他的手上。祖輩老翁說：「你就帶那一隻走吧！」Pulalulaluian回話說：「祖輩呀！我真喜歡，想全部都帶走！」那位祖輩老翁

就對他說：「不行！想多帶是很不合理的！你只能帶走一隻！」
當祖輩老翁將那隻鳥交給Pulalulaluian後，Pulalulaluian就將那隻
鳥好好地抓住。因為那些鳥都非常美，所以Pulalulaluian十分喜
愛，很想全部帶走。這個時候，那裡的房屋奇妙地突然消失了。
那裡的景物在一瞬間變成了叢林。Pulalulaluian不得不離開那地
方。

tjalu pana. "saka na zarangzang aken angata tua sajerungan nua
zua ku sinatjez! nanguaq aken a mavanau anan!"aia. tsavuin tua zua
kava ni Pulalulaluian, sa vengetjan azua rima aia. vaik a mavanau a
sema zua ia rauz i tua vatsal aia. ka maka pavanau. na me tsautsau
anga zazua a kuku aia, a sini pavai nua zua vuvu tu tsekel ni
Pulalulaluian! la azua ti Pulalulaluian na lemita anga tua naqalaqala
anga. saka ini ka jemumak tu suju.ini ka jemumak tu katjengeraian
aia. Au "i! saka azua semiaq angata! sa ke ka na marivunai.avan tsu a
ini ka ken a urhi temurhu a kiqepu tutsu a ki na vavaianan! malian tsu
ta semerau anga ki na mamazangilanan. a ki kemasi i inu tsu? a ini ka
ken a na tsuai a mavanau!" aia zua ti Pulalulaluian. arapen ni
Pulalulaluian azua kava! Ini anga ka na matsipil anga zua a kava aia.

走到河邊。Pulalulaluian自言自語：「我剛才扛著的那隻蛇太
重了，我真的流了很多汗！我最好還是洗個澡！」據說
Pulalulaluian將那隻鳥用衣服包好，再用袖子綁住，然後往下走到
水較深的地方去洗澡。當他洗完澡，發現那寵物（鳥）已變成人。
原來是那位祖輩老翁賞給Pulalulaluian的配偶！因為Pulalulaluian
曾走遍各村落尋訪女朋友，但找不到喜歡的女子。Pulalulaluian

驚異地說：「咿呀！那位真讓我害羞！我竟光著身！她真是個美女，我真不敢和她會面！她的頭目氣質超凡。這位究竟是從那裡來的？其實我洗澡的時間並不久啊！」據說 Pulalulaluian拿起他（包鳥）的衣服時，發現那衣服(已打開)沒有折回。

"saka aku i maza sun?" aiain ni Pulalulaluian aia. "saka ui la! aku tiaken azua sini pavai ni vuvu tjanusun! azua ku kama sinau ni vuvu. palili! a i Kadrangiangian tu ki na makuda ki na mamazangilanan semeturhuj ti Pulalulaluian a ini jumajumak tua suju! urhi tja si pavai tsu a tjala vurungan a ti sa Tjukutjuku! aia zua ti vuvu. avan nu sini vaik ni kama palili tua su umaq. ki na makuda su ki na mamazangilanan? ula tja si pavai ti Tjukutjuku semeturhuj ti Pulalulaluian a ini ka jemumajumak tua suju! aia ti vuvu" aia zazua a vavaian aia.

Pulalulaluian就對她說：「妳為什麼會在這裡？」那位女子很坦白地說明：「的確如此啦！是我的祖輩將我許配給你。那位祖輩派遣我的父親(那條百步蛇是同名的Pulalulaluian的化身)去看望你的頭目處境。那時，那位祖輩很有同情心地說：你去探望Kadrangiangian頭目家，看看究竟怎樣了？那位Pulalulaluian很可憐，他走遍各村落卻找不到合意的女友。我們要將這個老大Tjukutjuku賜給他！因此派遣了我的父親去探望你家。看看你這位頭目的家境究竟如何。那位祖輩很強調地說：那位Pulalulaluian很可憐，他走遍各村落卻找不到合意的女朋友，我們要將這個老大Tjukutjuku賜給他！」

Au "ia! manu avan anga zua a sini pavai!" aia pivarhung.saka ini anga ka kivadaqan tua zua a kuku aia. "ia! manu avan anga zua a sini pavai ni vuvu!" aia zua ti Pulalulaluian aia. "ui! saka nu maia tua zua la! daqai anga urhi ka su sineturhujan a matsiditsidil aken.saka ini ka men a na maia tua mamazangilan a zuma, lakua saka arhi kaumaia! remeva angata zua ti vuvu!" aia zua ti Pulalulaluian. vaik a matsiurh, ini anga kakivadaqan ni Pulalulaluian. ai inu anga zua ku kuku? ini anga ka aiain! aia. azua kitjumal azua ti tjadrava.

他心想：「咿呀！那賞給我的原來是這樣的！」他就不再追問有關那寵物(鳥)的事。Pulalulaluian說：「咿呀！祖輩賞給的原來是這樣的！」他說：「是的！確實如此！因為我是單獨一人，今後你可能會很艱苦，而且我們又不能跟其他的頭目相比。但是我們就順命運走吧。很高興是由那位祖輩成全的。」他們相偕而行，Pulalulaluian不再問起關於那寵物的事。他不再問：我的那隻寵物到那裡去了？因為她很坦白地自我介紹過了。

saka tjalu sasekezan aia. "saka qiraji anan la!" aia. qemiraj a sema tua saulaulai ni Pulalulaluian aia. azua pinu saulaualaian a sasekezan aia. azua a qaqirajan ni Pulalulaluian, azua a mapuapu aia. mangetjez azua ti Kulelelele a alak ni Muakaikai a sikatsekel aia a qatsaqatsa anga. "kaka! ai anga tsu a tia kaka!" aia zazua aia. "ui! Sau! tjumatjumali a su kina! uzai i sasekezan anga tia kaka! aiau! ula pajurujuru a tjumaq!" aia ti Pulalulaluian aia. vaik a mekel azua ti Kulelelele a Vavurevurengan aia. azua alak nua sikatsekel nimaju.

他們走到休息站。他開口說：「我們坐下來休息吧！」她便到Pulalulaluian的石座上休息。因休息站設有石柱座椅，那是Pulalulaluian頭目的石座。他在那裡嚼著檳榔。Muakaikai姨媽所

生的孩子Kulelelele已長大了，恰好來到這裡。他就說：「兄輩！唉呀，這些兄輩！」Pulalulaluian對他說：「是的！去吧！你快去告訴你媽媽說：兄輩已經在休息站那裡了，好讓她回家準備。」那位Vavurevurengan家的男孩Kulelelele立刻跑回家去。那男孩是他亡母的胞妹所生的二代親。

tjumalan azua "kina!" aia. "kina! ti kaka izua jajaran a vavaian a varelevelevel! ini ka tjen a temurhu a kiqenetj tua varelevelan! ki se nema?" aia zua ti Kulelelele aia. "a! saka ki se nema zua aiau? pai vaik anan aken nu maia. pai vaik anan aken a pajuru!" aia. "seqeseqan tua tja vaua drauan sa katsuan! su si karasingan! a ki se nema zazua aiau? a na rememu tua alak nu pulu!" aia zua ti sa Kalalulalu aia a kina ni Muakaikai. kiratjak azua ti Muakaikai tu vaik a pajuru a pasa su qunevunevulan tua zua nanemanema anga, saka sineqeseq azua vaua, saka ini ka pinu zaluman, ini ka sinarha aia. azua tsuai azua ti Pulalulaluian, ula papajuru anan ta i umaq aia. kinemenem tu na maka pajuru anga a i umaq, tu na seman apu anga, tu na pajuru anga tua vaua aia.

那Kulelelele一到家就立刻喊「媽媽！」，很急迫地說：「媽媽！兄輩有很貌美的女伴！她非常的美，美得讓我們不敢直視她！她究竟是那裡的人呢？」他媽媽說：「啊！那究竟會是那裡的人呢？我一定要趕快去！我一定要趕快去準備！」Muakaikai的母親Kalalulalu很親切地說：「妳去開新酒甕，舀出原汁帶去吧！你要用高貴的禮杯敬酒以示歡迎！那究竟會是那裡的人呢？她勇於愛上那清寒的孤兒！」那位Muakaikai趕緊準備，並忙著清除

各物品上的灰塵。據說那帶去的酒是原汁舀出來的，確實沒有加水，也不是用雙手壓縮出來的酒。那位Pulalulaluian在休息站那裡逗留了一段時間，讓家人（姨媽）有充分的時間準備，他想像得到家人已準備好足夠的檳榔和禮酒了。

"ui la! arhi anga! jaluni anga i umaq!" aiain ni Pulalulaluian aia. ka jemalun qemiraj a sema saulaulai azua ti Tjukutjuku. sa kiqenetji nua zua ti Muakaikai a paka qezung aia. "ini saka malian tsu, sa tsemujuq a ki na mamazangilanan, saka ki kemasi inu tsu a nia qalaqala? remigu tsu kaumaia tua ki na mamazangilanan ni kaka i Pulalulaluian. saka ki se nema tsu? saka ki kemasinu tsu?" aia zua ti Muakaikai.

Pulalulaluian對她說：「我們走吧！我們走回家吧！」到達時，Tjukutjuku照禮俗在家園石座上休息。Muakaikai姨媽就從窗口看個清楚。Muakaikai說：「這位相貌很不平凡，她的頭目身分必定很卓越，我們這個外賓究竟是從那裡來的？她或許是風聞Pulalulaluian的頭目身分而來。她究竟是那裡的人呢？這位外賓究竟是從那裡來的？」

tsasaven ni Muakaikai tua zua karasingan (kerasingan nu aia. pini karhutail a vaua saka avan a sinan apu,vaua a i karhutail a i kanaval, sinan apu a saviki a i kavirhi aia.) "uzai anga la! apu! tekeru! ki magalu anga su qusavan, su sika i jaran anga! tu su sika i zua i sasekezan anga!" aiain nua zua ti Muakaikai aia. "ui angata la! na maqusau aken! ku si ka i jaran anga! tu nia sika i sasekezan anga ka ti kaka!" aia zua ti Tjukutjuku aia.

那位Muakaikai用高貴的禮杯出門迎接她。Muakaikai很客氣
的將高貴的禮杯遞給她：「請用吧！請吃檳榔吧！請喝禮酒吧！
妳已很辛勞地長途步行！你又在那休息站停留許久，你必定很渴
了！」那位Muakaikai回答說：「真是如此！我真的很渴！因為我
和兄輩在路上長途步行，我們又在那休息站停留許久！」

azua timaju na maia tua zua, amin a kini araarang a sini patjizul
nua vuvu, a sinu tjala vurungan tua ki na mamazangilanan niamaju.
mamazangilan nua tsemas aia tua zua. lakua na kemelang tu ini ka
jemumajumak tua suju azua ti Pulalulaluian. vaik a sema qumaqan
aia.qemiraj azua ti Muakaikai, sa ki gagalu. "malian tsu ta tsemujuq
anga a ki na mamazangilanan! izua la mangetjez a mamazangilan a
urhi ka na semu siaqan tua nia pasa qumaqanen tua nia qalaqala! a na
se kiamau tua nia ki na mamazangilanan!" aia zua ti Muakaikai aia.

她如此出現。那位祖輩精選了他們大頭目最高級的盛裝，當
時只以這全身裝扮和飾物作為她結婚的伴隨物件。據說她是屬於
神靈界的頭目。他們知道那位Pulalulaluian曾到各部落，卻找不到
合適的女友。Muakaikai在屋內坐下，仔細審視，並說：「這位形
貌的確很不平凡。怎麼會有特殊頭目身分的人突然跟來？這位貴
賓的來臨，真的會彌補我們頭目家的寒酸。他們真是門當戶對的
佳偶，她的份量真配得上我們的頭目地位。」

azua quval paqedarh a quval aia.（paqedarh nu aia avan azua a
qetsengetsenger a ini ka pu patautaud tua qudras la, tjaliaguts nu aia
avan azua a katje qudrasan a kemasi kakedrian a patautaudan tua
qudras?）azua alis murimuritan a alis aia. azua kalusekusan ni

Tjukutjuku parhulangudan a kalusekusan aia.

　　據說那位Tjukutjuku的頭髮是純黑的。她的牙齒如同尊貴的琉璃珠murimuritan，她的指甲如同琉璃珠parhulangudan。

　　"malian tsu tua kudrar anga a ki na mamazangilan nua ti tjadrava!" aia zua ti Muakaikai. na qemiraj i tua saulaulai ni Pulalulaluian a zemarhezarhezarh azua ti tjadrava aia. namaia tua qadau a zarhezarh aia. "kaivaravarai anga tsa jinumak ni Pulalulaluian!" aia.

　　那位Muakaikai說：「這位女賓的形貌很不平凡，她的頭目身分必定很卓越。」Tjukutjuku仍然坐在Pulalulaluian的石寶座上。據說她正發著光，那光猶如太陽。那位Muakaikai很讚賞地說：「Pulalulaluian找到的這位異鄉女子太神奇了。」

　　"saka pai ku ki tjavirilai anan azua ti Muakaikai, sa ku ki luquridi angata! marigu la kakedrian! qajau ki paqurid nua zua ku vuvu a ti Kulelelele, tu izua la vavaian a na semetangar a ki na mamazangilanan, a ki tsiutsiurh tua ti Pulalulaluian!" aia zua ti sa Kalalulalu a na sirhuvetjek nua vuvu aia.

　　那位祖母的胞妹Kalalulalu(Muakaikai的母親)說：「我還要跟在Muakaikai的後面，我要看清真相！小孩子的話難以捉摸！我的孫子Kulelelele的話不一定是真的。聽說那跟著Pulalulaluian來的女賓相貌不凡，她頭目的身分必定很卓越。」

　　kau azua ti Muakaikai sikatsekel nua kina aia. ka manu vaik azua ti sa Kalalulalu aia. ini turhu a kiqepu tua varalevelan, a mata tsemedatsedas a qadau azua ti Tjukutjuku aia. "saka ai anga sun! se nema sun? kemasi i inu sun? a na maka ki puremu a sema maza i qumaqan tutsu a ti Pulalulaluian, a na merhe alak nu pulu! saka ui la! mamazangilan amen angata! tjala vavavan la nia ki na mamazangilanan! na lemita anga tua naqala anga murhi sipamau ni Pulalulaluian! laku ini ka men a pajumajumak! kemasi i inu sun? a ini ka nia su riguriguin la su ki na mamazangilanan?" aiain nua zua a vuvu ni Pulalulaluian a na sirhuvatjek nua na vuvu aia.

那位Muakaikai是他亡母的同輩二代親。祖輩Kalalulalu去到那裡，看見Tjukutjuku美得好像正在發光的太陽，實在不敢與她面對面相聚。那位Pulalulaluian已亡祖母的妹妹Kalalulalu很真誠地對Tjukutjuku說：「妳真令我驚嘆！妳是那裡人？妳從那裡來？妳真有勇氣到這位Pulalulaluian的家裡。他是如此清寒的孤兒！說真話，其實我們原是千真萬確的頭目！我們的頭目地位是最崇高的！我們曾為Pulalulaluian走遍各村落尋覓配偶！但是我們都找不到適合的女子！妳從那裡來的？我們怎麼始終不知道妳的頭目地位？」

"ui angata la! saka ki mun a anemaia! lakua sinau aken ni vuvu! sinau anan azua ku kama a paki kakelang tutsu a ki na tsemekelan tu ki ken a urhi sejalep kemuda a pasa mazain? ma sepatj amen a marh vetjevetjek saka tiaken a tjala vurungan. kemelang ti vuvu tu na masan alak nu pulu tsu a ti kaka i Pulalulaluian. saka sini pakatsu aken ni vuvu ka na sematjez tua nia kama!" aia zua sa ki tjumal aia tu mamazangilan nua tsemas.au ka sema qumaqan aia. si paleteku tua kinesa a qavai. azua na kematsu ta kinesa a kemasi tjumaq azua la Pakedavadavai aia. ini ka pina ki paseturhuj azua ti Pulalulauian. la na marhevetjek a vuvu. sikatsekel nua kina zua ti Muakaikai aia.

　那位Tjukutjuku便告知她是神界的頭目：「這是千真萬確的事！你們還能說什麼？是我的祖輩派遣了我！之前我的祖輩還派遣了我的父親來這邊，實際瞭解這個家庭的狀況，看我是否適合到這個家庭生活。我們姊妹共有四位，我是老大。我的祖輩很清楚地知道兄輩Pulalulaluian的處境是很可憐的孤兒！所以當兄輩Pulalulaluian細心地將我的父親扛著送行時，我的祖輩就很放心的將我交給了他！」Tjukutjuku進入房屋，他們立刻將為她煮好的小米丸拿出來奉待。那是家名Pakedavadavai從家裡帶來了煮好的小米丸。因他們的祖母是同胞姐妹，所以Pakedavadavai那家絕對不會讓Pulalulaluian丟臉。Muakaikai是他的姨媽、是他亡母的二代親。

　izua matja tjautsiketsiker azua tiamaju. saka na kemasi maza angata zazua a qudraqudrasan a na pavai tua ti Pulalulaluian aia la tua zua kuku. maqepu ka masurem a sika taqalan aia. sa pitariduan tua zua ti Tjukutjuku. saka i zua a dremaiaian a patje malia azua a se Linasarhas aia.

　他們就在那裡彼此交談。這才得知那位親自送寵物給Pulalulaluian的祖輩老翁的前身（六代以前），是來自Pulalulaluian的本家祖先（所以Pulalulaluian這名是本頭目家遺傳的好名）。到了晚上，全村人都聚集，非常好奇地來看那貌美的Tjukutjuku小姐。整個Linasarhas村落的人就在那裡跳歡迎舞直到天亮。

　ui! ka malia "urhi qemalup itjen!" aia tiamaju. "qalupi a pitaqalan!" aia. matsiruq azua ti Tjukutjuku aia. au vaik azua tia

Pulalulaluian a qemalup aia. "vuvu! urhi pu alak anga zua ti Tjukutjuku! saka urhi vaik amen a qemalup! avan a pualak a neka ken!" aiain azua a qada a ti sa Vungavan a qezipezipen. au vaik azua tia Pulalulaluian a qemalup aia.

是的，天亮後他們呼喊著：「我們要打獵！」又說：「我們全村男子都要去打獵！」據說那位Tjukutjuku已懷孕了。依照慣例，那位Pulalulaluian就跟著打獵去了。但出發打獵前他對頭目代言人Vungavan說：「祖輩！Tjukutjuku懷孕將生子，而我必須要出去打獵。我不在家時請多關照，她可能會生孩子！」然後那位Pulalulaluian依照慣例跟著大家去打獵了。

pualak tua zua uqalai angata azua ti tjadrava, paka ti Kulelelele-in aia. "saka ki ti Kulelelele la ki tja kudai! marhu remeva angata zua su vuvu ka paka saruin sun! sa su sa maza patelarh tutsu a ki na mamazangilanan i maza! magalu anga sa puluan anga!" aiain ni sa Vungavan aia.

Tjukutjuku果然生了男孩子，取名Kulelelele。那位Vungavan對她說：「我們沒意見，就確定命名Kulelelele！我們非常感謝妳那位祖輩允許妳，讓妳到這裡照亮頭目的一切，讓長期孤貧的家煥然一新！」

au mangetjez azua ti Muakaikai azua a vuvu a ti sa Kalalulalu aia. a papavanau, a kiraraing tua zua ti Tjukutjuku aia. lakua azua a tsemas angata timaju kisenaian a alak a pape qatsa aia. "ula jemeri a ku alak nu aia jrmeri aia. ula ki jelapa nu aia ki jelapa aia. ula jemavats nu aia jemavats aia. arapu tua su vakera sa vaik a kivangavang aia. vaiken azua a vakera a marap sa vaik ka tua sarasaraj a kakedrian a ki vangavang." aia. na inulaula zua a alak sa eqatsa aia. ka sereman anga, papavanavan azua alak aia. saka na taqed anga zua alak tu pinavanavan aia.

那位祖輩Kalalulalu及姨媽Muakaikai結伴而來，幫Tjukutjuku的嬰兒洗澡，予以照顧。但是那位Tjukutjuku是真的神靈，她只要吟唱一句話，那孩子就長大了。她吟訴著：「願我的孩子笑就能笑，願會爬就能爬，願會走路就能走路；願拿起弓箭出去玩，那孩子就拿起弓箭出去和同伴們玩射箭。」據說那孩子是靠她運用神能吟訴成長的。近黃昏時，她就給孩子洗澡。洗完澡，那孩子很快地睡著了。

Au mangetjez i umaq azua ti Pulalulaluian aia. na patjarha tjeru ti Pulalulaluian. sa ka na paqaqutsul a vatu nu aia.（paqaqutsul a vatu nu aia. tjeru azua vatu tjarha itaita a vatu tua inarap）saka azua ti Pulalulaluian na patjarha tjeru.au tjarha itaita a sika taqalan aia. maqepu a sika ta qalan a dremaian a seman vadis aia.izua anga zua ti Tjukutjuku a ka rhakudakuda. a na lusepit anga. azua ti Pulalulaluian vaik a sema qumaqan. ka temuvai tua vatjeng azua ti Pulalulaluian, patseged azua alak sa igatsal, sa ki tapulu tua kama zua alak. saka izua mekekel a patsatsiketsiketsiker i kasintan azua alak, a qatsaqatsa anga a matu kiniradap tjai Pulalulaluian aia azua a alak.

那位Pulalulaluian回到家。他獵取了三隻野獸。那些狗都各自捕捉了一隻野獸。Pulalulaluian個人確實獵取了三隻野獸。全村的獵人都獵取了一頭野獸。全村人都聚集在Pulalulaluian大頭目家跳

傳統舞，同時處理獻給頭目的禮肉。大家分享那喜悅與榮耀。
Tjukutjuku苗條健美的身體在那裡忙碌著。那位Pulalulaluian進到
屋裡，當他掀開蚊帳時，那孩子就醒過來站起，立即投入爸爸的
懷抱裡。那孩子就在客廳裡跑來跑去。據說那孩子已經長大了，
他的面容和他爸爸一模一樣。

　　au saka zua nu kiqenetjan azua a na kinasi zuan ni Pulalulauian,
lerem a neka anga la umaq la anema, na maia tua zua sini pavai azua ti
Tjukutjuku i ka ki rinisi, i ka ki kinuda aia. saka izua anga avan anga
nu mamazangilan a namaia tua kuku nua zua a se Linasarhas tua
varelevelan azua ti tjadrava. sa ka pualak kisenaian sa kaqatsuvung a
kirhimu azua a alak aia. saka izua saka amin.

　　Pulalulaluian再回頭看看當時的來源地，他肉眼只見禁地的石
頭記號，而沒有房屋等任何東西。Tjukutjuku很神奇而無條件地
賞賜給那位孤兒Pulalulaluian，無需任何聘禮。她確實在那裡掌管
頭目的權位。由於她出奇地美麗，便成為Linasarhas村人最寵愛的
寶貝。當她生孩子時，她神奇地只要吟唱（kisenaian）一句話，那
孩子就長大了。我講完了。

## 三、虛構與真實

　　自從小川尚義與淺井惠倫以原住民語言和日文著述了《原語
による台灣高砂族傳說集》（1935），並收錄了79則排灣族傳說以
來，排灣族豐富的傳說幾乎沒有以母語和翻譯語言的對照形式發
表。近年由松澤員子根據小林保祥於大正10年（1921）至昭和13年

（1938）在中部排灣村落採集的24則虛構傳說（mirimiringan）編寫的《排灣傳說集》（1998），也只有日文與中文的譯文，而無原語的記錄。本文特別在此方面作一努力，雙語並呈地選錄了屏東排灣Kulalau（古樓村）vais Tjivarian（葉新妹）女士記憶的兩則非常精彩的虛構傳說（mirimiringan）。與之前研究者採集的排灣族虛構傳說相較，vais女士講述的排灣族虛構傳說（我們目前已整理紀錄了十餘則）大多非常的細膩完整，每篇皆佔有相當的篇幅。她表示並無自己增添的部分，可見之前許多排灣族虛構傳說的講述者或記錄者可能有許多省略之處。

　　這兩則排灣族虛構傳說若與早期《原語による台灣高砂族傳說集》和《排灣傳說集》中採錄的排灣族虛構傳說mirimiringan相較，可謂非常的典型，包含了許多共通的特色。我發現排灣族的虛構傳說在台灣原住民的傳說中非常突出，因其中有特別豐富的驚訝、愛戀、同情、哀傷等情感和美感。除了與排灣族非常接近的魯凱族外，其他族的傳說中都少見男女相愛的情節、沒有強調俊男與美女、很少死後復活或現身的場景、不常哭泣和離別、也欠缺非常神奇或美麗的事蹟。

　　但這些在排灣族的虛構傳說中比比皆是，讓排灣族的虛構傳說在藝術性上與其雕刻一樣，有相當傑出的表現。

　　以「蜘蛛為Tjukutjuku織路」和「那隻鳥變成最美貌的女人」兩則虛構傳說為例，編造講述的都是關於頭目家的故事，而頭目家系確實是排灣社會的重心。每次虛構傳說中的人物向創造者祈求（ki pasualing）、哭求（kiqaung）、吟訴（kisenai）時都發生了非常神奇的事蹟。前一則虛構傳說的主角Tjukutjuku呼求後的神蹟包

括：母親熟睡不醒、水中的石頭變成華麗的房屋、水潭變成平坦
寬廣的地、最令人驚訝的是全村在瞬間整個搬移到水潭那裡重新
組合；Tjukutjuku的母親在哭求後得到琉璃珠的跳躍指引而找到
女兒、將女兒被取出的肝重置體內恢復功能、女兒由被刺死而復
甦開口說笑並恢復織布。在後面一則虛構傳說中，由神靈界來的
女子Tjukutjuku在婚後生子，她便吟唱(kisenaian)著：「願我的孩
子笑就能笑，願會爬就能爬，願會走路就能走路；願拿起弓箭出
去玩，那孩子就拿起弓箭出去和同伴們玩射箭。」那孩子一下子
就長大了。

在虛構傳說中創造者naqemati是一切神蹟的來源，而在現實
世界中排灣族人也一直透過祭儀向創造者祈求、哭求、吟訴。他
們相信生命是創造者賜與的，人的命運也由創造者安排。虛構傳
說按照排灣族人的願望，其中人物向創造者祈求後，便會發生許
多奇蹟。與真實世界中發生的事情不同的是：在虛構傳說中人死
可以復生，嬰兒可以立即成人。創造者在排灣族人的意象中是很
會悲憫人的，尤其會同情淪為孤兒、喪失權位的頭目家人，讓他
們顯現威能。因此，排灣族的虛構傳說中充滿了創造者很有同情
心(rhupaurauran / rhupinauran / rhupaseturhuj)地應允世人祈求而
產生的神蹟。當然，這也反映了世人對創造者能不斷賜福的深切
期望。在第一則虛構傳說中創造者幫助頭目家族移村；在第二則
虛構傳說中創造者和神靈界的祖先賜予頭目家飢貧的孤兒地位
相當的配偶。

在虛構傳說中神靈界的人居住的地方多為禁地。這雖與排灣
族人一般的觀念相符，但在真實的世界裡沒有人走到神靈居住的

禁地看到華屋和神靈界的人。講述此傳說的vais女士認為雖然神靈居住禁地的房屋我們看不見，但這則傳說最重要的是要說明那地點還在那裡。虛構傳說中神靈界的人在世人面前會化身為百步蛇、鳥、蜘蛛等，但在適當的時機也會由百步蛇、鳥等變換為俊男美女。古樓村的確流傳著人死後會變成百步蛇、再變成熊鷹的真實傳說（胡台麗，2002：63），但只有在虛構傳說中神靈界的鳥會變成美女、百步蛇會變成俊男，因而有更多自由變換的空間。虛構傳說中對於俊男美女的形容都和太陽光有關。例如第二則傳說中描述：「Tjukutjuku美得好像正在發光的太陽，實在不敢與她面對面相聚」。小林保祥的《排灣傳說集》中第一篇對美女Muakaikai如此描寫：「她身旁總有十條彩虹出現，光彩奪目」。排灣族人常將創造者（naqemati）與太陽（qadau）連在一起，稱為qadau a naqemati。身為創造者長子系統的頭目，必定具有如同太陽的美光。在排灣族的真實世界中頭目的盛裝包括琉璃珠飾都有顯著的太陽圖紋和如同彩虹的色彩。虛構傳說中顯現的是排灣族與創造者意象相連的真實美感。

　　排灣族人大都認為最好聽的虛構傳說會令人聽了感動落淚並驚嘆不已。哀傷與驚訝之情在虛構傳說中極為強調。許多虛構傳說中的人物因為沒有得到愛、或所愛的被毀棄、或沒有得到同情照顧，而讓人聽了很悲傷（mapaura）。

　　例如本文第一則虛構傳說中Tjukutjuku因母親沒有把她愛吃的小米飯留給她而傷心地離家出走；長子Pulalulaluian也因母親沒有聽他的話而差遣妹妹工作，憤而離家將妹妹刺殺，藉此讓母親更傷心；那母親也因女兒出走而不斷哭泣，並因女兒被刺殺而不

斷哭求讓她復活。這則虛構傳說中的人都對整個村落在一瞬間被搬移而非常驚訝(samali)。我相信聽到這傳說的人一定也會對村落以神力搬遷、人死而復生、琉璃珠能通靈跳躍指示路等情節感到驚訝,並對那被兒女怪怨的母親感到同情。若依照此虛構傳說的講述者vais女士的解釋,那女兒Tjukutjuku會因小事而離家到水潭中間,冥冥中是受到創造者和祖神安排,導引她到大石頭那裡,最後並將整個村落用神力搬遷過去,以彰顯頭目有神奇的權威、力量。對於第二則虛構傳說,其中的人物和聽此傳說的人都會對百步蛇變俊男、鳥變美女、神靈居住的禁地出現華屋及老翁又突然消失、嬰兒在吟唱中立即長大等情節感到驚異,也會對成為孤兒的清寒頭目找不到對象而產生同情,並受創造者和祖神慷慨賜與的行為感動。虛構傳說中特別強調的哀傷與驚訝的情感是排灣文化中高度認知的情感(胡台麗,2002、2006),透過虛構傳說的代代傳述,不但反映而且更加塑模了排灣族人的真實情感。

　　從排灣族的虛構傳說來看,我們可以發現:虛構如同放大鏡,將排灣族特別重視的情感、美感與價值觀加以放大,雖然形象有所誇張失真,但卻更加凸顯該文化所強調的某些真實情感、美感與價值觀。透過虛構,我們更接近真實。

下篇

# 儀式、文本與影像

圖4-1　古樓五年祭測量祭竿（胡台麗攝）

圖4-2　古樓五年祭女巫師做增強靈力祭儀（胡台麗攝）

圖4-3 古樓五年祭女巫師在村落祭屋做祭儀（胡台麗攝）

圖4-4 古樓五年祭男祭司準備神球（胡台麗攝）

圖4-5　古樓五年祭刺球場

（胡台麗攝）

圖5-1　古樓女巫師在「家」中以手支著面頰誦唸經語
（胡台麗攝）

圖5-2　古樓女巫師唱經時「家」、「村」等神靈附身（胡台麗攝）

圖5-3　古樓重要的村插標部位tsineketsekan（胡台麗攝）

圖5-4　古樓男祭司負責分送給「村」的祭品（胡台麗攝）

圖6-1　《愛戀排灣笛》紀錄片的攝製團隊（胡台麗攝）

圖6-2　Padain村的頭目tsegav Tjarhulaiaz在大武山前盛裝吹笛
（胡台麗攝）

圖6-3　古樓村的老村長tsujui Tjakisuvung盛裝砍竹子並吹笛
（胡台麗攝）

圖6-4　排灣族人在鏡頭前演得很自然
（擷取自《愛戀排灣笛》影片）

圖6-5　平和村的rhemaliz在石板屋中傾聽妻子吟唱哀調
（擷取自《愛戀排灣笛》影片）

圖6-6　排灣族錄攝影師最重視盛裝舞會的拍攝
（擷取自《愛戀排灣笛》影片）

圖6-7　排灣族頭目階層在身上刺紋是認同並模仿神靈祖先百步蛇
（胡台麗攝）

第四章
# 排灣古樓五年祭的「文本」與詮釋[*]

## 一、理解的起點

　　究竟要如何穿透祭典儀式熱鬧繽紛的表層、並超脫瑣碎乏味的程序描述，而進入舉行祭儀的該社會文化的深層世界？這樣的問題在人類學的思考中不斷浮現，可是大多數的臺灣原住民祭儀研究受許多限制，很難有所突破。以排灣族為例，過去有關排灣族的文獻大多提到五年祭(Maleveq)是該族大部分區域最盛大而重要的村落性祭儀，對於五年祭的起源與意義也有所探究，可是在一般性的描述中產生了許多梳理不清的疑點。

　　日據時期出版的《番族慣習調查報告書》第五卷之三(1922)小島由道與小林保祥以極大的篇幅記載二、三十個排灣村落舉行

---

[*] 本文原發表於中研院民族所出版之《人類學在臺灣的發展：經驗研究篇》論文集。排灣語記音初譯：柯惠譯(Tjinuai Kaleradan)。

五年祭的概況，其中記錄得最詳細的是南排灣內文的五年祭。他們指出每五年一次的祖靈祭並不存在於北排灣Raval系統的村落，而在幅員廣大的Vutsul系統諸村落除了Padain（高燕）、Se-Paiuan（筏灣）、與Piuma（平和）外都包括了前後兩次祭儀，前祭稱為Maleveq或Jajulatan。Julat是刺球的長竹竿，五年祭前祭中最特殊而引人注目的活動就是豎立長竹竿刺球。文獻中指出刺球的目的在於接受太祖之靈所帶來的關於農作、狩獵、出草、健康等的幸福。太祖之靈每五年由Kavurungan（大武山）出發，南下視察子孫的生活狀況，村落頭目家與各家的祖靈及代代祖先之靈也隨之而來，於是在頭目、男祭司與女巫師領導下以男祭司為主祭，召請祖靈並以竹竿刺球。然後將各家祖靈暫留家中，等太祖之靈巡視完畢北歸之際各村落再舉行後祭送祖先歸去，稱為Pusau。五年祭為何要以竹竿刺球的形式表達？為什麼要以男祭司為五年祭的主祭？五年祭除了竹竿刺球外還有哪些祭儀？祭儀語言和參與者行動的實質內容與文化意涵為何？……像這類問題過去的記載無法回答。

有關五年祭的起源，「臺灣高砂族系統所屬之研究」（移川子之藏等，1935）陳述排灣族固有的Vutsul系統以Padain、Se-Paiuan為中心，往南以及向東遷移，並判斷五年一次的祖靈祭發源於Padain及Se-Paiuan，再以分出的Kaviangan（佳平）為核心繼而往南傳布。文中也記載Padain村落關於五年祭起源的傳說：太古時有祖神兄弟姊妹七人，其中老四（男）pulaluian以要去海洋為由而離家，臨行前說如果沒有歸來，每五年要殺豬悼慰他，為五年祭之始。「番族慣習調查報告書」則提到七人中另一位男子pulalungan

登上大武山升天成為雷神，也是五年祭供祭的對象。雖然Padain
村落認為五年祭是祭祀pulalungan與pulaluian兩位祖神，但是
Se-Paiuan、Kaviangan和以南的排灣村落並不知道這個起源傳
說，都說是供祭祖神sa lemej以及祖先之靈的大祭，而大多數排灣
村落提及的五年祭祖神sa lemej在Padain傳說中只是最早到地下
世界取得粟種廣布人間者。Se-Paiuan的五年祭從日據時代明治四
十年(1907)起就已廢止不再舉行(小島由道等，1922)。有關Se-Paiuan
的文獻並沒有提及五年祭的起源傳說，也未說明祖神sa lemej與五
年祭是如何關聯的。Se-Paiuan對sa lemej這位祖神的認知是：他
從北大武山(Kavurungan)降落，對本族祖先傳授農耕、狩獵及祈
禱之法(小島由道等，1922)；他為半神半人，長壽不死，其妻為神，
將一穗小米放入鍋內變滿鍋的小米飯，置倉庫也變成粟滿倉(移川
子之藏等，1935)；sa lemej從地下把粟、樹豆、芋頭、藜等帶到人
間，教導耕種並試驗死亡(石磊，1971)。有意思的是：為什麼大
多數的排灣村落以祖神sa lemej為五年祭主要祭拜對象？能否找
到連結二者的起源傳說？

　　日據時期研究者中可能只有宮本延人和古野清人親身經歷
過五年祭，兩人參觀的是1934年南排灣內文舉行的五年祭。宮本
延人後來發表了一篇關於五年祭的文章(1935)，提出一個很吸引
人的說法：五年祭從一個村落傳到另一個村落和排灣族移動的歷
史有關係。值得注意的是他列出的從Kaviangan(佳平)和Tjala'avus
(來義)往南移動的路線和從Pultji(佳興)往東移動的路線都先經
過Kulalau(古樓)。如果說五年祭的流傳與排灣族移動的歷史有
關，往南與往東的路線都經過Kulalau(古樓)則很難解釋。因為若

從系統關聯性來看，Kaviangan與Tjala'avus固然是由Se-Paiuan分出，再分支遷移到內文等南排灣村落，可是Kulalau卻與從Se-Paiuan或Padain經Kaviangan這支南移的系統無關。創立Kulalau的Girhing頭目家反而是從東部轉南部，然後往北遷移而來。等古樓村落發展之後，再有支系往東移，成為東排灣的一個重要原居地(移川子之藏等，1935)。本文的資料將揭示Kulalau(古樓)是五年祭的一個重要起源地，起源傳說中明白地指出祖神sa lemej是五年祭等世間祭儀的創始者。

根據我們1988年的調查，日本殖民政府1930年代較以往更嚴厲地禁止五年祭，像北排灣的Kaviangan(佳平)、Kazazalan(萬安)、Kuraluts(泰武)、Pultji(佳興)、Tjuaqapedan(武潭)等地的五年祭都在1933-35年左右消失了；而南排灣的五年祭也在1930年代被禁，宮本延人看到的可能是內文最後一屆五年祭。東排灣方面雖有古野清人(1945)描述大竹高與大鳥的五年祭；吳燕和(1993)記錄了太麻里溪流域Kalatjadran(介達)的五年祭，但二人都未親眼目睹。東排灣像大鳥、大竹、愛國蒲、加津林等村似乎是1945年以後受到西洋宗教傳入的影響而停止，現在東排灣只剩下Tjuabarh(土坂)還舉行五年祭。如今中排灣是五年祭最盛行的地區，我查訪後發現，目前還有來義鄉的古樓村、南和村(包括白鷺、高見兩部分)、望嘉村、文樂村，以及春日鄉的七佳村、力里村、歸崇村還保有五年祭。其中以古樓村的五年祭儀式與傳說保存得最為完整，祭儀執行者還能夠解說其意涵，因此成為本研究的重心村落。

1983年我在蔣斌引領下接觸了台東達仁鄉土坂村的五年祭

並攝製《神祖之靈歸來——排灣族五年祭》紀錄片（1984）。1984
年我第一次到中排灣參觀來義鄉古樓村的五年祭。1989、1990年
正式進行Kulalau（古樓）五年祭前祭與後祭資料的收集。1994年又
經歷Kulalau遷村後第七屆五年祭。 就個人有限的生命來說，能
看到這麼多次排灣族五年才一次的盛大祭典可謂極大的福運。可
是從一個研究者的立場觀看五年祭，一方面感覺豐富奧妙，另方
面卻很容易產生心理的焦慮與負擔。長達半個月的祭儀期間除了
刺球活動的高潮外，必需面對的是一天又一天祭儀執行者進行的
冗長儀式。最常見到的景象是女巫師蹲坐在祭盤前排置一份又一
份祭葉與祭品，然後滔滔不絕地唸唱長達數十分鐘甚至超過一個
鐘頭的經語，再進進出出將排置的許多份祭葉和祭品分放在室內
與室外不同的地方。經語以特殊音調和極快的速度唸出，有時並
加入長段唱經。他們到底在唱唸些什麼？研究排灣族祭儀可以不
理會祭儀中花費最多時間誦唸的經語嗎？可是經語不是普通的
語言，有許多祭儀專用語，如同精深艱澀的文言文，即使排灣語
日常會話流利的人也很難完全聽懂和瞭解經語。過去排灣族的研
究者即使意識到祭儀語言的重要性，但不曾完整地記錄過任何一
個排灣族祭儀經語，因為這是一個高難度、耗時耗力的工作。我
自從接觸五年祭以來，對祭儀經語產生很大的好奇，心想透過五
年祭祭儀經語的「文本」分析，或許能讓我們對五年祭的意義有
深一層的理解。懷抱著這樣的期盼，這些年來我很幸運地請到對
排灣語有很高素養、居住於土坂村的古樓移民tjinuai Kaleradan（柯
惠譯）擔任此研究計劃的助理。她以無比的耐力與對自身文化的
熱情，根據我們在五年祭期間拍攝的錄影帶資料，將經語連同動

作予以記錄，並作初步翻譯。依據這樣的資料，我們再逐句請祭
儀執行者加以詮釋。古樓Qamulil家的女巫師laerep在傳說與經語
意義解析方面給予我們最大的幫助。資料收集、整理、譯註的過
程雖然極為辛苦，但從經語的解釋中我們得到許多寶貴的啟發。
本文只選擇性地將經語中與五年祭特別相關的部分摘取出來，藉
以釐清一些以往研究對五年祭所作的模糊論述和產生的疑點。

　　祭儀經語是一種語言。語言對無文字社會的文化傳承具有無
比的重要性。許多人認為有文字的社會才有明晰的歷史概念，而
無文字社會的神話傳說往往被視為其信仰的一部分，並不需要分
辨真假或都信以為真。可是排灣族對於口語傳述的真實與虛構卻
有很清楚的區分。吳燕和(1993：99)在東排灣作研究時就意識到
當地人有兩個名詞代表兩個觀念。一個是tjautsiker，是祖先述說
代代相傳的事，具有歷史的性質，故事的內容與人物都不會變
幻，沒有超乎尋常的事，而且聽與講的人都很認真，相信這些都
是真的。另一個概念mirimiringan雖然也是代代相傳下來的事，但
內容人物常可作超乎尋常的變化。最大的特性是聽與講的人都知
道這是人造的故事，是虛構的，帶有寓言性、戲謔性與消遣性。
我發現古樓對於傳說的概念與吳燕和所描述的十分近似。敘述者
常常嚴肅地強調tjautsiker是祖先傳下來的真實人物事蹟。古樓祭
儀傳承家系(Qamulil)的老二兼女巫師laerep告訴我們，每當她父親
講述代代相傳的tjautsiker時會說：從創始以來直到永遠(kemasi
mamiring a patje mamiring)，我們不可隨意改變(ini ka tja a umalen)，
不可增加或減少(ini ka maqati a makedri a meriau)。她並表示tjautsiker
是可追溯來源的真實人物的傳說，經語裡面的人物名字和

tjautsiker相同。凡是從古樓傳授出去的經語一定有共通的人名和語彙，但各村落有不同的腔調。mirimiringan則是人用才智(patsugan)創造然後以語言敘述的故事，述說時可以憑口才增刪發揮。但mirimiringan中人物的來源不清楚，有時他們會做出超乎自然驚人的事，也有動物人物化或人變動物的故事。mirimiringan是虛構的，聽起來雖然不合乎常理，但常隱含教育意義。在mirimiringan中，頭目的名字女的大多叫做sa sereserep、sa muakaikai、sa tjukutjuku，男的叫做sa pulalulaluian或sa kulelelele等，不論是人名或家名都出現重複的音節，有別於現實生活中的名字。tjautsiker的字根tsiker是「回轉」的意思；mirimiringan的字根miring是「經過」，而miringan是「永遠」的意思，皆是世代重覆轉述的「傳說」。我暫且將tjautsiker譯為「真實傳說」，mirimiringan譯為「虛構傳說」，本文除經語之外將引述討論古樓的「真實傳說」tjautsiker。

　　女巫師在做祭儀時唸或唱的經語對古樓人來說比「真實傳說」tjautsiker更真實、更固定、更具權威。特別是頭目和祭師會常常引用經語來証明他說的tjautsiker中人物事蹟的真實性。當「真實傳說」和經語在日常生活中被傳述和引用時，它們是「活的」，具有現實的意圖和作用。我對排灣族的歷史意識很感興趣，尤其是最接近固定化書寫文本(text)的經語似乎比「真實傳說」tjautsiker蘊藏了更深刻的文化意涵。近年來人類學界對於儀式語言和文本分析的興趣日益濃厚(James Fox, 1988; Webb Keane, 1991 & 1995; Joel Kuipers, 1990)，我個人則為法國詮釋論者Paul Ricoeur的文本與詮釋概念吸引。Paul Ricoeur在談詮釋概念時認為：如果只

作結構或象徵(symbol)的詮釋太狹窄了，而應在文本(text)的架構內作詮釋。可是無書寫文字的社會要如何作文本分析？本研究把古樓人觀念中最具真實性、歷史性與固定性的祭儀經語與傳說，以及五年祭特有的祭歌視為「文本」，尋求其相互之間以及與其他象徵物之間的關聯性，企圖在整個動態的祭儀時空脈絡中找尋對祭儀參與者產生的文化意義，並試圖理解古樓排灣人的基本價值與生命思考。

## 二、起源傳說「文本」的奧秘

古樓五年祭(Maleveq)相當特殊之處是，它保有關於五年祭起源的「真實傳說」(tjautsiker)。五年祭起源「真實傳說」的「文本」中出現一些重要的人、物與事件，是理解古樓五年祭形式與意涵的關鍵。排灣族許多村落五年祭主要祭獻的祖神sa lemej在古樓村被視為創立五年祭也是創立人間所有祭儀的人。sa lemej是最初創立古樓村三兄弟中的老二，建造的家屋取名Qamulil。Qamulil家代代傳述著關於lemej的「真實傳說」(tjautsiker)。而在古樓村lemej這個名字只有Qamulil家老大的後代才可用來命名。目前Qamulil家最擅於講述這個傳說的是同時擔任Qamulil家女巫師職的laerep。古樓五年祭的起源傳說許功明已根據laerep的陳述予以扼要記錄(1989)，是很重要的發現。我們請laerep將記憶中珍貴而絕對不能變更的「真實傳說」詳述一遍，由tjinuai Kaleradan全部記音翻譯，再唸給laerep聽，請她補充校正。由於與許功明先前的記錄有些出入，會影響意義的詮釋，我在本文中把最相關的部

分引述如下以供參考：

> 我們古樓人的祖先就是那位名叫druluan的男子，
> rhugilingan是他的妻子。他們從東部遷徙到西部，在
> Kurasa定居。他們在那裡蓋了房子，生了頭胎孩子，給
> 他取名叫alisu, 但幼時不幸去世，沒有做任何喪禮，因
> 為那時期還沒有祭禮，還沒有任何規範。之後生了長子
> 取名drumetj，又生了次子取名lemej，再生了三子取名
> dravai。那些孩子長大以後，就外出勘察土地，又在他
> 們看中的土地上蓋房子，那蓋新房子的地方就是
> Kulalau(古樓)。三兄弟個別都蓋了房子：老大drumetj
> 的房屋名是Girhing，老二lemej的家名為Qamulil，老三
> dravai的家名是Radan。老大drumetj愛好狩獵，到處察看
> 土地，所以獵區和所有土地都歸他所有。
> 有一天，老二lemej正在雕刻刀鞘，起身到樹林裡砍一些
> 木材，返家後立刻拿木屑燃燒。據說那時候神靈界剛好
> 有一位女子drengerh在曬衣服，突然看到冉冉上升的
> 煙，drengerh非常驚訝地說：「那山林中為什麼會冒煙
> 呢？我得去看看！」她就點燃小米梗，順小米梗的煙到
> 達人間lemej家門外。lemej立刻發現了，很訝異地說：
> 「我眼前正在掙脫的究竟是什麼東西呢？」他就把手中
> 正在雕的刀鞘放下，走出門外。
> lemej問道：「妳究竟是從那裡來的？為什麼事而來？」
> drengerh回答：「我看到森林中的煙很好奇，很想瞭解，

就來了。」drengerh又問lemej說：「你們這裡有什麼好
東西？」lemej回答說：「我們有什麼呢？我們只不過住
在這裡而已！我們靠vasa(芋頭)、自然生長的vurhati(蕃
薯)和lumai(麥子)維持生活。」drengerh同情地說：「啊！
原來世上的產物這麼少！」lemej問她：「妳究竟是從那
裡來的？為什麼來到這裡？」drengerh回答：「我是從
Naqemati(創造者)那裡來的！是Naqemati的孩子，住在
Tuarivu，名叫drengerh！」drengerh說：「我們彼此約定，
後天早晨太陽剛要上升時，你就焚燒這把小米梗。」說
完話她突然消失不見了。

第三天到了，lemej遵照drengerh的指示將小米梗點燃，
立刻順著煙路走了。drengerh已經在神靈界的休息站那
裡等他，隨即帶他到村落去。

drengerh說：「你們世上的祭儀、規範已指定由我執掌。
據我觀察，你們在世界上沒有好的產物，我覺得長期的
艱苦很不好，所以會為你準備好種子，讓你帶到人間。」
drengerh就為lemej準備小米等糧食作物種子，要他回去
後播在門邊。另外準備兩份豬的頭骨、脊椎骨、腳趾骨
和肋骨，並說：「一份要放置在你建的豬棧的東邊，另
一份要放在豬棧的西邊，第三天再去看看。」

drengerh賜給我們人間的糧食種子在她那裡和在人間有
不同的名稱。她稱蕃薯painana，我們人間叫做vurhati；
她稱小米uanana，我們說vaqu；她稱紅黎maqau，我們
說juris；她叫樹豆sened，我們說puk；她說的芋頭

daruping，是我們所說的vasa。drengerh說：「蕃薯四季都可以種植，但小米、紅藜、樹豆、芋頭一定要在發芽時期(春季)才可種植。這次你只帶這些糧食種子，願人間沒有飢寒。十天後我們要舉行Maleveq(五年祭)，你還要再點燃我給你的這束小米梗，順著煙來這裡，我們要讓你繼續觀看學習。現在你就隨小米梗燃燒的煙走吧！」

lemej到了世上，就照drengerh說的話去做。第三天到豬棧查看，豬已經在那裡叫著。放在豬棧東邊的一份祭物變成一隻公豬，放在豬棧西邊的一份祭物變成一隻母豬。這就是我們做任何儀禮時都要加放豬骨在祭葉上做為祭物的緣由。據說在神靈界從豬右邊取出來的頭骨、脊椎骨、肋骨、腳趾骨象徵一頭豬的價值。當時人間還沒有小米梗，所以lemej要從drengerh那裡取得，以便能隨著煙再回去。這就我們在重要祭儀中使用小米梗燃煙的主要原因。

第十天太陽要上升時，lemej就將一點豬皮與火炭放在小米梗中點燃，隨著煙來到神靈界，為了能及時觀看學習從燃煙禮(putsevul)開始的整套Maleveq(五年祭)祭儀。lemej在那裡一直住到Maleveq最後一項祭儀出獵祭(mavesuang)結束才離開。drengerh再與lemej約定五天後返回學習頭目揹婚上路禮。

lemej五天後返回造物者Naqemati那裡觀摩學習頭目婚禮……。十五天後又隨著小米梗的煙回去觀看學習女

巫師晉升儀禮（kisan puringau）⋯⋯聽到唱唸經語（marada）⋯⋯目睹神珠（zaqu）降下⋯⋯。看完後drengerh要lemej留下，對他說：「創造者Naqemati指定你來學習祭儀和規範，我們強迫你使你睡眠和飲食不正常、不能做別的事。我倆已註定要結婚生子，我要強迫你！」drengerh說完就立即將lemej用月桃蓆捲住，成為夫妻。他們生了一個女兒取名lerem，接著生一女取名saverh，再生一男取名tjagarhaus。之後又生兩個女兒取名jengets和lian。lemej經常往返人間（katsauan）和神靈界（makarizeng）。等孩子長大成人，drengerh要lemej把孩子帶到人間居住，因人間已有了各種作物種苗和豬，drengerh吩咐他們到人間以後要殺豬做祭儀來設立村落（qinalan）的重要部位：插標部位（tsineketsekan）、創立部位（vineqatsan）、墊村部位（tsangel）、繫村部位（qajai）和聚獸部位（parharhuvu）。這些地點是我們村落人與土地的護衛（lakev）。

在村落中的人，生孩子就要做嬰孩造化禮（seman qinatian），再做成長祭儀（seman vuruvurung），要使用小米粥做祭品；還要做升青少年（配刀）禮（patseqelap），然後再做增強力量禮（patjeringau），這兩項儀禮一定要用豬做祭品，這樣才算完成了一個人的生命儀禮。

據說他們晉升長女lerem、次女saverh做女巫師（puringau）。因老三tjagarhaus是唯一的男孩，就立他為男祭司（paraingan）。之後又晉升老四jengets為女巫師。

老么lian還很幼小，只做女巫師助理，在祭儀中做點灑水清涼大地的工作。老大lerem留在Qamulil家……老三tjagarhaus居住的家名是Tariu……老四jengets住的家名是Rhusivauan。lerem留在古樓村執行一切祭禮，saverh到白鷺村（Pailus）傳授儀禮；tjagarhaus做終身男祭司職；jengets到大谷（Tjarhidrik）、老么lian前往Tjala'avus傳授儀禮。我們在祭儀中不斷地祈求種苗豐收、獵物豐盛，得到各種恩賜。

關於Maleveq祭典，就是人間（katsauan）和神靈界（makarizeng）相約會面。原來就是創造者有意安排、確切吩咐要我們一直做下去的祭儀和禮規。我們人間的人若要得到福運，就應該不斷地祈求、不斷地做這個祭儀。我所講述的是從創始之初代代相傳的真實傳說（tjautsiker），是我們Qamulil家所保留的最重要的口述權利，都確實而完整，絕不可改變。

根據自古以來的傳說，Maleveq祭儀原來每三年舉行一次，在小米收穫祭（Masarut）的祭儀中，會宣告明年的小米收穫祭之後要舉行Maleveq，再過一年的小米收穫祭之後就要送走還留在家中的祖先。

但是有一次正要舉行Maleveq祭典時，Girhing大頭目家的兩兄弟都爭著要拿那最長的刺球竹竿，互不相讓。他們就用竹竿上端連接的短竿相刺，在Rhusivauan家屋外當場死亡。從那時起，Maleveq祭儀就停了五屆。後來lemej發現人間久未燃煙招請，便現身說：「Maleveq是

人間與神靈界相約會面的祭典，絕不能停止。」lemej
便從Qamulil家拿了一塊石頭，重新在Puraruvan地方立
石作為刺球場（leveleveqan）的標記。lemej又吩咐說：「因
為人間已有五次沒有舉行Maleveq（Leveleveqan），為了
記得這件事，請更改為五年舉行一次Maleveq。」從那
時期起，我們就每隔五年舉行Maleveq，迄今未變。
據說那根最長的刺球竹竿（rhivarhiv）原來是lemej為了
表示尊重老大而讓drumetj持用，lemej自己使用名叫
patjami的刺球竿。至於那根稱為gaus的刺球竿則是顯示
對全村人的尊重，以前由獵首英雄（rharhakatsan）或獵獸
英雄（tsinunan）持用。

　　上述Qamulil家流傳的「真實傳說」如同一把鑰匙，開啟了理
解古樓Maleveq（五年祭）意義的大門。原本不知所以然的一些古
樓五年祭祭儀程序與形式，經過這個「真實傳說」的勾勒，突然
清晰鮮活起來。這個「真實傳說」強調：Maleveq是創造者Naqemati
透過神靈界女子drengerh，引導人間（katsauan）祖先lemej到神靈界
（makarizeng）學得的祭儀；人間原來欠缺糧食作物和祭儀禮規，
必需從神靈界取得，因此要不斷做祭儀祈求得到福運；人間與神
靈界要藉著約期（kitsun）和燃燒小米梗的煙才能相會，而五年祭
（Maleveq）是人間（katsauan）和神靈界（makarizeng）相約會面的祭
典；人間從神靈界取來豬骨所化成的豬是做護衛村落的祭儀不可
缺的祭品；五年祭原來間隔三年，後因刺球竿相爭事件改為五年
一次。

　　目前五年祭的祭儀程序都是以卜選男祭司(pakivadaq tua parhakalai)和約期(kitsun)開始，由女巫師唱唸經語用手在葫蘆上滾轉神珠(zaqu)，卜問是五天、十天、還是十五天……後舉行五年祭的正式祭儀，亦即在太陽上升時做點燃小米梗召請祖靈歸來的燃煙儀式(mivung)。這正是lemej與神靈界的drengerh約定五天、十天、十五天後學習包括五年祭在內的儀式的重演。在約期(kitsun)與燃煙(mivung)祭儀之間，女巫師唸經語做遮護村落的儀式(paserem tua qinalan)，由男祭司將祭品送至村落的數個重要護衛部位；另外有男祭司單獨做的遮護聚獸部位祭儀(paserem tua parharhuvu)；還有女巫師在頭目、祭儀創始者和大家族的原家中做增強力量的儀式(kisan ruqem)。最後一項祭儀如同lemej在神靈界所見的是出獵祭(mavesuang)。以下是1989年古樓五年祭的祭儀程序：

10/16　　卜選男祭司與約期(pakivadaq tua parhakalai /kitsun)

10/18　　遮護村落(paserem tua qinalan)：Girhing 頭目家

10/19　　遮護村落(paserem tua qinalan)：Tjiluvukan 頭目家

10/20　　遮護聚獸部位(paserem tua parharhuvu)

10/20-23 增強力量(kisan ruqem)

10/25　　燃煙召請(mivung)與刺球(jemulat)

10/26　　供食佳日(paken nguaq tua qadau)

10/27　　送前一批(惡)祖靈歸(pusau tua tjaisangas a vuvu)與刺球

10/28　　供食佳日(paken nguaq tua qadau)

10/29　送善祖靈歸(pusau tua tja vuvu)與刺球

10/30　祈求圓滿(kisan alak)

10/31　出獵(mavesuang)

次年(1990)送祖靈祭(Pusau)與五年祭的程序大致相同，最大差別在於不再卜選男祭司、不再刺球，原先五年祭約期後的遮護祭儀變成出獵祭(mavesuang)後的去除遮護祭儀(semu paserem)，最後再加一個祈求寬赦祭儀(kisu tjapai)：

10/21　約期(kitsun)

10/24　增強力量(kisan ruqem)

10/25　燃煙召請(tsemevul)

10/26　供食佳日(paken nguaq tua qadau)

10/27　送前一批(惡)祖靈歸(pusau tua tjaisangas a vuvu)

10/28　供食佳日(paken nguaq tua qadau)

10/29　送善祖靈歸(pusau tua tja vuvu)

10/30　祈求圓滿(kisan alak)

10/31　出獵(mavesuang)

10/31(下午) 去除村落遮護(semu paserem tua qinalan)：
　　　　Girhing 頭目家

11/1　去除聚獸部位遮護(semu paserem tua parharhuvu)

11/2　去除村落遮護(semu paserem tua qinalan)：Tjiluvukan
　　　頭目家

11/2　祈求寬赦(kisu tjapai)

## 三、祭儀經語傳達的訊息

　　古樓五年祭（Maleveq）和送祖靈祭（Pusau）各長達約半個月的祭儀大都由女巫師（puringau）邊唸唱經語邊做祭儀，她們唸唱的內容與「真實傳說」（tjautsiker）有相互呼應之處，也有特別強調之處，因此更能觸碰到五年祭的深層意涵。

　　五年祭各項祭儀的經語有沒有共通的結構？我們發現古樓所有的經語包括五年祭都有共通的結構，一開始一定會唸驅邪穢經語（qemizing），接著是唸本祭的編排經語（rhemasuj）。古樓的祭儀經語分為唸經（tjautjau）和唱經（rada）兩種。唸經（tjautjau）是呼喚的一種話語（kai或qivu），唱經（rada）是有詞的歌調。唸經時女巫師（puringau）如同睜著眼說話一般，處於清醒的狀態；唱經時（marada）則閉目進入神靈附身的狀態（tjetjutsemas），對外界的事渾然不覺，傳達的是神靈（tsemas）的旨意。唱經（rada）與唸經（tjautjau）是人間（katsauan）與神靈界（makarizeng）的通路（jaran）。女巫師因為是通靈的人，所以稱之為puringau（ringau是靈魂，北排灣則稱女巫師為marada）古樓通常做唱經（marada）的祭儀時要殺豬。五年祭中有唱經的祭儀包括：卜問男祭司祭儀、遮護村落祭儀、增強力量祭儀、祈求圓滿祭儀等。古樓的每個祭儀無論是唱經或唸經皆包括固定不變的經語jajuratan和變換性的本祭儀專屬經語patideq兩類。女巫師在唸唱固定經語jajuratan時不能增刪詞句，但唸唱變換經語patideq時則會因個人言詞能力的差別而有長短之分。男祭司在五年祭的祭儀中獻祭品時會唸一些祈語（qivu

或tjautjau），但是他們無法如女巫師般神靈附身唱出經語（rada）。

固定經語（jajuratan）中出現的人物大多是前述「真實傳說」
中的創始元老，在經語中以複數稱呼他們為諸位元老（tjarha
vavuruvurungan）或諸位創造者（tjarha naqematimati）。我們從不變
的元老經語（vavurungan）的「文本」可以瞭解他們的職掌：古樓
村創立者中Girhing家的老大drumetj是村中最有權柄與能力的人
（a pu rinuqeman i maza i qinalan）；lemej與第一位女巫師lerem是人
間祭儀的創始者、奠定者（su vineqats, su inegeeg）；在神靈界的創
造者Naqemati與協助他的女神linamuritan是人類身體與靈魂的製
造與收納者（a pu inarangan, a pu rhinukuzan）；女巫師saverh與
jengets是驅除與神靈界溝通道路上污穢、禁忌與障礙的引導者（a
paraut, a paraling）；高高在上的男祭司之祖tjagarhaus可幫助子孫
得到獵物並守護出征者（a kini lalingan, a kini pa tje siazavan）；神
靈界Tuarivu家的drengerh是祭儀經語的傳授、傾吐者（a ku ki
tuzungan, a ku ki rujaqan）。這些創始人物在唱經（rada）中是以第
一人稱「我」出現，對自我職責有所描述，因為女巫師唱經時已
進入神靈附體的狀態。古樓創始元老中，以創造者Naqemati最為
崇高，但不知其性別與形象。經語中創造者Naqemati有時與太陽
（qadau）連用，因Naqemati如同太陽般是最亮的，是生命（nasi）的
創造者，也是力量（ruqem）、福運（sepi）與祭儀禮規的源頭。女巫
師laerep根據「真實傳說」補充解釋linamuritan（也稱為muakai
lamuritan）是drengerh的母親，協助Naqemati創造人的身體和靈魂
（izi/ringaringau）。古樓祭儀不變經語中的人物事蹟與「真實傳說」
（tjautsiker）相互印證，而且藉著經語的反覆唱唸，更確立了這些

元老創始人物的神聖地位。

　　古樓五年祭中各項祭儀的專屬變換性經語（patideq）透露了五年祭的含意。首先，在卜選男祭司祭儀（pakivataq tua parhakalai）時，變換性的經語唱道：

> urhi kivadaq aken,urhi kiletseg aken,
> 我要卜問，我要穩定
> u-rhi kipa pauringau aken,
> 我要清楚
> tuki tiima tsa ki na tjengeraian
> 究竟誰是被喜愛的
> a katsauan a makarizang,
> 在人間，在神靈界
> tu pu vaviaqan,tu pu zazatjakan.
> 專做祭品的人，專排祭物的人

　　亦即請（祖神）透過神珠（zaqu），在村落中選出中意喜愛的人為將來到的五年祭排置祭葉祭品。經語並指出：選出的男祭司要為「村」（qinalan）的幾個護衛部位（創立部位vineqatsan、插標部位tsineketsekan、墊村部位tsangel、繫村部位qajai、聚獸部位parharhuvu）置放祭品：

> uz tu tja qinalan,tu tja tsangel, tu tja qajai
> 為我們村落、為我們墊村部位、為我們繫村部位

tu tja parharhuvu.

為我們聚獸部位（放祭品的人）

　　卜選的唱經（rada）部分很長，因為先從頭目原家（tjumaq）的
男子問起，再問分立出去的新家（pinatjatjuaiaia）、兄弟輩們（kaka）
以及其他同村的人（sika taqalan）。女巫師在卜選出一個男祭司
（parhakalai）之後，要再選出一個男祭司的同伴（saraj），擔任五年
祭的助祭。

　　接著，做村落遮護祭儀（paserem tua qinalan），由女巫師
（puringau）唸唱經語，男祭司到村落的各重要部位分送祭品。根
據「真實傳說」，這些村落部位是lemej殺豬做祭儀後設立的。本
祭專屬經語中唸到要在這人間與神明界彼此會面、結合為一時，
要遮護村落，不讓惡靈侵入：

　　　　saka nu metsevutsevung anga itjen, nu masan ita ital anga
　　　　itjen,
　　　　我們確實相逢了，我們已結合為一了。
　　　　la ini anga ka turhu, la ini anga ka tulipau anga la tja qinalan,
　　　　願（惡靈）不來侵犯，願（惡靈）不來貶抑我們村落
　　　　la marhe ka izi, la marhe ka ringringau nu tsa su qinati, nu su
　　　　kini vuvu.
　　　　（護衛）祢所造化的，祢所擁有的（後代子孫的）身體、靈
　　　　魂。

　　而當男祭司到「村」的插標部位tsineketsekan部位分送祭品，為「村」增強護衛的靈力(ruqem)時會唸道：

saka na masan ruqem anga saka maia, saka na ma vekevek anga saka maia,

願確實已增強靈力，願確實已受到保護

saka marhu tjinarh anga, saka marhu vatjulaian anga,

願已如同（堅強的）鐵鍋片，願已如同鋼鐵，

saka marhu qatasiqas anga, saka marhu pazangizangi anga...

願已如同（堅固的）堡壘，願已如同大力士…

又例如男祭司到墊村部位tsangel獻祭品時會唸道：

ula ki sun a na maka tsangel saka maia tu tja qinalan, tu tja kajunangan,

願「祢」（墊村部位）墊穩我們的村落、土地，

saka na maka san ruqem saka maia, saka sun a na maka tsangel saka maia,

願確實能增強靈力，確實能墊穩

saka ini su gaugaugavi la malian a paka zua-zuan.

願「祢」阻絕（惡靈）經過的企圖

saka aitsu a marhe ka akuma(qaqetitan), aitsu a marhe ka senemanenga,

確願眾多來自各處的惡靈

ula su pi mazamazai,

都被留置在這裡，

sa punetanetal a maka pana i veleruan.

或經過山川河流而離去。

　　除了前述的幾個村落保護位外，經語中還出現排置頭顱部位／還報部位（ajak/varivaritan）。據女巫師laerep的解釋，經語中的ajak/varivaritan指的就是以往處理獵首祭儀的家屋Rhusivauan，也就是古樓五年祭正式開始之日做燃煙召請祖靈歸來祭儀（mivung）的處所。

　　聚獸部位的遮護祭儀（paserem tua parharhuvu）完全由男祭司執行，女巫師不參與。男祭司殺小豬在聚獸部位向獵區各山座土地獻祭時唸道：這是我為遮護（paserem）和防衛（vekevek）聚獸部位（parharhuvu）做的祭品。

　　村落遮護祭儀之後，在頭目、祭儀創始者和大家族原家做增強力量祭儀（kisan ruqem），需要殺豬並唸唱經語。女巫師為人做增強力量祭儀時，接受者要面對日出方向，女巫師邊唸經語邊以右手將祭品放在對方頭頂囟門（vangavangau），讓力量從頭頂傳透全身。其中五年祭的專屬經語部分強調人間與神靈界相聚、結合為一時，要為全村落人的身體與靈魂（izi/ringaringau）、為傳遞祭品的男祭司以及為村落的保護部位增強力量，使不受惡靈的驚嚇與窺探。

　　ula na masan alak, ula na masan ruqem, ula na masu tsiruq

anga,

願確實做成孩子了，願確實成為靈力了，願確實除清孕
期違反禁忌而生的邪穢了，

ula na masu qarameqaman, ula na masu tsauv anga,

願確實消除奸滑油垢了，願確實掀除蒙紗了，

la marh ka izi, la marh ka ringaringau, nu marh ka nu qinati,
nu su kini vuvu.

為眾多身體、眾多靈魂，眾多你們所造化的、你所擁有
的後裔。

saka ini ka nama kikamarau, la ini ka na maki parhaketj, nu

確願絕對不遭受（惡靈）驚嚇，願絕對不遭到（惡靈）窺
探，

metsevetsevung anga itjen, nu masan ita-ital anga itjen, nu
majalun anga,...

我們相互見面了，我們結合為一了，輪到我們約定的年
了……

　　唱經部分當唱到男祭司之祖tjagarhaus的段落時，特別增加了
一段形容tjagarhaus的力量（ruqem）很大，沒有惡靈敢去觸碰他、
接近他，如同已用刺籐阻攔，護衛著村落：

　　saka i ka turhu anga, ula i ka taruvativ anga,

　　確願（惡靈）不敢觸碰了，願（惡靈）不敢接近他了

　　saka marhu qinuai anga, saka marhu linaluju anga, saka

marhu linaruvung anga…

確願如同已用刺藤阻攔了，確願如同已用荊棘阻攔了，

確願如同已用荊棘圍住了

女巫師唸唱經語為村人的身體與靈魂增強力量(kisan ruqem)時，也為他們祈求「同一條道路」和獲取獵物(qimang/matsunan)：

saka nu pina ki tajaranan, tu qimang, tu ki na matsunan,

確願你們能同一條道路，(獲得)獸類，得到各種利益。

燃煙召請祖靈之日(mivung)，女巫師要在Rhusivauan祭屋內準備祭品，為籐球(qapudrung)、參加刺球者、以及各個刺球者從家中帶來的護身物(kinilukan或kiniruqem，以藤條或麻線綁豬頭骨、脊椎骨、關節骨、鐵鍋片與乾豬皮而成，繫於刺球竿或刺球者手腕上)增強力量(papuruqem)。做此祭儀時唸的五年祭專屬經語同樣地祈願身體與靈魂如同鐵鍋片、猶如大力士般剛強有力，祈願神祖護衛著(tinarhang、linakev、vinekevek)所造化的後代子孫的身體和靈魂；祈願祖先在此相會的日子，賞賜豐盛的獵物(qimang / matsunan)。

女巫師在點燃小米梗揮招祖先歸來時特別提到：請不是真的祖先(即惡祖靈)從河川和山嶺回來，而不要經由道路歸來，以免把老人和孩子們撞倒；請真(善)祖先(ka vuvuan)順著道路歸來，賜予後代子孫獵物(qimang / matsunan)。

從五年祭的專屬經語中我們得知有幾個概念，例如男祭司、

村落的部位與護衛、善祖靈與惡祖靈、同一條道路、驅除邪穢、增強力量、以及獵物等在五年祭中特別重要，需要進一步闡釋。

首先，我們發現古樓祭儀中只有五年祭的經語一直提到村落（qinalan）的一些重要部位，而且一定要由男祭司到這些地方分送祭品。祭儀中並為人格化、連成一氣的村落部位增強力量，以護衛村落的土地與人。古樓其他村落性祭儀像小米播種祭（Masujukut）、小米收穫祭（Masarut）的經語都不會提到這些村落的部位。男祭司到這些村落部位送祭品的主要目的在於請他們護衛（lemakev、vekevek）村落的土地與人，使不受Maleveq期間回來的惡祖靈的侵害。但是為什麼要由男祭司送祭品？誰是惡祖靈？

經語中向祖先呼喚時稱呼善祖靈為：我們的祖先們／我們已逝的雙親輩們（marh ka tja vuvu ／marh ka tja matjalalak）。至於惡祖靈（qaqetitan）是指意外死亡的人，但經語中避免直接稱呼他們，有時稱之為「前一批祖先」（tjai sangas a tja vuvu），或含蓄地以「不好的」（ika nguaq）、「不是真祖先」（ika nia kavuvuan）來指稱。惡祖靈中邪害最大的靈是以最不好的方式，也就是自殺或難產死亡者。對於一般性意外死亡者女巫師會嘗試做祭儀，殺豬做祭品，向取走此人靈魂的惡靈買回靈魂，再交給創造者Naqemati，希望此人能和好的祖先一起生活。被獵首者與一般意外死亡者一樣做祭儀，但要多殺幾頭豬贖回死者，希望他不會變成惡靈。可是對於自殺或難產而死者，女巫師無法做祭儀呼求創造者與祖先幫助他們脫離困境，因而必定成為惡靈，危害世人。男祭司medrang表示自我棄絕生命的自殺者只有他的親兄弟（已無生育能力者）非不得已才去觸碰他的身體為他埋葬，就像死了一隻動

物般地下葬；而難產死亡是大家憎惡的事，世人埋怨創造者
Naqemati為何不好好造化這孩子和母親，卻讓這樣的事在人間發
生，因此不願以任何祭儀向Naqemati作任何要求，同時藉此抗議
行為希望Naqemati不要再讓這麼令人憎惡的事發生。五年祭的祭
儀程序和經語清楚顯示了村人對前一批到來的惡祖靈的戒懼，要
藉遮護村落、驅除邪穢和增強力量的儀式來抵擋惡祖靈的侵犯。
在送祖靈時也要先做送惡祖靈的祭儀，再送善祖靈。然後做祈求
圓滿(kisan alak)的祭儀，驅除惡祖靈可能留下的邪穢，再度增強
力量，同時為祭儀中可能犯的錯失向好祖先祈求原諒。五年祭結
束時各家會留下一位好祖先，連同創始祖先lemej和tjagarhaus，次
年Pusau時才送走。

經語中指出惡祖靈與善祖靈是不同路的，好祖先是從道路而
來，不好的祖先則是由山川等曲折的路徑而來。世人希望與善祖
靈在同一條路上相逢，得到他們帶來的福運。「同一條路」(ta
jaranan)是一條通往好的創始祖神的道路，絕對要防止惡祖靈的
阻擋，讓這條路暢通。女巫師說經語rada就是道路jaran，是可以
通往創始者和善祖靈的道路。

「驅除邪穢」(semu tsiruq/semu paliaq)不僅是五年祭，也是
古樓所有祭儀經語中的重要觀念。古樓所有的祭儀的第一個部分
都是驅邪(qemizin)，女巫師唸經語後把祭葉和祭品拿到屋外，放
置在左邊地上把祭品給不好的祖靈，讓他們產生羞愧心而不干擾
祭儀。祭儀的第二個部分是編排祭品(rhemasuj)，女巫師唸或唱
經語之後把本祭儀的主祭品放置於東邊屋簷上，獻給創始元老和
歷代所有的好祖先。「邪穢」(tsiruq/paliaq)包含的意義很廣，無

論是思想、語言或行為上有不好的，都會產生污穢。惡靈帶來的
不好的影響與侵害固然是「邪穢」，而經語中所說的「邪穢」還
包括懷孕者及其家人(配偶、兄弟姊妹、父母、祖父母)在懷孕期
間勉強做了不該做的事而產生的污穢。懷孕期間為了保護胎兒的
生命，懷孕者和其家人必須遵守一些禁忌，例如不能參與喪事看
屍體和墓穴；不能殺豬或看殺豬，否則孩子出世後會得到口吐白
沫、抽筋、出惡聲的癲癇病(mapudridridridri)；孕婦之夫砍樹時
不能讓樹將斷未斷，否則將來孩子會軟脖子；不能砍斷綁木材的
繩子，否則將來孩子會哭得像斷氣般。只要孕婦或其家人違反了
這些禁忌，勉強做了不該做的事，就會產生污穢(paliaq)。懷孕
這家在孩子出生後如果不做驅除邪穢的儀式，就不能參加五年祭
等祭儀，這家的男子也無法做增強力量的祭儀，不能參加刺球活
動。這便是有新生嬰兒的家在五年祭燃煙召祖靈歸來(mivung)之
前趕著請女巫師做造化孩子祭儀(seman qinatian)的主要原因，因
為在這個人間父母以祭品向創造者「買」(siveriveri)孩子的祭儀
中，可以為懷孕者及其家人驅除懷孕期間可能產生的污穢。做完
造化孩子祭儀，新生兒才成為人間父母的孩子。

　　五年祭的連串祭儀經語中不斷唸唱到「增強/取得力量」
(kisan ruqem)這個語詞。消極性地「驅除邪穢」之後，必須積極
地「增強力量」，才能堅強地抵擋惡靈的侵擾，順利獲取好祖先
賜予的獵物等福運。女巫師laerep解釋：人懷孕時創造者
(Naqemati)便給胎內的孩子力量(ruqem)，「胎」叫做pararuqem。
嬰兒在母胎中和剛出生時力量很強，男女以及頭目和平民的力量
並沒有差別，亦即創造者並沒有給頭目或男子更多的力量。可是

人長大後會四處移動，可能會受到惡靈的侵擾而減弱力量，必需藉
著祭儀再取得、增強力量。一個男子如獵獲許多獸類或人頭，不
只他本人要很有力量，還必須靠他一家人（ta tsekelan/ta qumaqanan）
包括妻子、父母、兄弟姊妹和子女的力量。因此女巫師做祭儀時
不分男女都為他們增強力量，祈求獵物。五年祭刺球活動中刺中
球者也被視為擁有獲取獵物（qimang）的力量。

　　五年祭經語不斷地向創始祖神和好祖先祈求賜予獵物
（qimang/matsunan），而糧食種苗（vusam/jalaian）則較少出現。為
什麼要特別強調獵物？根據女巫師laerep的解釋，求取獵物最為
重要，如果能求取到獵物（qimang），糧食種苗等各種福運也會隨
之而來。獵物包括各種獸類與人頭。經語中qimang和matsunan的
意思是一樣的，指的都是獵物，因經語常出現一對意義相似的語
詞。從經語的文本分析，我逐漸理解古樓祭儀的精髓在於祈求獵
獸和獵首的豐收。獸類中以山羌和熊鷹最貴重，但人頭更貴重，
獵兩隻熊鷹相當於一個人頭。女巫師告訴我古樓經語最難學習、
最貴重的是唱經（rada）中的通靈經語（lingasan）部分。她們向師傅
學習 lingasan 之前要先到祭儀始祖所屬的 Qamulil 家，用麻
（rekereker）五束或三束買（veneri）lingasan，如此才容易學會。通
靈唱經（lingasan）為什麼這麼貴重？原來通靈唱經（lingasan）的內
容主要是有關獵物（qimang）的祈求！女巫師laerep告知獵物可用
以交換（sivarit）生命：如果一個人死了，創造者Naqemati會以獵
物來交換死者的生命，亦即有人會獵到獵物，拿到喪家讓他們除
喪，恢復正常生活。對獵物重要性的認知，幫助我們破解了五年
祭形式與內容之謎。古樓最盛大的綜合性村落祭典充滿了獵獸與

獵首的意象不是沒有原因的。只要求得獵物，就可得到所有的福運！

　　從經語中我們可以知道古樓創始人物中與獵物（qimang）關係最密切的是男祭司始祖tjagarhaus：他的力量（ruqem）最強、可以排拒惡靈侵擾、協助子孫得到獵物。五年祭以男祭司為主祭、在護衛村落的部位放置祭品、在處理獵首的祭屋Rhusivauan做召請祖靈歸來的祭儀、以如同武器的竹竿尖端刺球等都顯示出與祈求獵物的豐收有關。古樓五年祭重要的祖神除了創立五年祭的lemej外，男祭司始祖tjagarhaus是五年祭最主要的祈求對象。古樓五年祭中tjagarhaus的顯赫地位可以從神靈之歌與刺球活動得到印證。

## 四、祭歌與刺球

　　五年祭（Maleveq）以燃煙召請神靈歸來之日（mivung）為正祭之開始，舉行竹竿刺籐球的活動。這一天的活動如同是為祈求獵物（qimang/matsunan）而演出的行動劇，因為無論是歌舞祭儀或刺球活動都呈現豐富的與獵物之獲取相關的內容與形式。

　　當天一早古樓村民就到Rhusivauan的祭屋前集合。男士聚集後便唱跳起獵首歌舞（zemian），由勇士們輪流立定主唱，歌詞內容在誇耀個人獵獸和獵首的功績。眾人覆唱時舞圈移動，歌聲雄渾、舞步矯健有勁。現代雖然不再獵首，但獵獲兩隻熊鷹（qadris）的價值相當於一個人頭，當男祭司tsamak唱出他曾獵到兩隻熊鷹時，眾人要以獵到人頭的特別呼號聲（punanang）回應：u---

driapu---puq。男子的獵首歌舞之外,婦女加入舞圈時會唱跳附加iaqu的歌舞(dremaian)。五年祭期間唱的歌,每句之後會加尾詞i-a-qu-la-i-a-i,因此稱為iaqu。iaqu是人間為取悅祖先,對祖先的隆重呼喚聲。從五年祭準備期開始到次年送祖靈為止,歌者唱iaqu時可以自由編與祖先和獵物有關的歌詞。

為什麼古樓五年祭要從Rhsivauan祭屋開始?目前古樓的村落性祭儀只有五年祭在Rhusivauan祭屋舉行,像小米播種祭(Masujukut)和收穫祭(Masarut)是在另一個屬於村落的祭屋舉行。「真實傳說」(tjautsiker)中提到Rhusivauan是祭儀創始祖lemej與drengerh之女jengets的家屋名。據女巫師laerep說,在舊古樓時Rhusivauan家自古就有置放頭顱部位(ajak),在那裡做出征前增強力量和獵首歸後處理人頭的祭儀。因為都是到外村獵首,看守Rhusivauan祭屋的這家人不能與外村通婚、混入外村的血統。後來jengets的後代與外村通婚,喪失了照顧這祭屋的權利,Rhusivauan祭屋便轉由純古樓血統的Ruveravan家管理。從祭儀創始的初期起,Rhusivauan祭屋門外的右邊就設了一個屬於男祭司tjagarhaus的石頭座椅(Qamulil家門外有祭儀創始祖lemej的座椅)。古樓最年長的男祭司medrang說,如果從神靈界的立場來看,Rhusivavuan就是tjagarhaus的家。五年祭期間tjagarhaus回到人間時一定住在Rhusivauan。古樓五年祭在與獵首及男祭司之祖tjagarhaus關係密切的Rhusivauan祭屋前燃煙召請祖靈,透露出祈求獵物的意圖。女巫師於Rhusivauan做祭儀,為參與刺球者及其護身物、籐球增強力量,與以往在Rhusivauan祭屋為勇士所做的出征前增強力量祭儀相仿。那麼,以竹竿刺球是否就是獵首的象

徵？

　　當女巫師與男祭司集聚在Rhusivauan內為參與者、護身物及
籐球做增強力量祭儀時，祭屋外男士們唱跳著獵首勇士歌舞
（zemian）。之後眾人在祭屋外立正面向東方，由女巫師邊唸祈語
邊以手旋轉一束燃燒的小米梗（內放炭與一點肥豬肉），召請祖靈
回到「置頭顱部位」（ajak，即Rhusivauan）。緊接著男祭司領唱一
首五年祭最重要的iaqu祭歌，稱為神靈之歌（senai nua tsemas）。這
首iaqu有固定的五句歌詞，只有召祖靈歸來的這個時刻可以唱。
男祭司在唱之前要先用獵到人頭的呼聲大喊：u---driapu---puq，
參與刺球的勇士們應和道：iea---。然後男祭司以獨特的iaqu曲調
唱出下列五句，每唱完一句眾人以普通的iaqu曲調覆唱：

> i vuaq anga itjen la lemej i Rarivuan. iaqu.
> 在Tuarivu家的lemej，我們相會的日子到了。iaqu。
> sa ne pa ki selangi la tjamadravai i Ladrek. iaqu.
> 在Ladrek的tjamadravai，請同時跟著我們。iaqu。
> lidravu a su qau la dremedrem i Qadravai. iaqu.
> 在Qadravai的lerem，請來觀賞你的祭竿。iaqu。
> tja pa ki leveleveqan tjimudruran i Qaru. iaqu.
> 在Qaru的仇敵tjimudruran，請到刺球場觀賞你的祭竿。
> iaqu。
> sa ne ka i tjavangi la tjagarhaus i vavua. iaqu.
> 在上方高處的tjagarhaus，請與我們同在。iaqu。

男祭司一唱完最後一句有關tjagarhaus的歌詞,就高喊獵得敵首的呼喚聲u------dri-a-pu------puq,以及獵得野獸的呼聲u------,眾勇士再應和iea-----,隨即提著準備好的籐球,一路歡呼唱著iaqu往刺球場走去。到了刺球場,參加刺球的男子登上木材架設、立了長竹竿的刺球座架。男祭司在刺球場拋擲籐球之前,再領唱一遍這首包含五句的神靈之歌。五句中以提到祭儀創始祖lemej的第一句和提到男祭司始祖tjagarhaus的最後一句最重要。祭司們都不清楚第二句中的tjamadravai是何人,第三句的dremedreman就是女巫師之始祖lerem,第四句中的tjimudruran是一個外村被獵首者的名字。lemej是人間五年祭的創始者固然重要,可是男祭司和女巫師都表示五年祭中tjagarhaus最重要,刺球是tjagarhaus的權利,由他主持。

女巫師laerep說,當初lemej立石為標誌,設立刺球場leveleveqan。五年祭Maleveq也稱為Leveleveqan,便是到有立石標誌的刺球場(leveleveqan)舉行刺球活動(jemulat)。以往刺球場位於Rhusivauan祭屋下面。刺球可謂五年祭的重心。五年祭刺球場內的刺球竹竿中有一支名叫gaus,是男祭司始祖tjagarhaus的專屬刺球竿。現今已七十餘歲的vais Kaleradan(tjinuai之母)曾聽一位活了一百多歲的祖父giu提到:以前古樓的刺球場設在有柵欄(veqveq)圍築的村落主要入口的附近,而刺球場的立石標誌就在gaus刺球竿的下面。每次五年祭刺球,gaus刺球竿的位置固定不變。

gaus這支屬於tjagarhaus的刺球竹竿的確很特殊,是刺球場中唯一刻畫百步蛇蛇紋的刺球竿。它被視為全村落最大、最受尊敬

的刺球竿。另外，刺球場中有最高的rhivarhiv刺球竿（屬創村頭目drumetj）和次高的patjami刺球竿（屬祭儀創始者lemej），gaus刺球竿第三高，其他都是普通且高度相同的vinetjekan刺球竿。以往每次五年祭要到樹林中選取竹子之前就得決定由誰拿gaus這支刺球竿。gaus刺球竹竿的使用權是屬於頭目的，他可以在村民中選出獵首和獵獸英雄拿gaus刺球竿，讓他享有最高榮譽。被指定拿gaus刺球竹竿者要在林中選最直、最好的竹子作特殊記號。所有刺球竹竿中只有gaus這支砍下後不能再用火烤直，也不可以拿來作為練習刺球之用。傳統為gaus刺球竿刻畫百步蛇紋的地點是處理獵首的祭屋Rhusivauan。因為蛇中最受尊敬的是百步蛇vurung，便以百步蛇紋來刻畫最尊貴的屬於男祭司始祖tjagarhaus的刺球竿。此外，五年祭的刺球竿中也只有gaus這支上面配掛紅色的毛（sarhikau），代表獵到首級的頭髮（過去是真的人髮）、二根熊鷹羽毛（paral）和鈴鐺（tjaudring）。經語已經告訴我們tjagarhaus能幫助獲得獵物，gaus上的裝飾在誇耀善於獵首獵獸者的功績。所有刺球竹竿都以最粗的竹子kavian為主體，上面再接一種最結實的竹子navenavek。刺球竹竿的上接部分可視為武器「矛」（vuruq）的替代物，「真實傳說」中就有二兄弟以刺球竿上端互刺死亡。五年祭最後一天刺球活動結束時gaus刺球竿的前端部分要折斷，拿到Rhusivauan祭屋（本來應插在Rhusivauan前tjagarhaus的石頭座椅處，因人來人往，便放在Rhusivauan內）；gaus刺球坐架的木材也要送回Rhusivauan；如果gaus刺球竿刺中古樓五年祭中影響最大的一個籐球kajuq，這球要拿到Rhusivauan，而執gaus刺球竿的人負責在Rhusivauan前請聚集唱跳獵首歌舞的村人喝小米酒。

由此可見Rhusivauan祭屋的確如同男祭司始祖tjagarhaus返回人間的家，而gaus刺球竿的種種特殊性也顯示了tjagarhaus是古樓五年祭刺球活動中最重要的角色。

燃煙召請祖先歸來之日（mivung），男祭司在刺球場負責拋擲十五個在Rhusivauan做過祭儀的籐球（qapudrung）。其中前五球（pinupalisianan）比後十球（sinupu）意義重大。前五球中又以第一球（pinu tjinaran）最受注目，女巫師做祭儀時特別為這球放鐵鍋片（tjinar）、豬骨與祭葉。男祭司在刺球場拋擲第一球之前，會先把一個小籐球（patsasaven a qapudrung）丟出場外給惡靈。然後男祭司以雙手捧著第一球和祭葉祭品，在刺球場座架內繞一圈，並唸道：「你要選你所喜歡的人，不要讓你不喜歡的人刺中」，然後哈一口氣，把球往上輕拋三或五次。男祭司tsamak形容球第一次上拋，祭葉飛散的那一刻，會感到有力量附身。

五年祭送惡祖靈歸之日也刺球，但不受重視。送善祖靈歸之日的刺球則與第一天刺球同樣隆重，不過這日除了前五球與十球外，刺球結束前丟的最後一球是五年祭最重要的一球，叫做kajuq。男祭司說所有球中只有第一球和最後一球有特別放鐵鍋片、豬骨、祭葉。第一球（pinu tjinaran）是五年祭創始者lemej的，最後一球（kajuq）是男祭司始祖tjagarhaus的；最後一球kajuq比第一球大（雖然體積比其他球小），因為刺球是tjagarhaus的權利。第一球lemej賜與的福運是穀物豐收，刺中時不必呼喊punanang；最後一球tjagarhaus賜與的福運是獵物豐盛，刺中時要高呼獵到人頭時的呼聲（punanang）。男祭司說刺球結束前到Rhusivauan取最後一球時全身會發冷，如同取敵人首級，必須擁有那份勇氣才敢拿

這個球。在刺球場中拋kajuq球前男祭司同樣要哈一口氣說：「願你找到你喜歡的人。」刺球時男士們高叫："itan,itan , a kirhimu"，亦即叫球過來，是一種挑戰，不計後果都希望刺中。刺中者要呼叫獵首呼聲，並唸道：「願給我們的是獵物（qimang）、糧食（rami）。」一旦有人刺中kajuq球，刺球活動就告結束，所有刺球竿立即倒下。刺中kajuq球的竹竿最後倒，要慢慢地放下，不能讓球掉下來，刺中者再用刀子（不能用手折）把刺球竿前端連球砍下帶回家，請女巫師為kajuq球做祭儀後安置於家中。男祭司tsamak說古時kajuq球一定有人頭的意思，其他球也如此。

　　第一球是lemej的與最後一球是tjagarhaus的這種說法與神靈之歌中第一句提到lemej最後一句提到tjagarhaus相呼應。古樓村民都認為第一球（pinu tjinarhan）與最後一球（kajuq）中蘊含極好或極壞的運氣（sepi）。最後一球kajuq更是大好或大壞，不僅影響刺中者本人的禍福，凡是活著的四代以內（si patjatjevet）的血緣親屬都會受到影響，而且這影響是長遠的，不只未來的五年，還關係一生。對於刺中最後一球kajuq會帶來大好或大壞運氣（sepi）的說法古樓人根據長年觀察都深信不疑。他們說刺中kajuq球的部位也會影響sepi。例如曾有人刺中正中心，這人及其家族的sepi都變得很好；也有人刺中kajuq球後竹竿尖端穿出來，結果很快就去世。刺中球後也很怕球附著在刺球竿上抖不下來，相信會帶來壞運。每屆五年祭刺kajuq球時都是大家情緒最激動的時刻，人們十分渴望刺中kajuq球，可是也難免擔心可能帶來的噩運。"kajuq"這個詞的本意是指父親死後才生下的孩子。一般認為創造者Naqemati會給這個留下的孩子特殊的sepi，而刺中kajuq球的人也有特殊的sepi。

　　運氣（sepi）主要指的就是獵物（qimang）的獲得。女巫師laerep
說，運氣和力量（ruqem）的概念相連，ruqem強的人一定很有sepi，
可以獵到豐富的獵物。ruqem和sepi的源頭是創造者Naqemati。
Naqemati製造人的時候有為每個人造sepi，男祭司medrang說：「我
們人類都非常希望Naqemati給我們的是好的sepi，而五年祭時祖
先能帶給我們很好的sepi。我們祈求的一定是好的sepi，但我們實
在不知道神靈祖先給了我們什麼。每個球中一定有好的和壞的
sepi，只是不知道好壞的成分有多少。」

　　男祭司之祖tjagarhaus的力量很強，可以幫助人們獲得獵物，
帶來很好的sepi。從五年祭開始到次年送祖靈歸這段期間，女巫
師做祭儀唱經（marada）時只有唱到tjagarhaus那個段落要加唱iaqu
尾詞，祈求豐盛的獵物。五年祭無論是唱經、神靈之歌與呼喚聲、
以及刺球活動皆確認tjagarhaus的重要性，以及豐獵為一切福運之
本，而獵物中又以敵首最為貴重。獵首的主要原因是村落間獵區
土地的紛爭以及為被殺者復仇，換言之為護衛己村的土地、獵區
與生命而獵首。

## 五、文本與現實

　　五年祭濃厚的與獵首、獵獸關聯的刺球活動在日本殖民政府
統治時期迭受壓制。1930年代霧社事件之後更是嚴厲禁止。舊古
樓是日據時排灣族人口聚集最多的村落，共三百餘戶，五年祭十
分盛行，自然是日本政府取締的主要目標。目前最年長的男祭司
medrang敘述：「日本人說我們五年祭刺球的主要目的是為了殺

人，籐球就是人頭，因此不許我們舉行五年祭。可是日本人一到
Rhusivauan祭屋就會肚子痛。我們在舊古樓時只有一屆停止刺球
活動，但還是在屋內做祭儀和象徵性的刺球」。舊古樓原來只有
一個刺球場，後來創村三兄弟中的老三rhavai(Radan家)在下村蓋
了房子，另設了一個刺球場。不過第二個刺球場必須等第一個刺
球場刺球活動進行後才能開始。日本殖民政府為了打散舊古樓的
勢力，1931年左右安排設有第二刺球場的Radan家帶領70戶左右
遷往東部，現定居台東縣達仁鄉土坂村，也是目前東部唯一保有
五年祭的村落。

　　國民政府統治後繼續推動舊部落的遷移。古樓村民於
1956-57年由創始村落遷到新古樓，屬於屏東縣來義鄉。剛遷到新
古樓時由於許多重要的村落部位還沒有遷下來，有些人還想著要
回去，頭目也想擺脫以前的祭拜責任，1959年停了一屆五年祭。
遷村後天主教積極傳教並提供物資援助，全村幾乎都變成天主教
徒。可是1963年左右，「村人都發瘋了，大人、小孩到處亂跑，
看到一些鬼魂，而且小米生蟲，地瓜葉被老鼠吃掉。」Tjiluvukan
家頭目gilegilau看到這情形認為是沒有做五年祭之故，便請日據
末暗中升立的女巫師muakai做Tjiluvukan家的祭儀，又升立了自幼
便學會祭儀經語的Qamulil家的laerep等幾位女巫師，於1964年在
新古樓恢復五年祭，卜選lua為男祭司。五年祭要恢復前天主教神
父曾到法院控告鄉長、村長和頭目，說他們要獵首，結果由他們
保證不會殺人，五年祭才得以舉行。

　　Parhigurh家的medrang被卜選為新古樓第二屆五年祭的男祭
司，他曾與頭目等人返回舊古樓，把一些重要部位的代表性石頭

帶到新古樓，殺豬重新設立村落的部位和Rhusivauan祭屋。medrang的兒子tsamak從1979年起到1994年連續四屆被卜選為五年祭男祭司。事實上Parhigurh這家男子已連續八代被卜選為男祭司，具備相當豐富的五年祭知識。medrang說：古樓(Kulalau)是五年祭(Maleveq)的發源地，lemej是祭儀的來源，古樓知道許多關於lemej的事，有古樓血統的村落一定有五年祭。女巫師laerep也表示：我們完全相信Maleveq是祖先sa lemej所創立的，只要祭儀經語上有提到sa lemej、tjagarhaus、drengerh的名字，一定是lemej傳下來的。老村長也認為Maleveq的發源地是古樓，由古樓延伸出去，附近村落都有五年祭；五年祭是lemej創立的，在古樓lemej的刺球竿(patjami)由lemej所屬的Qamulil家男子持有。古樓村人的自信基於遠古以來固定不變的「真實傳說」(tjautsiker)、經語(tjautjau與rada)與神靈之歌等相互印證的「文本」。在現實生活中若有爭執，總有人引用「文本」來加以說明。

　　古樓以往五年祭中頭目間經常為誰擁有特殊刺球竿的權利而爭執。前文提過五年祭刺球竿中最尊貴的是屬於tjagarhaus的蛇紋刺球竿gaus，而頭目有權指定由那位獵首、獵獸英雄拿這支刺球竿。近代古樓有兩家較有勢利的頭目，他們會爭著要讓自己的人拿。「真實傳說」與經語都指出古樓的創村大頭目(mamazangilan)是三兄弟中的老大drumetj，建立Girhing家。可是後代發生了Girhing頭目pulaluian因卑南族燒他的家屋而村人居然無人阻擋，憤而棄村而去的事件，使得古樓村另一家較晚期由別村遷來的Ringetjal家的頭目取代Girhing家頭目的位置，接管土地、獵區和祭儀。後來Ringetjal家的一位繼承女頭目gilin與一位

Girhing家收養的男子paretjul結婚，婚後gilin住進paretjul建的家Tjiluvukan，Girhing家的原家屋成為專供祭祀用的房子。之後演變為Tjiluvukan接替Ringetjal成為頭目家，或說Tjiluvukan就是Ringetjal。Girhing家大頭目離村後聲勢最盛的就是Ringetjal-Tjiluvukan頭目家。

另方面Girhing家老大離村時並未交代職位繼承之事。老二vais是女的，結過兩次婚，第一次婚生的長嗣建Tjagarhan家，第二次婚生的長嗣建Tjureng家，這兩家一直在爭老大離去後Girhing家的主導權。日據時在舊古樓以Tjiluvukan頭目家最盛，遷到新古樓後Girhing系統一直由Tjagarhan家代表參與村落祭儀。

1986年Tjagarhan家的女頭目tjuku去世後，長女家境困難，無力承擔祭儀的責任，而Tjureng家的女繼承人serep日益興盛，並宣布放棄家名Tjureng而改為Girhing，成為古樓的新Girhing家，1989年正式出來與Tjiluvukan家共同負責五年祭祭儀。我們於1989-90年與1994-95年在古樓參與五年祭時看到的是這兩家頭目的激烈競爭。在新古樓舉行五年祭時兩家頭目都認為有百步蛇紋的gaus刺球竿屬於他們的權力。像新古樓重新恢復的第二屆五年祭，因為頭目爭執不下而出現兩支gaus刺球竿，結果有不幸事件發生，被視為祖先對使用兩支gaus刺球竿的處罰。1989年為了村的和諧，大家商議gaus刺球竿由村長拿。

古樓兩家頭目還會為了爭拿最長的刺球竿rhivarhiv而爭執，這還牽涉到Qamulil家的權利。「真實傳說」中提到祭儀創始祖salemej在古樓創立Qamulil家。在古樓五年祭的現實世界中我們確實發現Qamulil家扮演不尋常的角色。古樓人認知到祭儀是由

Qamulil家的lemej傳下的，Qamulil家如同頭目般要做許多代表性
的祭拜儀式，準備的祭葉祭品數與頭目家相同，亦即比一般平民
家多。Qamulil家殺豬時不必給頭目家貢賦（vadis），而且這家與
頭目家一樣有專屬的女巫師，這家老大的長子和長女結婚時可以
和頭目家一樣用揹的。Qamulil家的祭盤（tilu）內放置一個很特殊
的圓貝（kalipa），只有在這家做增強力量祭儀時可以使用，並加
唸經語：「願身體與靈魂如同kalipa圓貝般光輝顯耀，完全無裂
痕、無陰影。」剛開始時tjinuai一直將Qamulil家翻譯成「頭目」
（mamazangilan），但後來我逐漸明白Qamulil家始祖lemej雖是創村
大頭目家的兄弟，但其子孫經過這麼多世代已經不算是頭目，而
被選立為頭目家的代言人（qezipezipen）。可是由於lemej這位祭儀
創始祖的關係，Qamulil家人的觀念一直停留在強調祭儀創始的年
代，而且在五年祭這麼重要的祭儀中也確實清楚呈現Qamulil家擁
有祭儀創始者lemej的特權。在Qamulil家門外立了lemej的座椅，
五年祭燃煙召請祖靈歸來之日起在該處置一支短刺球竿，上面插
一個做過祭儀的藤球，在送善祖靈歸之前，男祭司每天都會到
lemej和tjagarhaus座椅處祭獻三餐。等刺球活動結束，男祭司會把
lemej座椅邊的短刺球竿撤走，插在短竿上面的藤球經過女巫師做
祭儀後掛在Qamulil家中。五年祭送善祖靈歸時Qamulil家做祭儀
時要替村中一些疏忽的家庭多準備一份給祖先帶走的禮物（衣
飾、糕與小米酒）。

　　只有Qamulil家的後代可以取lemej這個名字。以往刺球場由
Qamulil家管理，召請祖靈使用的祭盤（tilu）放在Qamulil家的刺球
座架下，而Qamulil家使用的刺球竿是屬於lemej的。男祭司在刺

球場丟球前要站在lemej刺球竿前，面向東方唱神靈之歌。屬於lemej的刺球竿叫做patjami。若依照Qamulil家的說法，五年祭刺球竿中最長的一支rhivarhiv和次長的一支patjami原來都是屬於Qamulil家lemej的刺球竿。不過lemej為了表示尊重大哥drumetj，便讓大哥建立的Girhing家在刺球時使用最長的刺球竿（rhivarhiv），自己所屬的Qamulil家使用次長的patjami刺球竿。在大頭目Girhing離開古樓後似乎由Qamulil家拿最長的rhivarhiv刺球竿。據說四代前有一屆五年祭，Ringetjal-Tjiluvukan頭目家的男祭司婚入Qamulil家而借用rhivarhiv，他突然宣布以後最長的rhivarhiv和次長的patjami由Qamulil家和Ringetjal-Tjiluvukan家輪流拿。可是到新古樓後Girhing家的後代再興起，與Tjiluvukan頭目家爭權，每次五年祭都會為那一家拿最長的刺球竿（rhivarhiv）而爭吵。每一頭目家都會引述「真實傳說」（tjautsiker）來說明為何原來屬於大頭目Girhing家的最長的刺球竿應該由他們這家拿。1989年的五年祭在裁量刺球竿長短時為避免紛爭，將Tjiluvukan家、新Girhing家、Qamulil家的刺球竿截成同等長度，可是當我問這三家的代表人物時他們都說最長的刺球竿rhivarhiv只有一支，而且是由他們這家持有。lemej雖是老二，但他在祭儀上的重要性凌駕身為頭目的老大，但在現實社會中還是要尊重老大的權利。從人間出生別的優先順序來看，村落創始頭目老大家比祭儀創始者老二家大，可是從神靈界與人間溝通的角度來看，祭儀創始者比村落創始頭目大。解決的方法是輪流拿最長的刺球竿，可是在主觀意識上各自都認為是最長刺球竿的真正擁有者。古樓的頭目從人間村落的階序來思考時，常會為Qamulil家一直想把地位提升與頭目競爭而

不滿。五年祭的刺球竿之爭顯示了「文本」所包含的村落創始者
與祭儀創始者間的結構性矛盾與競爭。

## 六、意義的追求

　　本文將古樓人觀念中最具真實性、歷史性與固定性的「真實
傳說」(tjautjiker)、祭儀經語(tjautjau與rada)與神靈之歌(senai nua
tsemas)等視為「文本」(text)，企圖透過「文本」的整理與詮釋，
對排灣族最盛大的五年祭所呈現的形式、內容及其在現實世界中
的意義獲得較深刻的理解。

　　晚近越來越多人類學者注意到詮釋論的文本分析對儀式研
究可能有的貢獻。W.F. Hanks(1989)就提到幾種不同的文本分析
取向。譬如「在脈絡中的文本」("text in context")、文本在展演
(performance)中的體現(Richard Bauman, 1977)、文本與閱讀(reading)
和反思(reflection)的關係等。學者們對「文本」指涉的範圍也有
不同的界定，例如K. Basso(1988)將地名視為文本分析，對T.
Turner而言(1985)神話如同文本；Webb Keane(1995)、Joel
Kuipers(1990)、John MacCreery(1995)則將祭儀語言(ritual speech)
當作文本分析。不過我覺得Paul Ricoeur(1991/1971)有關文本的論
述，特別是他揭櫫的「詮釋之弧」("hermeneutic arc")最能引起我
的共鳴。Paul Ricoeur原先對文本的定義是：任何被書寫形式固定
的言談("any discourse fixed by writing")。「固定化」是文本的特
性。對於Dilthey所提的兩種閱讀文本的態度：一種是傾向自然科
學的「說明」(explanation)，另一種則是傾向歷史學的「詮釋」

（interpretaton）。Paul Ricoeur的看法是：一方面強調「詮釋」的重要，要理解另一個文化的心理生活（mental life）、意義、價值、目標或意圖（不要向結構主義般只說明內在關係與結構）；另方面則提出「詮釋之弧」（hermeneutic arc）的概念，建議經由結構的說明（explanation）進入追尋意義的詮釋（interpretation）領域，例如從神話結構分析中的關聯性元素引發對生與死和起源等問題的冥思。後來Paul Ricoeur又把書寫的「文本」（text）擴展到將有意義的行動（meaningful action）也視為「文本」。無論是書寫或行動，他認為固定化的「文本」極可能具有深刻的文化意涵。

當大多數排灣村落的五年祭在殖民政府的嚴格禁令和強勢外來宗教與文化影響下快速消失之際，古樓村的五年祭（Maleveq）竟能完好地保存下來，實在令人驚異。究其因，應該與古樓村保有五年祭起源的「真實傳說」、以及為創始傳說提供堅實佐證的祭儀經語、神靈之歌與刺球活動有關。這些「文本」中的創始人物與事蹟在古樓祭儀專家、頭目、一般村民心目中發揮極大的穩固力量。他們可以引經據典地告知lemej是五年祭的創始者，lemej在世上的家Qamulil的確掌有祭儀特權。lemej不允許他依照創造者Naqemati旨意在人間創始的刺球祭儀輕易地消失，如果隨意停止五年祭，會有厄運臨頭。透過經語的分析，本文發現「獵物」（qimang/matsunan）的祈求是古樓祭儀的精髓。只要「獵物」豐盛，其他各種福運也會隨之而來。獵物中又以敵首最為貴重。因此，在古樓最盛大的祈求福運的綜合性五年祭中充滿了獵首、獵獸的意象，自然包括五年祭最具代表性的「固定化」竹竿刺球活動。這也解釋了為什麼男祭司始祖tjagarhaus在五年祭

中這麼重要，因為他有很強的抗禦惡靈邪害的力量（ruqem），能幫助村人獲得獵物。

　　增強力量（ruqem）便容易獲得獵物（qimang）、得到福運（sepi）。力量、福運和生命（nasi）的源頭都是神靈界的創造者Naqemati，世間的人並不知道創造者為他們安排了怎樣的禍福命運，只能透過祭儀、獻上祭品，不斷地向創始元老們祈求增強力量、獲得獵物等福運。創造者Naqemati的旨意最重要，但Naqemati並沒有人格化、形體化。五年祭是神靈界和人間相逢的日子，lemej和tjagarhaus等重要的創始祖神都會順從Naqemati的旨意來到人間，將獵物等福運透過竹竿刺球的方式直接賜予村人。古樓人對「獵物」所代表的福運的熱切盼望，讓五年祭象徵獵物獲得的刺球活動並不因獵首、獵獸時代的消逝而淡化。可是從刺中球不一定得到的是好運這現象看來，創造者是五年祭福運最終的主宰，世人只好接受祂所命定、安排的一切。

　　由於意外死亡的「惡祖靈」會阻礙人們與好祖先在「同一條路」上相會，因此要為村落所有重要部位做遮護（paserem）和增強力量（kisan ruqem）的祭儀，也要為參加祭儀的人驅除邪穢（semu tsiruq/semu paliaq）、為身體和靈魂增強力量。祭儀經語（rada）就是路（jaran），是通往神靈界創始元老以求得力量、生命與福運的「一條路」。人們希望惡祖靈接受祭品後羞愧地遠離這條道路。簡言之，五年祭「文本」清楚地揭示五年祭的目的是與生命、力量、福運源頭的創始者與歷代善祖先在驅除邪穢的同一條路上相會、合而為一，得到他們賜予的獵物等福運。

　　過去松澤員子（1986）在研究東排灣的家族與親族時就注意到

「同一條路」（ta jaran）的概念。同一村落（qinalan）的人認為他們都是從同一個家亦即頭目的家出來的，就是「同一條路」，互為親戚之意。村中各家在敘述「同一條路」時只要父或母、妻或夫任何一方與頭目家的系譜關係更接近、更明確，便會選擇那一方做聯結。換言之，村人儘可能和頭目家接近，走在「同一條路」上。為了達到與頭目接近的目的，可以置長嗣優先的原則不顧。例如丈夫若為頭目家的老二，婚入身為老大的妻子家，其子女在追溯「同一條路」時一定較重視父家而非母親以老大身分繼承的家。

　　松澤員子所討論的「一條路」屬於人間村落溯源的「一條路」，是重要的村落結構原則。我覺得在談到排灣族極為重視的源起觀念時，應延伸到人間與神靈界的「同一條路」才更有意義，並有助於我們瞭解五年祭現實祭儀中頭目家與祭儀創始家之間的競爭。

　　古樓村在溯源時，村落的創始頭目固然很重要，但村中所有的生命與禮儀法規的源頭都是神靈界的創造者Naqemati與其協助者所形成的創始元老群（tjarha naqematimati/tjarha vavuruvurungan）。他們的名字和職責都清楚地出現於經語中，而古樓村的創始Girhing頭目家的老大drumetj只不過是創始元老之一。古樓排灣人有強烈的創始意識，清楚知道世人都是神靈界創造者Naqemati的孩子，出生後要經由女巫師做「造化孩子祭儀」（seman qinatian），向Naqemati獻上祭品後，才成為人間父母的孩子。人生命結束時也必需先做祭儀，才能讓死者靈魂返歸創造者所在的神靈界。世間村落的人透過祭儀希望與Naqemati等創始元老與好的祖先在

「同一條路」上。在向Naqemati溯源時，村落創始頭目老大drumetj
不一定比創始祭儀的老二lemej更具有優先性。從前文描述的最長
刺球竿rhivarhiv與次長刺球竿pajami持有權的爭執，我們可以看
到村落創始頭目家與祭儀創始者家之間的競爭關係。在祭儀經語
中的唸經部分（tjautjau），村落創始者drumetj比祭儀創始者lemej
先出現；但在神靈附身的唱經（rada）中，lemej比drumetj優先。由
此可見，向生命創造者溯源的「同一條路」並不是遵照老大原則，
老二lemej似乎更接近Naqemati。以人間村落頭目為源頭的「同一
條路」必須擴展到以神靈界創始者為源頭的「同一條路」，在這
條路上要排除的是意外死亡後不能回到神靈界的惡祖靈。女巫師
解釋經語時告知：人間村落頭目並未在力量（ruqem）與福運（sepi）
方面得到生命創始者Naqemati更多的賞賜，但是他因掌有土地及
土地上獵物及穀物的權柄，而負起為全村落祈求增強力量、獲得
獵物與穀物等福運的責任。

　　松澤員子也指出：東排灣說到「同一條路」（ta jaran）時與ta
nasian意思相同，nasi便是生命，是貫穿生命的一條路。但是過去
研究者只注意到人間以頭目為源頭的「同一條路」，意義較為狹
窄。五年祭的「文本」啟示我們生命創始者才是「同一條路」的
源頭，世間人必須藉著祭儀經語（tjautjau/rada）也是道路（jaran）才
能通往生命的源頭。以往把人間與神靈界切斷的結構分析僅看到
一個層面，而未能進入排灣人更深層的關於生命與起源意義的心
理世界。

　　單就人間生存的空間來看，村落（qinalan）的護衛十分重要，
不能讓外村的人侵入。古樓排灣人「同一村人」（ta qinalanan）的

意識很強。ta qinalanan也可以稱為ta qalaqalan。"qala"是敵人,「同
一村人」強調的是面對共同敵人的人。只要出了村界,就可能遇
到外村的敵人。村落的護衛要靠村中男士,祭儀中則由男祭司到
主要村落部位放祭品。村的護衛行動不只是針對人間外村的仇
敵,也針對神靈界的惡靈。五年祭Maleveq的字源很可能與村落
入口處的護衛柵欄(veqveq)有關,刺球場設於此柵欄之內不遠處
的一塊空地。刺球場的環形刺球架就如同防衛村落的柵欄,在刺
球場中以象徵矛的竹竿刺球,就好像在村的範圍內祈求得到醞藏
在球內的獵物等福運。

　　五年祭既然是以村落為單位的祭儀,各村都個別獨立舉行,
沒有必要發展成聯村的形式。不過擁有共同祖先的分支村落的確
會產生母村落先舉行五年祭再輪到子村落舉辦的現象。宮本延人
認為五年祭從一個村落傳到另一個村落和排灣族移動的歷史有
關,這樣的觀察或許有其真確性。古樓人也說凡是有古樓移民的
村落就有五年祭。但是我在本文第一節就對以lemej為主要祖神的
五年祭由北部Padain及Se-Paiuan村南移的說法提出質疑,因
Se-Paiuan與Padain的系統遷移路線並沒有經過古樓,而古樓卻是
重要的五年祭據點。宮本延人列出了五年祭南傳和東傳的一些村
落,其中都包括古樓。古樓擁有完整的關於lemej創立五年祭的「真
實傳說」和整套五年祭祭儀經語、神靈之歌、再加上刺球活動中
象徵物的呼應,讓我相信古樓如果不是唯一,至少也是以lemej
為主要祭拜祖神的五年祭的起源地之一。古樓口傳的「固定化」
文本如同考古遺物,有其不能輕忽的權威性與真實性。從「固定
化」文本出發,五年祭的理解不再是只建立於儀式表面的參與觀

察，而有比較踏實的基礎。我希望藉由祭儀「文本」的詮釋，為臺灣原住民文化的研究貫穿一條通往探索生命意義的道路。

第五章

# 儀式與影像研究的新面向
## ——排灣古樓祭儀活化文本的啓示[*]

## 一、田野的沉思與質疑

　　看到法國著名雕刻家羅丹(Auguste Rodin)的作品「沉思者」
(The Thinker)，讓我莫名所以地聯想起在排灣族古樓村祭儀中印
象極為深刻的一個畫面：女巫師(puringau)坐在屋內，在置於地面
的祭盤邊排放好許多份桑葉，並用小刀削豬骨碎片加在葉片上
後，就以蜷曲的右手支著額頭或面頰，低頭望著祭品，擺出沉思
的姿勢。不同的是羅丹的「沉思者」是一位肌理分明的男子，他
的右手撐住下巴，嘴因此緊閉著，沉默不語；而排灣族的女巫師
則在沉思片刻後喃喃地唸起經語。有時女巫師會閉上眼，右手拿
著一束夾了豬皮肉的桑枝葉，由前一階段的唸經轉為有旋律的唱

---

　*　本文原發表於1999《中央研究院民族學研究所集刊》86期。排灣語記音
　　初譯：柯惠譯(Tjinuai Kaleradan)。

經。她起唱沒多久,握桑枝葉的手就隨旋律揮擺起來,如此搖手唱經(marada)持續一個多鐘頭。

乍見像古樓村巫師所執行的條理井然、語言動作熟練細緻的祭儀,我在不理解中難掩興奮之情。因為一般的印象是臺灣原住民的傳統祭儀經過日本殖民統治和國民政府時代西方宗教及漢化教育等的衝擊,已經嚴重簡化、變質、甚至消逝。

晚近一些人類學者在臺灣原住民社會做田野時,也的確普遍遇到傳統祭儀中斷或變形的情況,可是他們仍然設法藉助報導人的口述,予以某種程度的重塑。沒有人敢忽視祭儀可能蘊含的該族群的重要理念,而且相信該理念以某種形式仍然支配著現代人的思想與行為。

我們可以理解,以文字重塑已消逝的傳統祭儀是非常困難的工作。例如石磊先生在採集排灣族筏灣村的豐年祭資料時便說:「由於豐年祭已停止舉行,報導人專憑記憶,其正確性是值得懷疑的」(1966:132)。其實更令人不安的是研究者由於未能身入其境參與觀察,對於報導人主觀取捨的敘述只能照單全收,不但無法將祭儀的細密動作和語言作清晰的描述與有機的結合,更難從單方面提供的資料中發掘問題、追索問題、並作有意義的解析。不幸的是我們目前所能閱讀到的關於原住民傳統祭儀的文獻,甚多屬於此類。研究者如果僅根據報導人零星片面的敘述來進行宇宙觀、人觀等的建構,很容易陷入想當然爾的假設與詮釋之中。

因此,1986到1989年劉斌雄先生和我主持「臺灣土著祭儀及歌舞民俗活動之研究」時,我們便邀請了七位人類學者,分別在七個臺灣原住民族中盡量選擇目前仍然執行傳統祭儀的村落作

研究。我們希望描述分析「活的」祭儀，而非已消逝祭儀的重塑。我也藉此機會，帶著專責錄影人員，隨著研究者進入不同族群的祭儀現場，親身體驗觀察。首先我驚嘆於有些村落像排灣族古樓村、卑南族南王村依舊存在著能夠執行整套祭儀的祭師，他們唸誦的是代代相傳的祭儀語言，唱的是神聖的歌詞與旋律，擺置的是有一定規則的祭品。我感覺研究者還能夠實地觀察到這些「活的」祭儀實在是很大的福氣，也可能從中獲取極為珍貴的、以往研究者未察覺的文化訊息。但是很快地我意識到即使是「活的」祭儀，它的記錄分析仍有許多困難存在。

　　照理說，人類學者到了田野，如遇到動作、聲音凸顯的祭儀活動，不可能視若無睹而不設法予以記錄分析。但是就以排灣古樓和卑南南王祭儀為例，我相信許功明在古樓和陳文德在南王都清楚：祭儀主要是由冗長的經語和繁複的祭祀物品的處理所構成的。但是他們當時以及後續長達一年以上的的研究都沒有將重點放在經語和相關動作的詳細記錄分析上，而僅將祭儀的過程和內容作概括的描述。對於那些未參與祭儀的讀者來說，在閱讀他們的研究報告時，並無法察覺文字中遺漏了祭儀中會吸引任何目睹者目光的部分。這證實了人類學田野報告並不全然反應真實，而是在研究者主觀的擷取下，對現象作局部的呈現。但是，為什麼研究者不仔細記錄分析祭儀語言與動作？當我對田野實況有所瞭解之後，便發現主要的原因並不是研究者不夠勤奮或有意地模糊焦點，而是人類學者原來運用的田野方法有其侷限，無法專注有效地針對祭儀的「活化文本」予以記錄分析。

　　我在此所說的祭儀「文本」，主要是指祭儀中經過代代祭儀

執行者相傳，固定不易變更的祭儀語言包括歌詞。這「文本」在許多社會被視為祭儀中極重要的部分，甚至是祭儀的核心。他們認為祭儀語言有其神聖性，屬於該文化艱深難懂的領域，一般人很難在短期內窺其堂奧。祭儀的「活化文本」則是指祭儀語言「展演」的整體情境。祭儀語言在儀式中不是孤立存在，必定有其他動作、聲音及物品、人物等同時配套出現。若只研究祭儀語言而不揭示祭儀的整體情境，祭儀語言的完整意義無法彰顯。但是研究者面對祭儀的「活化文本」時，常有力不從心之感。首先，沒有人能夠單憑現場觀察和作筆記將祭儀語言記錄下來，就連當地人也無法辦到。其次，祭儀的動作雖然可以在觀察時做部分的記述，但是如果動作一繁複，使用的祭品一多，研究者也很難清楚正確地記錄，更遑論將祭儀動作與經語的內容段落作適切的配合。過去研究者已發現：祭儀語言亦即「文本」的記錄，如果不借重錄音機的幫助，幾乎是不可能的事。我在本文則要強調：祭儀「活化文本」的記錄，如果不借重錄影機的幫助，也幾乎是不可能的事。可是錄影機影音記錄的重要性至今還沒有為人類學者，尤其是臺灣的人類學者充分地體認。有些人類學者甚至還以輕視的眼光予以排斥。

　　Margaret Mead在一篇 "Visual Anthropology in a Discipline of Words"(1975)文章中指出：對於民族學者而言，錄影機和電影機的使用應該是令人渴望的田野新方法，可以導致理論的進展。可是人類學系繼續將研究者送到田野，除了筆記本和筆之外不配備其它的工具。Margaret Mead認為人類學界忽視影像記錄的一個原因是，許多研究者進入田野時傳統的文化已瀕臨消逝，他們收集

的田野資料主要是報導人的言辭敘述。人類學變成依賴言語敘述的科學，田野工作者只能記錄語言而無姿勢動作可攝錄。習於記錄報導人言語的人類學者也不鼓勵他們的學生使用新的錄影機等工具。還有其他原因例如錄影攝影比錄音困難，涉及較特殊的技術，又有藝術作品的期盼。不過Margaret Mead不以為人類學影片要符合藝術形式的要求。在她看來，攝錄影機最大的功能在於提供大量客觀的、可被再分析的影音資料，改進並擴張正確觀察的領域。

　　這些年來我雖然以十六釐米電影機拍攝剪接完成有藝術企圖的民族誌紀錄片（胡台麗，1984、1988、1991、1993、1997），但是我對於Margaret Mead的看法仍有相當程度的認同，相信輕便錄影機若與田野工作特別是祭儀研究結合，有可能產生前所未有的豐碩結果。因為錄影機能超越研究者肉眼和現場紙筆記錄的侷限，鉅細靡遺地攝錄祭儀的「活化文本」，包括經語、用品與動作，可供祭儀結束後一遍又一遍地反覆觀看記錄。

　　可是我們將祭儀攝錄下來並不表示我們就完成了「活化文本」的記錄。事實上真正困難的工作才剛要開始，錄影只是使祭儀「活化文本」的記錄與分析變為可能。人類學田野工作者遇到祭儀「活化文本」中的經語部分時，通常會產生愛恨交織的矛盾情感。因為祭儀經語不是立即可懂的日常用語，必須要找到有能力並對經語有興趣的當地人合作，根據錄影記錄，才能完成聲音與動作的初步記錄工作。可是如果要理解這些聲音與動作的意義，還需要逐字、逐句、逐個動作地向祭儀專家請教，再加上研究者對祭儀整體情境的研判分析，才能夠進入祭儀「活化文本」

影音表象的裡層。這樣的工作所要花費的時間和人力實在太多了，應該是要集中心力專心處理的議題。而一般人類學研究者(尤其是博士班研究生)在田野結束時立即面臨撰寫文章的壓力，碰到棘手的祭儀「活化文本」時，除了可能沒有予以錄影根本無法記錄之外，最主要的原因恐怕是「活化文本」的記錄解析太困難、太耗時費力了，會影響他對其他資料的處理進度。到最後大多數的研究者在撰寫論文時，還是僅依賴田野現場觀察的筆記與報導人片面的口述資料，作籠統的祭儀描述與理論建構。祭儀的主體與精華成分就這樣被棄置、犧牲了，祭儀與錄影結合可能撞擊出來的火花也就無從爆發。

祭儀「活化文本」的記錄分析真的困難到無法進行嗎？排灣古樓女巫師唱唸經語與排置祭品的影像深深鑄刻在我腦中。這些年來，我和居住於台東土坂村的古樓後裔tjinuai Kaleradan(柯惠譯)一直相互鼓勵打氣，根據古樓祭儀的錄影帶作「活化文本」經語和動作的記錄，接著在祭儀專家laerep Pasasaev及muakai Tjakivarit等人耐心協助下逐句訪談註釋。我們由此得到許多寶貴的啟示，在本文僅挑選一、兩點例舉說明。

## 二、從「家」開始的探索

排灣族的pazangar一詞兼具「困難」和「貴重」之意。古樓村人對祭儀經語的看法就是pazangar。女巫師亦即通靈者(puringau)拜師學習經語的過程是既貴又難。我們從古樓目前最資深的女巫師muakai(家名Tjakivarit)以及出生於祭儀始祖lemej

所創的Qamulil家、具備極豐富祭儀知識的女巫師laerep(家名Pasasaev)的敘述中得知：雖然日據末期日本人嚴格禁止排灣族升立執行祭儀的通靈女巫師，古樓村人還是想盡辦法讓祭儀和女巫師的傳承不要中斷。在那段期間古樓村共升立了四位女巫師，muakai便是其中之一，而laerep則是在遷到新古樓後不久升立的女巫師。

　　通常有兩種人在付出昂貴代價後可以學習成為女巫師。一種是像muakai這樣，她的祖輩是女巫師，亦即這家族有做女巫師的傳統；另一種是像laerep一樣，出生後有神珠(zaqu)在她的身邊出現，是被神靈揀選的人。laerep說她剛拜師時如同結婚時男方向女方贈聘禮，女學徒的原家老大要為她準備兩甕小米酒和檳榔請求師傅收她為徒，做seman suju儀式。之後與師傅一同起居作息，隨師傅到各處做祭儀，主要是學習經語(唸經和基本唱經)及祭品的排列方法。然後在kipatengeteng儀式中隨師傅唱一段經語，如果發生入神昏迷(tjetju tsemas)現象，就表示真的具有當通靈女巫師的資格，可以進一步學習更艱深的唱經。祭儀經語分為唸經(tjautjau)和唱經(rada)兩部分。唱經包括許多段落，其中最基本的是元老經語(vavurungan)，而最難學的段落是lingasan。學徒在學習lingasan唱經前要準備五把(或三把)麻(rekereker)，到創始祭儀的Qamulil家中做買lingasan儀式(veneri tua lingasan)，如此才能將唱經中的lingasan部分學會，與vavurungan元老部分唱經連貫起來。女巫師學會了全套唱經後要舉行升立儀式(remingejel)。升立儀式的詳細過程我不擬在此敘述，不過要強調的是當事者必須付出五頭豬的代價才能升立為女巫師。女學徒在拜師後和晉升儀禮

之前是完全屬於老師的人，女學徒如果尚未婚，在這段期間不准結婚，假使她要結婚，則一切聘禮要歸給師傅；如學徒已婚，學習期間要先和丈夫舉行假離婚儀式，等晉升後再行重婚儀禮，這時男方還要向妻子原家的老大致贈重婚的聘禮。

女巫師經歷了如此艱難嚴格又昂貴隆重的學習過程之後，她終於能夠獨當一面地坐在一個家屋中，排置祭品和唱唸經語。祭品和經語的貴重價值在每一個參與祭儀的古樓村民心中是無庸置疑的，他們藉以求取人間的福利。

祭儀錄影帶反覆播放後清楚地顯示：古樓村女巫師所做的所有祭儀一開始都是從家屋內拿出一個裡面有豬骨的方形木製祭盤(tilu)，放置在地面。女巫師坐下，準備為所有祭儀的第一部分qemizing(除邪穢祭)準備祭品。她從採回的桑枝上摘下一片片桑葉(lisu)，每三片相疊成一份，以她專用的小刀削去葉梢和葉柄，排置在祭盤的前面。我們看到女巫師laerep的師承傳統是在頭目階層家做這部分祭儀時放置五份，在平民家放置三份；女巫師muakai則是在頭目階層家放置十份，平民家放置五份。遇到較大的有殺豬的祭儀時，會在祭盤靠屋內的一側加放三份(頭目家)或兩份(平民家)祭葉以及另外四份單片並置的祭葉，並在祭盤靠門的一側放兩份祭葉。但祭盤內外兩側的祭葉要等到進行第二部分穩定祭(rhemasuj)時才會連同穩定祭新排放的祭葉一同在上面加放豬骨。像這樣葉片一份份排置起來，真是令初次觀察古樓祭儀的人看得眼花撩亂，摸不著頭緒。

女巫師一排好葉片，便從祭盤中拿起一塊脊椎骨，先削一小片趨近嘴前「哈」一口氣，然後放在祭盤前的一份桑葉(viaq)上，

再繼續將碎骨片削放在為qemizing準備的其他祭葉上。我們又看到她削了一小片碎骨，哈一口氣，放入祭盤內側的小水杯中。接下來，女巫師便坐在祭盤前，握拳托住額頭或面頰，望著祭品，開始唸第一部分驅邪穢祭（qemizing）的經語，一定是這樣開頭的：

sini qaqivu tjanusun a qumaqan, a tjai sangas, a tjai paling, a
kini lalingan, a kini
誠向 呼請　你　　家　　前輩的 比較 門　　所祈求所得
patje sizazavan, nu su qinati, nu su kini vuvu.
到達 護衛　你 創造　你 所得 子孫
我誠懇的向你qumaqan（家）、前輩們、和tjai paling（靠門的）呼求，祈求護衛你所創造的後代子孫。

　　單是前述記錄的動作和一小段經語，就有許多耐人尋味、有待探索釐清之處。當tjinuai將qemizing的經語記音完成並作初步翻譯之後，我對於祭儀一開始就呼求qumaqan很感興趣，也產生疑惑不解。

　　過去的研究者的確都注意到qumaqan這個概念。在許功明寫的有關古樓村的文章中，將qumaqan解釋為「家中之守護神壇」，並進一步說明古樓人「信仰上相信葬在室內的祖先們就是家屋的守護神；屋內祭壇即是其靈位，稱為qumaqan，位於一進門正廳對面的石牆上，是一凹入盛放豬骨、祭葉祭品的石龕（tavitavi），為家屋中重要的地點。……主柱上掛著兩竹筒，其一，亦稱為qumaqan，盛放為五穀作祭用的祭品，另一個稱kakiavangan，是

為祈禱獵物豐盛舉行獵事祭儀時放祭品用的。……各家家祭時，就從這個家內的祭壇向已死的祖先(vuvu)、雙親們(matjalalak)和造物者、神祇們，祈求永保此家之平安幸福」(1993：405-406)。蔣斌主要係根據前人的研究提出他對於qumaqan的看法：「qumaqan源於字根umaq，原意就是『小房子』。雖然文獻上通常譯為家的守護神(石磊，1971：57；吳燕和，1993：128)，但大多缺乏該『神』人格化的事蹟記載。因此，不如視qumaqan為觀念上的『家屋的家屋』，也就是家屋的『精髓』。除了這一層意義外，就像排灣族祭儀中各種各類的tavi一樣，這個tavi也是一個和超自然實體溝通的地方，溝通的對象，應該就包括這個家屋過去世代的祖靈」(1995：202-203)。不過我發現吳燕和先生在提到umaan是「小房子」、是「家庭守護神之所在」時，他的語氣並不確定：「到底umaan石函的性質如何？此次調查所獲材料不能指出其性質與功能。根據凌純聲師以前做過的研究的結論，與此次調查之祭祀情形，發現這是家庭守護神之所在。umaan在土語原意就是小房子，是納神之處，而這些神可能就是祖靈。此點尚待再作調查研究」(1993：128)。石磊先生則認為「qumaqan是排灣族家屋內附屬品之一，一個小型的石函，函內無任何物品，據云是神住的地方，神也稱為kumakan」(1966：141)。再看古野清人(1945)的敘述：「由kinalan分身的神位komakan在家裡的正面，在此會放著豬骨等。人們出遠門時會像這komakan禱告：請保佑我的身體健康」。

　　老實說，看了這些研究者所揭示的qumaqan的意義，令我十分困惑。他們的解釋是從家屋中的石函意象開始，延伸為「小房

子」、「家的守護神所在處」、進而將守護神視為祖先而詮釋為「葬於家屋內祖先的靈位」，或認為是「家屋的精髓」，從該處可和祖靈溝通。可是，如果qumaqan指的是一個處所，是一個靈位，經語中為什麼要呼求「你qumaqan」？如果qumaqan意涵祖先，為什麼經語中要再緊接著呼求前輩祖先？

　　我在石磊先生和吳燕和先生的調查報告中很驚喜地發現，他們根據報導人的口述，記錄了一些祭儀經語片段。我們因此得知，無論是北排灣的筏灣村或東排灣的介達村、比魯村，當女巫師一開始做祭儀時都是先呼求「qumaqan」，例如東排灣的女巫師行治病祭儀時，在進屋後便站在屋中央向umaan告祭說：「我剛才已經把鬼祟除去了，你這umaan今後應該堅強起來，勿再受別人的引誘，好好保護此家人」（吳燕和，1993：185）；筏灣的女巫師面對祭盤開口說：「要講了，要請求你kumakan……」（石磊，1966：141）。遺憾的是研究者並沒有嘗試從祭儀經語去瞭解qumaqan的意義。

　　如果說排灣族祭儀一開始就提及的qumaqan是該族很重要的觀念，而過去的研究都還未能予以清楚定義，那麼，qumaqan到底是什麼？而我所強調的祭儀「活化文本」的記錄與分析對此議題能否有所貢獻？雖然許功明和我同樣在古樓村做田野、同樣由tjinuai做翻譯、也可能向相同的祭儀專家請教，可是一直要等到tjinuai和我進行祭儀活化文本的記錄與分析時，才發現許功明早先對qumaqan的說明是一種我們大家在未能細察之下很容易犯的想當然爾的錯誤。剛開始當我根據記錄的經語反覆向祭儀專家提出關於qumaqan的問題時，擔任翻譯的tjinuai有些不耐，她認為以

前許功明已經問過了，無需再問。不過她承認雖然身為古樓村的後裔，但自幼在東排灣村落接受天主教薰陶，對qumaqan並不確切瞭解。她過去也以為qumaqan可能是祖先的靈位，這樣先入為主的理解可能影響到她臨場的即席翻譯，而且觀看古樓祭儀對她來說也是新鮮陌生的經驗。

我們請古樓村出身於祭儀創始家系的女巫師laerep解釋祭儀一開始的那段經語。她作了如下的說明：

> 因為我們是在qumaqan做祭儀，所以首先要向qumaqan呼求，然後才提到tjai sangas，是從創立以來一代代的祖先們。qumaqan就好像是我們的vuvu（祖先）一樣，稱呼他qumaqan就可以。qumaqan也是我們祖先蓋的家屋，所以祈求時要向qumaqan祈求說：你要保護我們，讓我們不受任何傷害。所有經語的開頭都是qumaqan。我們蓋家屋主要是為了在qumaqan做祭儀。umaq和qumaqan沒有什麼區別。因為做祭儀一定是在家內，所以家內部叫做qumaqan。umaq是整個家，qumaqan比較強調家的內部。有umaq就一定有qumaqan。

我聽到laerep這樣解釋，對於「qumaqan好像是祖先而不是祖先」的說法有所悟，可是還是有許多不確定和不明白。現在讓我們再回到錄影「活化文本」經語和動作的記錄，看看是否可以找到更多關於qumaqan的資訊。

## 三、「我就是qumaqan（家）……」

　　當女巫師唸完祭儀第一部分qemizing的經語後，將置於祭盤前為qemizing排放的祭葉祭品拿起，再拿骨水杯、刀和骨頭到門外西邊，將祭品放在地上，以小刀削一片豬骨哈一口氣，繼續邊唸經語邊削骨片祭獻（另一位女巫師muakai則是哈一口氣後將祭葉祭品放在西邊地上，再邊唸經語邊以小刀點骨水祭獻），最後把骨水倒掉，再走入家屋內，開始在祭盤前排置第二部分rhemasuj（穩定祭）需用的祭葉。laerep的師承傳統是在頭目家排置十份，平民家排五份；muakai則在頭目家排五份，平民家排三份，她們並視祭儀需要在祭盤內放置祭葉。女巫師接著拿刀削豬骨，先哈一口氣將碎骨放在一份祭葉內，再繼續削骨片置於其他祭葉上，包括祭盤內外側先前置放的祭葉。女巫師說置於祭盤邊靠屋內的三份（平民家置兩份）祭葉祭品是給tjai qumaqan（家內部）的，祭盤邊靠門的兩份祭葉祭品是給tjai paling（靠門部位）的，邊上另外四份單片祭葉是si paqaqarhuqarhut（分給各部位的），其實都是給qumaqan的祭品。之後女巫師再削骨片，哈一口氣放入木杯的水中。

　　如果是進行有殺豬、祭盤前排置了活豬祭品的祭儀例如增強靈力祭kisan ruqem，女巫師就會在排放好穩定祭（rhemasuj）所需的祭葉祭品後，右手握起一束包著一條豬皮肉的桑枝葉，撐著右邊的面頰，眼睛閉起，進入唱經程序（jaran nua rada）的起始段落（si patagil）：

u-i na me-tse-vu-tse vung a-nga i-tjen, na ma-pazazukezukerh
anga, tjarha vavuruvurungan tjarha naqematimati sarhekuman
i rhulajeng ti lalumegan a i vavau, a tja ka kiavavgan, la i
tjanu naqematimati.

是的，我們已經相逢了，我們已經交談了，諸位元老們
（vavuruvurungan），諸位創造者（naqematimati），在上方
的sarhekuman和Rhulajeng家的lalumegan，我們在創造者
的範圍內祈求。

（lemagai tua zalum）ui paki ta jarani aken，paki taveraki
aken a tia sa lemej a tia lerem nu avan nu su vineqats su
inegeeg, a ika tja sasu qatsan su jalavan, nu marh ka su
qinati nu su kini vuvu.

（此時女巫師助手以木匙點獻骨水）是的，請與我同
路，請伴隨我，lemej、lerem，這就是你所創立的、你
所奠定的，我們不能疏忽祭儀細節、不能遺漏經語。你
們所創造的、你們的後代子孫。

ui ki nu si ka na mavangavang, marikerik a i vavau
tjagarhaus a kini lalingan, a kini patje si zazavan nu marh
ka su qinati, nu su kini vuvu.

是的，你們一定受到影響、受到干擾。在上界的tjagarhaus
是我們祈求賜福的、祈求守護的。你們所創造的、你們
的後代子孫。

ui pa ki tajarani aken, pa ki taveraki aken a tia saverh a tia
jengets, a tjaupungan ka riguan, temuru a temengeteng, ki

sevarit anga nu marh ka su qinati nu su kini vuvu.

是的，請與我同路，請伴隨我，saverh、jengets、狗、
神珠。我們已學會了唱經、傳承了唱經。你們所創造的、
你們的後代子孫。

　　女巫師唱完這節後停頓了一下，握著桑枝葉的右拳離開面
頰，但手肘靠在右大腿上，閉目繼續唱下一節：ui pa ki tajarani
aken, pa ki taveraki aken（請與我同路，請伴隨我）。這時她的右手
突然連續不斷地擺動著桑枝葉，邊提高聲調唱道：

a qadau a ki puravan a ki vusukan, a ki patengetengi anan,
a na metsevutsevung anga itjen, na ma pazazukezukerh
anga, a na kalavanga pi nu tsevulan ni tsinunan.
i-a-i-e-i-e-e--tjesazazatj itjen i qumaqan i taquvan…
太陽，如同飲酒、如同嚼檳榔令人昏醉、我們已入神了。
我們已相逢了、我們已見面交談了，（要接受增強靈力
的）獵獸英雄已殺豬排置好祭品、已上煙召請了。我們
已經在人間的qumaqan開始唱經了……。

　　從這節開始，女巫師進入神靈附體的狀態（tje tju tsemas），也
就是說她呼請的元老們，包括歷代傳承的祭師們已經來到，伴隨
著她一同唱經。

　　再往下，進入「元老」（vavurungan）段落的唱經。那些創立、
創始的元老們會在女巫師的唱經中出現。令我大吃一驚的是第一

位出來的元老居然就是qumaqan！錄影記錄顯示：女巫師在前段
唱完時停了幾拍，手繼續搖動約十下，然後以變得比較快的調子
唱道：

> au tiaken anga qumaqan（lemagai tua zalum）kalava mun,
> pu tsevul mun, ki masaru, ki suqerid a ini ka na pa ki
> salinga, la tjuli tsevung, la tjarha naqemati, tu sika uzai a
> sinauvereng a kiniavang a pinutsevulan nu qumaqan nu tjai
> sangas nu rhuvurhuvuan, la si rhasuj a si letseg, a si san
> alak, a si san ruqem, a si kisu tsiruq a si kisu
> qarameqaman, a si pa pu garhang, a si pa pu ruqem a si ki
> pa pu pitsur, a si patje ringau, nu marh ka su qinati nu su
> kini vuvu.

我就是qumaqan（家）。（此時女巫師助手以木匙點獻骨
水。）你們殺了豬等待我、用煙召請了我，我會很感謝、
很高興、很歡喜地接收。已經面對面的諸位創造者。以
這豐盛的祭品，你們召請了我qumaqan和前輩祖先們。
這祭品是為了穩定用的、是為了增強靈力用的、是為了
驅除污穢、為了驅除油垢、為了剛強、為了增加力量。
你們所創造的、你們的後代子孫。

女巫師laerep為我們解說這段唱經時如此表示：「這段最主
要的說話者是qumaqan。因為世間的人殺了豬準備了特殊豐盛的
祭品，請來了qumaqan和以往的祭師和祖先們，他們聚集在一起，

要為做祭儀的後代子孫驅除污穢、為他們全身增強力量（ruqem）。當我們女巫師在唱「元老」（vavurungan）經語時感覺很重。我們入神（tje tju tsemas）唱經時不知道是在人間（katsauan）還是在神靈界（makarizen），我想應該是在人間和神靈界交會的境界裡，我們彼此串通了，在同一條路上往來。」

「元老」（vavurungan）段落的唱經中第二位出現的是祭儀的創始者lemej，他也是一開口就唱道：「au tiaken anga tisa lemej（我就是lemej）」；第三位是古樓村創始Girhing家的老大Drumetj；第四位是在神靈界（i pidi）的創造者naqemati和造化人的linamuritan；第五位是很有靈力（ruqem）的男祭師始祖tjagarhaus（唱經音調變快變強，男祭師削豬骨點獻）；第六位是qinalan（村），音調變慢。

「元老」唱經中qumaqan的出現，而且是和其他明顯人（神）格化的祖神一樣以第一人稱的語氣出現，令我立即有茅塞頓開之感。qumaqan（家）以及與qumaqan相連的極為普遍而重要的qianlan（村）概念變得較以前清晰了。

## 四、祭品的分送

從「元老」唱經中我體認到：qumaqan是人（神）格化的qumaqan。qumaqan就是qumaqan，他像祖先，但不是祖先。但是，為什麼有人指qumaqan是一個石函（tavi），因而產生qumaqan是祖先靈位的聯想？讓我們再回到錄影「活化文本」的祭儀動作中尋找線索。

在女巫師唱完整套包括元老（vavurungan）段落與最艱難的

lingasan段落經語後，我們注意到女巫師或女助手先將祭盤靠屋內的三份（頭目家三份，平民家兩份）給tjai qumaqan的祭葉祭品放在室內一個台子上或一個靠屋內的位置；再將祭盤內側另四份單片並置的葉片（稱為si paqaqarhuqarhut，即要分放各處的）拿起，放置於家屋主柱等四個代表屋內各處的位置；然後將祭盤靠外一側的兩份給tjai paling的祭葉祭品放在室內靠門的窗台上。之後再將祭盤前為穩定祭rhemasuj準備的祭葉祭品疊起，拿到家屋外哈一口氣放在屋頂上（如屋簷太高則放在屋外窗台上），邊唸經語邊以小刀削一塊煮熟的豬皮肉或豬骨祭獻。在家屋內女巫師把祭盤中的祭葉祭品邊唸經語邊按置在增強靈力者的頭頂上。最後再在祭盤中放一份祭葉，削豬肝或豬骨碎片哈一口氣放在祭葉上，歸放祭盤。

　　在此我們特別要注意的是給tjai qumaqan和tjai paling的祭品。女巫師說

　　　　任何祭儀一開始就唸到qumaqan與tjai paling，事實上兩
　　　　者是同一組概念，指的都是qumaqan。tjai qumaqan是家
　　　　靠內的部位，tjai paling是家較靠門的部位。獻祭品時先
　　　　給tjai qumaqan，再給tjai paling。雖然以tjai qumaqan為
　　　　主，但兩者都很重要。我們可以看到目前女巫師或其助
　　　　手在放置給qumaqan和tjai paling祭品時，並沒有放入任
　　　　何石函（tavi），而是放在一個自己設定的靠家內和靠門
　　　　的地方。是不是以往在舊古樓村時有將給qumaqan的祭
　　　　品放入家屋內的石函？我們問了女巫師和古樓最年長

的男祭司medrang，他們都異口同聲地說以前給tjai qumaqan和tjai paling的祭品並不是放在石函中，而是放在木材做的可以移動的一對tseqelap（刀鞘）上：放置祭品後插放在家內主柱（tsukes）後面牆上的木製刀鞘叫做tjai qumaqan，插放在靠門的柱子後用黃藤綁住的木製刀鞘叫做tjai paling（如無柱子則自己設定一個靠門的位置插放），二者皆不是石函。亦即以往每個家屋內都有一對木製的小而長的tseqelap，放置給qumaqan的祭品。遇到較隆重有殺豬並準備了給qumaqan祭品的祭儀時，會將這兩個tseqelap拿下，放在祭盤邊上。以往是直接點獻祭品到tseqelap上，每點獻三次算一份祭品。點獻完給qumaqan的三份（平民家二份）後，將tseqelap插置回家屋內的牆上，算是給qumaqan的最重要的祭品。現在各家沒有做tseqelap，便以桑葉作為盤子，上面放豬骨等祭品。

古樓祭師也明白地告訴我們：在舊古樓一般平民家屋內不一定設有石函，但在祭儀創始者Qamulil家中有一個石函，裡面放置三個如同鵝卵石的神珠（zaqu nua tsemas），位於靠門柱子後的石牆上；頭目家也有石函，放置陶甕。以前各家祭盤的放置位置並不固定，但也不是放在石函中，大多放在座位（tara）上面的橫樑上。

所有舊古樓家內除了有一對放置給tjai qumaqan和tjai paling祭品的木製刀鞘tseqelap外，一定有一個男竹筒和一個女竹筒，都叫做kakiavangan，懸掛的位置多半在屋內主柱上。男的

kakiavangan是男子為獵獲物獻祭品之處，女的kakiavangan是女子為小米祭儀獻祭品之處。家內還有一個放小米種子的容器（過去是小木桶，現以鐵罐代替），叫作puvusavusaman，置於屋內最重要的柱子後面。

上述所有這些家屋內（qumaqan）放置祭品或小米種或神珠、陶甕等重要部位都不能受到污染（譬如沾到酒或香煙），否則觸犯了qumaqan會使家人生病。當女巫師在家內做祭儀的第一部分qemizing（除邪穢）時，不只為人，也為qumaqan驅除邪穢。

在前述探索祭儀「活化文本」中為qumaqan準備和分送祭品的動作時，我們最大的發現是以往獻給qumaqan的祭品是放在活動的木製刀鞘tseqelap上。換言之，qumaqan是以象徵的刀鞘，亦即保護者的形象顯現。我們還可以從建造umaq時唸的經語確定umaq（qumaqan）的保護者身分。當umaq要豎立第一個也是最重要的柱子時，要準備一份包括豬頭骨、脊椎骨、關節骨的祭品，放在主柱下，由女巫師或男祭司或自家人唸經語："ula marhu qinuai, ula marhu linaluju, ula marhu lineqeleq, ula marhu linaruvung, a inika turhu, a ika taruvativ, a ika tulipau, a urhi ka tja umaq"「願如同已用黃藤綁住、願如同已用有長刺的laluju植物阻攔、願如同已用蜜臘黏固、願如同已用有長刺的laruvung植物阻擋、使有害的絕對不敢接近umaq」。umaq建造完成時如同孩子出生後的生命儀禮一樣，要為umaq做增強靈力的祭儀（seman ruqem tua umaq），經語中唸道："avan anga tsu a urhi venekevek anga itjen,tu tja sinan alakan , tu tja sina ruqeman anga…"「就因此我們做好防禦了，已做完成為孩子的禮儀了，已經給予靈力了……」，唸經語的同時

由一位男士(一定要是男的)將一份以黃藤綁了豬頭骨、脊椎骨、關節骨與鐵片的祭品連同祭葉繫縛在umaq最高的一根橫樑(kavurungan)上，為umaq增強靈力(ruqem)，就如同為人做增強力量(papuruqem)祭儀時會把一份祭品放在人的頭上。

　　女巫師laerep說：「家(umaq/qumaqan)如同人一樣有生命(nasi)，如同人一樣有名字(ngadan)，也好像男人一樣保護家人。umaq如果沒有做取得靈力的祭儀，我們心裡會覺得不安，住在裡面好像未受到保護，如同一個孩子出生後如果沒做成為人子等成長儀禮，我們也會很擔心，好像沒受到保護」。由此看來，qumaqan(umaq)的確像laerep所說的好像是祖先(vuvu)，具體實在地在人間保護著住在其中的人和小米種子。女巫師在qumaqan的護衛下做祭儀，必先呼求qumaqan，再不斷祈求創造者和其他元老祖先們增強子孫們的靈力(ruqem)，以抵禦邪害、獲得豐盛的獵物和穀物。

　　從女巫師laerep對祭儀「活化文本」的解說中我還得到另一個重要的啟示。祭儀唸經一開頭緊接著qumaqan的是tjai sangas。laerep說tjai sangas是包括從開始(na pataqil)建這家的第一位祖先算起的歷代祖先，也包括元老經語(vavurungan)中提到的所有人物，因為古樓的第一個umaq(家)是他們創立的。換言之，在古樓的任何一個家中做祭儀，都會從這個家溯源到古樓村第一個創始家；從建立這個家的第一位祖先溯源到古樓村第一位建立家的祖先，甚至再往上溯及為人間奠立祭儀的祖先，以及透過祭儀給予家靈力(ruqem)的神靈界創造者naqemati。古樓任何一個新家都可以說是原家的分身，原家老大要幫助已婚的弟妹建新家，而每個

新家落成後都說是屬於夫妻雙方原家老大的家。古樓的家在正常狀況下最終都可以溯源到第一個家，也就是古樓村的創始頭目家。因此女巫師在頭目家或祭儀創始者lemej建立的Qamulil家內做祭儀時，使用的祭葉祭品份數較多，其主要理由是在頭目或祭儀創始者的家中多準備的祭品，可以彌補村中其他家中所做祭儀的疏漏與不足。村的創始家或祭儀創始者lemej建立的Qamulil家都具有極大的代表性，一些屬於全村性質的祭儀只需要在創始者的家中執行就可以了。

古樓兩位女巫師在為qumaqan準備祭品時，同樣是在頭目家給tjai qumaqan三份，在平民家給兩份。至於驅除邪穢祭（qemizing）時laerep在頭目家放五份，平民家放三份；muakai在頭目家放十份、平民家放五份；而第二部分穩定祭rhemasuj時laerep在頭目家放十份、平民家放五份，muakai在頭目家放五份、平民家放三份，二者的差別純粹是師承傳統不同所致，但她們都遵循在頭目家準備較多祭品的原則。祭儀第一部分驅邪穢祭（qemizing）的主要目的是祈求那些不好的(意外死亡的)不要進入家內，也要驅除人與家受到的污染和觸犯的禁忌。qemizing準備的祭品放在家門外西邊地上，是給不好的(意外死亡的)祖先。穩定祭（rhemasuj）的祭品則是拿到家門外放置於屋頂上（patje qaliu），是給經語中所有唱唸到的元老與創始以來代代正常死亡的好祖先，也包括元老經語中比較特殊的qumaqan（家）與qinalan（村）。

## 五、從qumaqan(家)到qinalan(村)

在古樓祭儀唱經的「元老」(vavurungan)段落中，qumaqan首先出來唱道："tiaken anga qumaqan"(「我就是qumaqan……」)，而最後一位出現的qinalan則透過女巫師之口表示："tiaken anga qinalan a tsineketsekan…"(「我就是已立了標誌的qinalan」)。

我們在古樓遇到有殺豬的祭儀時，可以比較清楚地看到分祭品給經語中提到的qumaqan與tjai paling，而分送祭品的人必定是女的(祭師或其助手或家中女子)。不過在古樓村最盛大的五年祭maleveq(胡台麗，1999b)中我們則發現祭儀經語中不斷提到qinalan(村)，以及與qinalan密切相連的幾個語詞。五年祭時古樓村頭目並特別殺豬為qinalan準備祭品，由該屆五年祭新卜選出來的男祭司(paraingan)和一位男性陪祭到與qinalan相連的幾個部位放置祭品。

我們反覆地從錄影帶觀看古樓五年祭女巫師以神珠(zaqu)在葫蘆上旋轉，做卜選男祭司的祭儀(pakivataq tua parhakalai)。女巫師會在這個祭儀的變換經語(patideq)中唸道："tu ka ki puarangan tu ka ki purhukuzan tu tja qinalan, tu tja vineqatsan, tu tja tsineketsekan, tu tja tsangel, tu tja qajai, tu tja parharhuvu."「我們要明白、我們要確定，要為我們的qinalan、為我們的vineqatsan、為我們的tsineketsekan、為我們的tsangel、為我們的qajai、為我們的parharhuvu送祭品的人。」

五年祭在卜選出男祭司後，接下來要殺豬做遮護qinalan(村)

的祭儀（paserem tua qinalan）。我們首先看到女巫師在頭目家排置祭葉祭品，並唸經語做本祭的除邪穢祭（qemizing）和穩定祭（rhemasuj），祈求不要讓不好的入村，然後將祭盤中的祭葉祭品按在男祭司與陪祭頭上，為他們增強靈力。女巫師唸經語時會在本祭專屬的變換經語部分重複唸那些與qinalan相連的語詞。接下來，由男祭司與陪祭編排祭葉並將豬骨和切碎的豬右邊上好的肉放在一份份葉片上，前往上述與qinalan相關的部位分送祭品。其中最大的包含豬下顎骨的一份祭品是給qinalan的tsineketsekan。我們從錄影帶中可以看到這些村的部位都有石頭標記，但不一定有石函（tavi）。例如tsineketsekan是以一塊豎立的石頭作為創立的標誌（vineqatsan a pukelang）。男祭司到達這些有石頭標誌的地方時，會先哈一口氣放下祭品，再邊唸祈語，邊以刀削骨頭或以手指彈獻碎肉。

我們發現男祭司所唸的祈語都是以「你」（sun）來稱呼這些屬於qinalan的部位。譬如男祭司來到位於村下端豎立著一塊長型石頭、前面並平放一塊石頭（椅子）的tsangel時，所唸的祈語是：“ula ki sun a na maka tsangel saka maia tu tja qinalan, tu tja kajunangan, saka na maka san ruqem saka maia, sa ka sun a na maka tsangel saka maia, saka ini su gaugaugavi la malian a paka zuazuan.”「祈願你務必墊穩我們的qinalan（村）、我們的kajunangan（土地），確實成為有ruqem（力量）的，但願你真正地能墊穩，願你絕不接受別的（不好的）侵入」。男祭司對於qajai（qinalan的綁繫部位）的祈求則是：“la na mavekevek saka maia, la nia pu tarhang,tu tja qinalan, tu marhe ka tja alak, tu marh ka tja vuvu…saka ini su parauraiti la marh ka laiarh, la qunevulan…"「但願護衛（mavekevek）我們的qinalan，我們的子孫，……但願你不讓種種傳染病及塵埃污穢通過……」。當他來到有石函（豎兩塊石頭，上面再覆蓋一塊石頭）的parharhuvu時便說："…sa su qiziqizingan tu marhe timalimali a quvalan: a vavui, a venan, a sizi, sa su paqaqepui a pa lia tapau, ula izua su si jamai…"「……但願你將不同毛髮的山豬、山鹿、山羊、推聚到近處草寮，你就會有祭獻的食物享用……」。由這段祈語可知parharhuvu具有聚集狩獵物的能力。以往男子獵獸或獵首返村時，會向parharhuvu獻祭品。至於經語中與qinalan相連的另一個語詞vineqatsan指的是qinalan中最早建立的umaq，也就是頭目的家的標記。

　　資格最老的男祭司medrang說：「我們男祭司唸的祭語也是神明祖先（tsemas）傳下的，是經常在唸、在通行的固定不變的話語jajuratan或稱為qaqaqivuan，並不是我們自己創造的」。他並提到雖然古樓後來演變成有Girhing和Tjiluvekan兩家頭目分別在做遮護村的祭儀，但是他認為屬於qinalan的tsineketsekan等五個石頭做的標記（pukekang）應該是同樣的，因為當初Girhing家頭目曾離開古樓，而由Tjiluvekan頭目家（原屬Ringetjal家）接續做祭儀。遷來新古樓後，當初離村的Girhing家後代又在村內建立新Girhing家，與Tjiluvekan家爭頭目位，兩家都不放棄執行與qinalan相關的祭儀，都在各自立的qinalan的記號處放祭品。新古樓村的tsineketsekan的石頭記號是老村長lua立的，他也是光復後第一屆五年祭的村長。原先政府規劃古樓人都遷到今日的中山路一帶（稱為tjuaqalungu），便在那塊地立了qajai和tsangal。後來發現不

夠住，不少古樓人就往下方的中正路一帶（稱為tuitsik）建家屋，便在下方也立了qajai和tsangal，但觀念上還是屬於同一個村的部位，都是為了護衛村而設立的。這樣的解釋解除了我們對「活化文本」中男祭司與陪祭前往不同的qajai和tsangal分放祭品的困惑。無論如何，新古樓qinalan最具代表性的tsineketsekan只有一個。設立與qinalan相關的五個部位時要先將豬骨埋在石頭標記下（和建立umaq主柱時所做的動作類似）；也要為qinalan的各部位做增強靈力（papuruqem）的祭儀。

當我們將初步記錄的村遮護祭儀經語向女巫師laerep請教時，她花了很長的時間為我們解釋與qinalan相連的幾個語詞，再配合男祭司到這些qinalan標記部位放祭品的「活化文本」記錄，我們終於獲得較清楚的理解。女巫師laerep說：「qinalan就好像是我們的vuvu（祖先），我們向他祈求保護。qinalan最重要的是tsineketsekan，而tsineketsekan與qajai、tsangal密切相連，有tsineketsekan就一定有qajai、tsangal，其實都很重要，是不能分開的體系。只有在五年祭時我們才到這些村的部位送祭品，因為我們不知道不好的（祖先）回來時會帶來什麼禍害，所以特別為qinalan的相連部位做祭儀，要給他們增強力量，祈求qinalan等相關部位護衛我們」。

在女巫師laerep的思考中，談到qinalan的設立，就不能不想到最早來到古樓的三兄弟中的老二lemej。lemej遇到從上方創造者naqemati那裡來的女子drengerh，並遵從她的指示，順小米梗的煙路往返數次，到神靈界的parhavarhavarh村學習祭儀。女巫師laerep會特別提醒我們注意：當初drengerh在parhavarhavarh村為

lemej準備了兩份祭品，每一份包含三種豬骨頭（頭骨、脊椎骨、關節骨），她先哈了一口氣，才叫lemej帶到人間。lemej遵照drengerh的吩咐，將一份放在他建的豬棧東邊，另一份放在西邊。過了三天，他發現豬骨變成了一公一母兩頭活豬。lemej有了豬，才有祭品做祭儀，設立了qinalan的tsineketsekan、qajai、tsangal、vineqatsan、parharhuvu，賦予他們力量（ruqem），以保護居住於村中的人。laerep認為lemej應該是只殺了一隻豬，到qinalan不同的部位獻祭品時說：「你就是tsineketsekan、你就是qajai……」，完成了qinalan的設立工作。「從經語中我們可以知道，這些部位就是qinalan的力量（ruqem），我們但願qinalan各部位的力量如同鐵、如同大力士，使有害的不敢接近」。

laerep再引用經語為我們解說：「唸經（tjautjau）的固定經語（jajuratan）中會提到a qinalan a sini tsekedr sa drumetj i Girhing a pu tjinatjasa, a pu rinuqeman i maza i qinalan（已立標記的qinalan，Girhing家的drumetj是掌權者，是很有力量的，在這qinalan）。由此可知提到qinalan時會溯及lemej的大哥drumej最先建立的家vineqatsan。因為先有drumej建立vineqatsan，lemej後來才能夠在其外圍設立tsineketsekan、tsangal、qajai等。lemej為了尊重大哥，便把qinalan的權力、力量歸給Girhing家的drumej。」

我們由此不難發現qumaqan與qinalan是相關連的存在。他們都是有靈力的護衛者、人/神格化的元老；qumaqan與qinalan像人體一樣，他們可分成有連帶性的不同部位，發揮強而有力的護衛作用，讓生存於其中的人不受邪害。可是如果qinalan的tsineketsekan等重要部位受到污染（例如吐痰、小便、煙、酒），qinalan會給予

村人病痛等處罰。

## 六、「哈一口氣」活化祭儀研究

古樓女巫師在家中做祭儀時還有一個動作經常出現，但因為這動作很快，而且並不明顯，所以一直沒有引起我特別的注意。當tjinuai根據錄影帶整理祭儀「活化文本」的經語與動作時，她會清楚地記錄：「巫師拿豬脊椎骨、用專用小刀削一點碎骨，先哈一口氣，再將骨屑放到排好的祭葉上；她再哈一口氣，把豬骨碎屑放入祭盤邊的木製水杯中」。此外，除邪穢祭(qemizing)唸完經語後，將祭葉祭品拿到門外西邊，哈一口氣放在地面；穩定祭(rhemasuj)唸或唱完經語後，女巫師將祭葉祭品拿到門外，哈一口氣後放在屋頂；增強靈力祭(kisan ruqem)時，女巫師會「哈一口氣」，然後再把祭葉祭品放在要接受靈力者的頭頂；祭儀結束時要放一份祭葉在祭盤中，哈一口氣加放豬骨粉，再將祭盤歸回原位。簡言之，「哈一口氣」(qemas)的動作普遍地出現於女巫師及男祭師把準備好的豬骨等祭品呈獻給元老祖先之前，他們都會先「哈一口氣」才將祭品放下。

當我們將記錄下的經語連同動作向女巫師請教時，laerep對於「哈一口氣」(qemas)的解釋是這樣的：「因為我們的氣(nasi)有生命、有力量，哈一口氣便是賦予生命的力量，「哈一口氣」(qemas)之後，豬骨會變成活豬。」她接著就會講起她所屬的祭儀創始者lemej創立的Qamulil家世代相傳的「真實傳說」(tjautsiker)，也就是我在前節已簡單引述過的事蹟：lemej到神靈

界學習祭儀，女神祖drengerh為他準備兩份豬骨祭品，並哈了一口氣，再讓lemej帶到人間，三天後豬骨化為活豬。如此人間才有祭品做祭儀，才能設立qumaqan、qinalan，並為出生的人做生命儀禮。

　　哈一口氣，豬骨不再是尋常的「物」，而成為具有生命與力量的活豬！古樓祭儀中準備的祭品如果沒有「哈一口氣」，就不會變成「活的」，不會具有生命的力量，也無法向生命的創始者換取（買得）力量（ruqem），以抵禦邪害、獲得獵物和穀物的福利。我逐漸體會到古樓祭儀中人與神明祖先的交換不是普通的以「物」易「物」，而是以「有生命的」交換「生命」與「力量」。

　　本文努力地想藉祭儀「活化文本」的記錄分析，以「家」與「村」為例，來顯示排灣文化中的「家」（umaq/qumaqan）和「村」（qinalan）並不能僅根據其表面結構而以「物」的角度來理解。研究者更應該注重qumaqan和qinalan本身具有的生命與力量、人格\神格化的一面。古樓村人在談到umaq/qumaqan和qinalan時也會想到最早設立umaq/qumaqan和qinalan的人，和代代在其護衛下生活於其中的人。人與護衛他的家與村是分不開的。

　　過去的研究有將排灣族的umaq/qumaqan視為「物」，而將之物化的傾向。蔣斌（1992、1995）近年來將人類學界對 "house society" 的討論成功地引入臺灣，而他所借重的主要是排灣族的家屋材料。可是在他極有啟發性的論述中，基本上是將排灣族的umaq視為「物」，他認為（1995：169-173）：「umaq所指涉的，基本上是家屋這個建築物，以及家屋座落的地點。……家名基本上是建築物的名稱……家的符號指涉的是建材。……排灣族的家屋

一旦建成，便發展出相當程度以物為主體(fetishism)的力量。」雖然蔣斌也極力尋找一些例證，以顯示「排灣族的家屋與子宮隱喻上的關聯」(1995：189-190)、「家屋在誕生生命」，但是這些資料都很間接，並無法證明排灣族的「家屋」和Roxana Waterson (1991)所例舉的一些東南亞家屋一樣，屬於"living house"(活的家屋)。

以排灣古樓為例，如果不是祭儀錄影「活化文本」經語和動作的啟示，我們很容易掉入一般人對於「家」和「村」不具人格或神格的「物化」認知陷阱，以致於無法發現排灣古樓的umaq/qumaqan是人／神格化的、是有生命、有力量的「活的」存在。若置於東南亞民族誌中作比較，排灣族有靈力、活的umaq其實在東南亞是相當普遍的現象(Waterson, 1991: 136)。我覺得在理論上特別有意義的是：為何在東南亞有許多活的umaq(南島語系社會普遍以uma稱呼家)的存在？活的umaq概念如何影響這些社會的運作？活的umaq是否一定與活的qinalan概念相連？「活的力量」的來源與性質有何差別？例如有些東南亞社會「家」的力量來自建造家屋的有靈力的樹；有些社會則是在家屋建造完成後有一種遍存於宇宙間的靈力(semangat)就會自動附著其上，使之具有生命與力量；有些是建造家屋者的生命力傳到他所建造的家屋上(Waterson, 1991: 115-137)。排灣古樓家屋的靈力(ruqem)是在獻了活的祭品給ruqem源頭的創造者後獲得，但是這ruqem的性質還待深究。例如umaq自身的ruqem和居住於其中的人的ruqem以及和埋於家中正常死亡者的ruqem，還有和儲藏於家中的小米的ruqem有怎樣的關係？今後我們希望藉助古樓生命儀禮及農耕儀

禮的「活化文本」以獲得較深刻而清晰的理解。

　　在整理古樓祭儀「活化文本」資料的過程中，漢語翻譯是很嚴重的問題，很容易就將我們導入自身文化對「家」與「村」的認知中，而與排灣族的觀念脫節。例如我覺得如果資料顯示排灣族的umaq為一個人格化的存在，而我們將umaq只譯為「家屋」，可能予人強調家的建築材料及結構的「物化」印象，所以在許多時候我偏向選用「家」這個比較沒有「物」的指涉的字詞來稱呼umaq/qumaqan。當我翻譯tjai qumaqan與tjai paling時，用「家靠內部位」與「家靠門部位」來指稱，而不單純看成一個位置或處所。同樣的，我在斟酌之後將qinalan譯為「村」，而屬於qinalan的tsineketsekan、tsangal、qajai等暫譯為「村的立標誌部位」、「墊村部位」、「繫村部位」。雖然這些翻譯還不是很恰當（最好是用拼音不要翻譯），但希望盡量減低「物化」的意涵。在排灣語中當一個詞最後出現"an"時，可以指稱人、地、物、時間、方法等，而qumaqan與qinalan比較接近「人」（神），包含了不同的部位。當然qumaqan和qinalan的存在也佔據了空間，而且是一個較固定的、緊密護衛的空間，不容許邪害者侵入。

　　就像「哈一口氣」將豬骨化為活豬，我在本文企圖以排灣古樓祭儀為例，來說明錄影「活化文本」的記錄與分析可能使原本看似尋常的「物」活化起來，也希望能夠活化我們對一些問題的思考，並藉以檢討以往主要靠報導人片面之詞拼湊起來的概念，以增加我們對臺灣田野的認知。目前臺灣原住民田野中仍然保存著一些語言與動作皆豐富的祭儀，有待細密記錄與分析。我在卑南族南王村短暫的田野逗留期間，以錄影機拍攝祭儀，並請當地

人根據錄影帶翻譯了一小部分經語。結果發現如果不研究經語和動作，就會像洪秀桂(1976)一樣，把卑南族一些成對同義的概念切成兩個，誤以為是不同的「神祖」。而成對同義的經語(paired words / dyadic "ritual speech")與概念在東印度尼西亞社會是很普遍而凸顯的特質(James J. Fox, ed., 1988; Joel C. Kuipers, 1990)，臺灣的資料如經仔細的記錄與分析，可以與之比較，並提出有意義的理論探討。另外在布農族，徐韶仁(1987)對治療儀禮很感興趣，請祭師表演性地重塑經語和動作，根據錄影、錄音記錄，作了部分「活化文本」的記錄與分析。她描述「成巫儀式」pistahu(1987：41-43)一開始「師傅起身到門口前，面朝外，右手持六支芒草padan直立舉起，面朝向天，祈求天給予力量，幫助儀式的進行，其經文是：老天(dihanin)、先人請下來看看我們，我們現在在你面前呼求，我們現在等待著你，請你特別照顧我們，我們想要得到你的話，我們召請你到我們手中的芒草上。天(dihanin)啊！請用你的愛心來幫助我們……。徐韶仁根據經語，認為人是被天(dihanin)所養，天讓人活著，天是宇宙至高的神，他給予人一切。徐韶仁(1989：117)同時也記載對於精靈(hanitu)的祭語，例如「小米初收祭」時祭師啜一口酒灑在祭葉上，右手拿祭豬右肩胛骨串成的祭器，左手握祭葉，將二者接觸上下晃動，並對小米(的精靈hanitu)唸祈語：「小米增加吧，希望我們收穫時能夠豐收，我們吃時能夠滿足，我們重新種的小米活起來吧！……」。丘其謙(1964：76-77)也記載了一些布農族卡社群的巫師唸的經語，呼求dekanen(天)將hanitu(鬼靈)趕走，將hanitu做的壞事去掉，使它變好。雖然他們的記錄不是很完整，但由此讓我們對黃應貴(1992：285)所

引用的馬淵東一(1974)的觀點：「布農族獨特的精靈信仰和巫術居較優越的地位，天的觀念在他們的信仰和宗教儀式裡並不扮演任何重要的角色」，以及黃應貴所作的推論(1992：289)：「整個來說，就傳統布農人而言，dehanin是指天或代表天之個別特殊能力的各種天體與天象的總稱。由於祂不是主動的，除了災難之時，大部分的布農人在日常生活中，並不特別注意祂」的說法產生懷疑。馬淵東一與黃應貴雖然都是研究布農族的重要人類學者，但是很可能由於他們沒有將注意力置於傳統祭儀的經語與動作之分析，而低估了「天」在布農族傳統信仰體系中的重要性。布農族傳統的「天」的觀念自然會影響他們對西方宗教的接受與詮釋，以及其他現代生活面的調適。原住民社會傳統觀念究竟為何？我以為在可能的狀況下，應該盡量從祭儀的「活化文本」中去尋找，因為畢竟祭儀的語言與動作是該民族長期以來的文化結晶，以固定的形式呈現，是傳統文化的根，是現世與神靈界的聯繫，為該族群求取最大的福利。

　　當然祭儀研究還可以從不同角度切入，而「活化文本」的探究也不應僅限於祭儀語言與動作，它還包括相關連的日常語言、動作與人物事件；而錄影「活化文本」有時也無法涵蓋更廣闊或更內隱的社會情境和心理狀態。不過若要探討傳統文化的基本概念及其變遷，祭儀的經語和動作可能蘊含的豐富訊息是絕對沒有理由忽視的。

　　現代的錄影機如同「哈一口氣」般神奇，將祭儀的語言及動作栩栩如生地攝錄下來，提供研究者前所未有的機會，將生氣盎然的祭儀經語與動作完整地記錄，然後再逐句、逐個動作

地探索其意義。在某些文化中可能針對祭語的「內文本化」
(entextualization)來加以探索會比較有意義(Tambiah, 1985; Joel
Kuipers, 1990),而在其他文化中則必須與文化脈絡聯繫在一起探
討。無論以何種方式探索,錄影機的使用都可以為傳統的田野方
法注入活力,讓活的語言與動作完整地保存下來,供反覆觀看分
析,亦即在更精確細密的資料基礎上建立起人類學的知識。此
外,我們所攝錄的祭儀「活化文本」並不一定要停留於毛片的狀
態,也可以根據我們的研究加以剪輯,與文字記錄分析一起發
表,使得文字報告在與記錄影片結合之後能夠活化起來,不再只
是抽象的、概念性的思考。我同意Peter Loizos(1992b: 64)所說的:
我們可藉多元方式達到觀念的理解,而影片在多元方式中有其特
殊的價值。我在這篇文章中以排灣古樓祭儀的錄影「活化文本」
為例,希望能支持影像的記錄分析對文化理解有其獨特價值的看
法。

第六章
# 排灣族的影像展演與在地美感[*]

　　在 *Ethnographic Film Aesthetics and Narrative Traditions* (Crawford & Simonsen, 1992)一書中，有若干篇章討論到西方影片的美學與特定文化對美的認知之關聯性。Christopher Pinney (1992)的文章便顯現不同文化對視覺形式(visual forms)與「真實」會有不同的認知與詮釋。在印度，他發現數量極多的通俗電影與照片看起來似乎不符合西方寫實主義中對「真實」的定義，例如影像經常以複製、拼貼或疊影等方式並置在同一畫面而未呈現時空的一致性，但絕不表示它們是比較不「真實」的。他指出印度

* 本文原發表於2008中研院民族所出版之《寬容的人類學精神——劉斌雄先生紀念論文集》。本文的完成要特別感謝柯惠譯(Tjinuai Kaleradan)女士協助部分資料的收集與排灣語的翻譯，謹此致上誠摯的謝意。根據本文改寫的 "The Camera is Working: Paiwan Aesthetics and Performances" 已刊載於Pamela J. Stewart and Andrew Strathern(2005)所編的*Exprssive Genres and Historical Change*一書中。劉斌雄先生擔任民族所所長期間給予視覺人類學極大的支持，本文作者才得以完成第一部民族誌影片「神祖之靈歸來：排灣族五年祭」(1984)。謹以此文向劉先生表達最深的感念與哀思。

的照片和影片有意地建構平行並置的世界，其中沒有一方比另一方更「真實」，這是因為印度並沒有一個支配性的、寫實主義的敘述傳統，而其影像呈現方式係與其自身較古老的美學傳統相契合。Peter Loizos(1992a)在該書中也特別提及「在地美感(學)」(local aesthetics)。他認為影片雖然是紀錄不同美學形式的有利媒介，能夠呈現出比書寫民族誌更豐富而複雜的語言與身體的展演，但是以Raymond Firth研究的Tikopia歌謠為例，我們會發現：在地的美感知識如未經過研究者的適切溝通與說明，係處於不透明的狀態，外人無法窺其堂奧。因此，我以為民族誌影片蘊含且有待闡明的是該文化成員的影像展演與在地美感。Peter I. Crawford(1992)則提出一個令人極感興趣的問題：是否某種影片型態或影片技巧特別與某種社會文化型態相適相容？例如他在分析 Grass(Cooper & Schoedsack, 1925)這部紀錄游牧生活的影片時，察覺到游牧文化內在的敘述美學對影片的呈現方式有相當影響。

著名的民族誌紀錄影片導演David MacDougall(1992, 1995)對這樣的問題有更切身的體會。MacDougall意識到他在東非之能夠成功地以「觀察性紀錄片」(observational documentary)的形式拍片(例如較為人所熟知的影片 To Live with Herds, Lorang's Way, The Wedding Camels, and A Wife among Wives)，是因為東非部族的Jie與Turkana人能夠非常自然而輕易地面對鏡頭說出與主題相關的話。但當MacDougall在澳洲拍片時，則無法在攝影機、拍攝者與被攝的當地人之間產生類似在東非的關係。我要特別說明的是當本文提到「觀察性紀錄片」(observational documentary)或稱「直接電影」(direct cinema)時，指涉的是紀錄片學者例如Bill

Nichol(1991, 2001)所歸類的特殊類型與呈現模式，其特性為強調拍攝者的儘量隱形(invisibility)與不介入(nonintervention)，而被攝者幾乎不感覺攝影機的存在，不刻意面對鏡頭作言行反應。

　　根據我這些年來拍攝民族誌紀錄片的經驗(胡台麗，1984、1988、1993、1997、2000)，越來越讓我思考被攝文化的美感認知如何在影片中呈現的問題。特別是最近完成的十六釐米紀錄片《愛戀排灣笛》(2000)，無論是在拍攝過程或公開放映期間，被攝的排灣族人和各類型觀眾的反應，都促使我對排灣文化的影像展演與在地美感作進一步的探討。我在本文討論排灣族人對美的偏好與認知時傾向以較不受西方學術定義影響的「美感」一詞取代「美學」。本文將從《愛戀排灣笛》民族誌影片的觀察出發，然後擴及若干其他排灣族的影像展演現象，期望發掘並解釋排灣族人在參與影片拍攝(無論是被攝、自己持攝影機拍攝或參與影片編導)時的特殊表現與美感認知。我也想問：排灣族的在地美感與西方傳統下的紀錄片美學間產生了怎樣的關聯性？

## 一、《愛戀排灣笛》的真實

　　《愛戀排灣笛》這部紀錄片由四個段落構成，每個段落呈現一種排灣族鼻笛、口笛吹奏系統，並以一位最具代表性的吹奏者為該段落的描述中心。這四種系統為：雙管鼻笛系統、雙管口笛系統、單管五孔口笛系統、單管七孔口笛系統。我所選取的最具代表性的吹奏者雖住在不同的村落，但對於鼻笛、口笛都有極為深刻的情感，他們的身世、個性、生命情調和情感表達都和笛子

的吹奏緊密地交織在一起。影片的每個段落將各個代表人物置於排灣文化所呈現的美感與情感經驗中，企圖將排灣族特別強調的哀思情感與美感透過笛子吹奏者的詮釋、生活中的對談、部落中的儀式、古老傳說的吟唱、美麗衣飾的展示等表現出來。百步蛇、陶壺、太陽、熊鷹羽毛分別為各段落情感與美感的象徵。

　　我於2000年2月完成《愛戀排灣笛》影片的毛片初剪後，先請中研院民族學研究所的幾位同事觀看，聽取他們的修正意見。當時蔣斌就提到：影片中的人物在某些時候似乎穿得太正式、太美麗了，不像是日常生活的自然呈現。其中有幾個鏡頭看起來特別不自然，例如Padain村的頭目tsegav（家名Tjarhulaiaz）在大武山舊居前吹口笛時居然全套盛裝，包括熊鷹羽毛頭飾，太隆重了！另外像古樓村的老村長tsujui（家名Tjakisuvung）砍竹子製作笛子時穿的服裝太新了，一點也不像在工作中的樣子，而當他拿起笛子吹奏時，頭上又出現一頂繪有紋樣的皮帽，感覺有點突兀。還有當大社村吹奏雙管口笛的pairhang（家名Pavavalung）與妻子在家中交談時，兩人穿戴的服飾也超出我們對日常家居服的認知；吹奏雙管鼻笛的rhemaliz（家名Tjuvelerem）在石板屋中聽妻子吟唱頭目去世時的哭調時，兩人也是全套盛裝出現在鏡頭前；吹奏單管七孔口笛的kapang（家名Tariu），在拍攝尋訪昔日女友和吹笛、談情鏡頭時，都特意穿上傳統服飾。類似這樣的畫面在全片中出現的還真不少，因此蔣斌建議我在片子一開始時要有字幕對此現象加以說明，否則觀眾會懷疑是不是導演為了追求畫面的美麗而刻意作此「不自然」的安排。我認為簡單的幾行字幕並無法將此現象解釋清楚，也怕增加觀眾觀影時的負擔，而沒有接受蔣

斌在影片起始時作說明的建議。不出所料,在三月三十一日民族學研究所的台北首映會上,陳耀圻導演也問道:「我看到排灣族的朋友在這部影片裡面比較是以盛裝顯現,不知道是不是影片特意的安排?」之後這問題在許多場次的放映後討論中不斷地出現。還有一個觀眾常提出的問題是:《愛戀排灣笛》中的人物在影片中有許多對談(甚至出現打情罵俏的鏡頭),很像劇情片,有沒有經過劇本排演?這些都牽涉到紀錄片美學中對於「真實」呈現的看法。

　　Bill Nichols(1991)提出四類紀錄片表現模式[1]:說明性(expository)、觀察性(observational)、互動性(interactive)與反思性(reflexive),而每一類模式具有某些特殊的美學意涵,並在倫理上面臨不同的挑戰與限制。紀錄片攝製者有關鏡位、敘述方式、場景(當然包括被攝者的身體服飾)等的選擇都會影響被攝者的形象,當然也涉及倫理、政治與美學等問題。前三種模式呈現的「真實」很少遭到觀眾懷疑,但第四種模式則挑戰一般人對「真實」的認定。《愛戀排灣笛》影片中經常出現的美麗盛裝與那些談情說愛的片段,一方面吸引了觀眾的注意力,另方面則令觀者質疑:這部片子是否經過導演刻意的操弄,而扭曲、誇大了某部分的「真實」?這部影片所反映的是拍攝者的美學偏好,還是排灣族人本身的美感認知?我無意迴避這些很有意思的問題,將嘗試在本文中作較深入的剖析。

---

1　雖然Bill Nichols於2001年在*Introduction to Documentary*一書中將四類模式修改為六類(增加the poetic mode 和the performative mode),但筆者認為另二類還未發展成熟,故還是採用四類模式的分類。

　　首先，我們應該檢視這些盛裝鏡頭的拍攝情境與文化脈絡。事實上，排灣笛吹奏者和其家人在日常生活中並沒有穿上盛裝，而是在遇到慶典和特殊活動時才會穿戴上有傳統圖紋的服飾。事實上排灣族人的「盛裝」概念與意涵也有別於其他文化的「盛裝」，我將在後文有進一步的論述。

　　作為一位民族誌紀錄片工作者，我一向很反對那些為拍攝而特意修飾的鏡頭。我比較欣賞Bill Nichols等人所定義的觀察性紀錄片（observational documentary）的拍攝法，讓攝影機和拍攝者近乎隱形地捕捉被攝者在最自然狀況下不刻意面對鏡頭的生活畫面。在過去拍攝的紀錄片中，我絕對不會要求被攝者換上盛裝，以求畫面的美觀；而被攝者雖然有時也會希望穿戴得比較漂亮出現在鏡頭中，但有盛裝意識的被攝者比例並不高。因此在拍攝《愛戀排灣笛》期間，當排灣族的被攝者幾乎一致性地非常刻意與主動地換上有特殊傳統紋樣的盛裝時，老實說，我真有點不知所措。例如，我眼見古樓村的tsujui很慎重地穿戴上傳統服飾，準備砍竹製笛時，雖然感覺工作中如此穿戴很不對勁，但最多只能要求他把鹿皮帽取下，而不敢掃他的興叫他換上普通工作服。等砍完竹子，我們接著要拍tsujui吹奏笛子的鏡頭，他再度把鹿皮帽戴上。我除了尊重他的意願外，還能做什麼讓鏡頭顯得較「自然」？再以Padain村的頭目tsegav在大武山前盛裝吹笛的鏡頭為例：我們夜間出發，在tsegav帶領下來到大武山區，要拍攝被視為神靈的太陽由大武山升起的景象。tsegav先為我們指出對面半山腰的Padain舊居位置，他然後穿戴上標示頭目身分的服飾與熊鷹羽毛，開始講述salavan女神隨太陽而出創造世間萬物的傳說，並在

晨曦中吹奏起哀思的古調。在那種情境中我並不覺得他穿戴得那
樣隆重有任何不自然之處。至於吹奏雙管鼻笛的rhemaliz傾聽妻
子吟唱頭目去世時的哭調的場景，確實是經過特別的安排。當時
並沒有頭目死亡的事件，而是當我聽說雙管鼻笛聲與喪禮時的泣
訴吟唱聲類似，才要求會吟唱泣訴調的rhemaliz的妻子在石板屋
中演唱。那晚夫妻兩人主動穿上有傳統紋樣的盛裝，雖說是「表
演」，但當吟唱調一起，兩人都觸動了心事，熱淚盈眶，自然得
完全沒有演出的感覺。還有，我們在古樓村拍攝擅長吹口笛的
kapang和他昔日的男女朋友聚會的場景時，他們也是自動穿戴上
傳統服飾，自導自演起來，根本不勞我這個「導演」費心。這些
出現次數極為頻繁的排灣族盛裝展演，讓我意識到有特殊的在地
美感與文化需求在其後主導。

　　我還記得第一次帶攝影人員到吹奏雙管口笛的pairhang家拜
訪並試拍時，pairhang的妻子剛從後院採芋頭回來，邊切除芋頭
的根部，邊與丈夫聊天。她看到攝影機的鏡頭對著他們，便說：
「我們都沒有準備，要講什麼？」pairhang揶揄她說：「我就是
佩服妳這點，老師說要來拍攝，我會去穿上這件（有紋樣的）衣
服，而妳竟然穿著這雙雨鞋！」之後我們繼續在他們家拍攝時，
我發現pairhang的妻子一定會穿戴上漂亮的服飾再與丈夫聊天。
的確，我很難叫他們穿得隨便一點以符合觀察性紀錄片攝製者對
於「真實」、「自然」的要求。

　　若和我以往拍攝過的漢族和其他臺灣原住民族群相較，我在
排灣族的影片攝製經驗除了顯現排灣族人有以傳統紋樣作盛裝
表現外，並發現除非是在祭儀中有觸犯神靈的顧忌，排灣族人大

多數在面對攝影機時很能夠「演」，並享受自編自演的樂趣。《愛
戀排灣笛》的攝影師李中旺有近20年的攝錄影經驗，他表示：

　　拍攝排灣族和我拍攝泰雅族比較，有很大的差異。泰雅族傳
統的文化差不多都流失了。在排灣族拍攝會感覺走入不同情調的
地方，他們很注意生活中美術的情趣，也反映在房屋與衣飾的裝
飾上。面對鏡頭時泰雅族即使很熟，會說：不要再拍我了！但在
排灣族沒有這樣的狀況。他們面對攝影機非常自然，夫妻、父子、
朋友會在我們要求下，在一組攝影人面前就某一議題那麼自在地
演起來，讓我很驚訝。

　　為什麼排灣族面對攝影機會有這樣的反應？還有沒有別的
例子支持我們這樣的論斷？服飾與場景的影像背後，有無特殊的
文化邏輯與在地美感支撐？

## 二、影像接觸：從照相到錄影

　　排灣族人是在日據時代接觸到照相寫真（siasing），光復後則
隨著外界影音科技的變化，與錄影的關係日益緊密。他們從最初
的害怕與排拒，轉變為日後的喜愛和接受，並於1980年代中期起
在許多排灣村落中產生專業和兼業的在地錄影師。以下古樓村報
導人laerep（家名Pasasaev）的敘述具有相當的代表性：

　　　　從前老人家說：「不要照相，我們的神魂（tsemas）會被
　　　　取走，會很快死。」老人家不喜歡照相。日據末我的阿
　　　　姨sauniau有照相，那是因為日本人挑選頭目階級的男女

代表，一定要他們拍照。sauniau的面貌和做人都非常美好，好像*mirimiringan*（虛構傳說）中的人物。她穿起盛裝時，古樓村沒有人可以和她相比，是公認的美女。我保有她的照片。

我房間牆上掛的照片都是光復後照的。在我晉升為女巫師後，我先生建議我邀師傅到潮州照相館拍紀念照。我的長子lua和長女sauniau成長為青年時，我也帶他們到潮州照相。我當時的想法是：我希望以後還能看到他們年輕成長時期的樣貌，也表示我們對他們成長的喜悅與珍惜。你們看，lua現在變太多了！如果沒有這張照片，你無法想像他年輕時是如此清秀苗條。

長子lua過去有一段時間在台北教書。我去看望他時，第一次看到會動的像（電視）。有一回，別人來訪問他，結果他也出現在電視中。目前古樓村舉辦結婚、服兵役和新居落成的活動時，很流行花很貴的錢請人錄影。大家喜歡看到自己在銀幕中跳舞。我也很喜歡看排灣族整齊的舞隊，可以欣賞人們的服飾，看到各式各樣繡的紋樣，並聽到金屬綴飾的悅耳聲響。我們最傷心的是在銀幕中看見已過世的人還在歌舞、說話，大家都會流淚。我們會說：啊咦—多麼令人哀傷思念啊！好像還活著一樣！（*a-i-- mapaura itjen! matu valualut anan!*）

照相（*siasing*）和影片（*iga*）中出現的是哀思的形貌（*kinatsautsauan tja paurauran*），和所有雕刻和刺繡的紋樣（*vetsik/vintsikan*）一樣，都會令人哀傷思念（*paurauran/*

kinisingeringeritan）。攝影時我們喜歡穿戴整套的服裝飾物（araarang）。araarang是指特殊場合（例如婚禮、祭典、服兵役宴會等）穿戴的盛裝，包括有繡紋的頭飾（女纏髮巾稱為tarharh；男用頭環稱為velangau）和有繡紋的衣服、裙子及綁腿（通稱為situngan或kava），以及色彩紋樣突出的琉璃珠等。平時穿戴的服飾上面沒有紋樣；盛裝araarang的服飾上則有紋樣（vetsik/vintsikan）。也就是說紋樣的有無是區辨日常服飾和盛裝的標準。我們穿盛裝的照片因為有紋樣，掛在家中就好像是有傳統紋樣的雕刻，成為家屋的盛裝（sinipakiararang tua umaq），也是可供哀思的紀念物（paurauran）。

　　以上的敘述給予我許多啟發。我們若將照片或錄影和排灣傳統文化極為喜愛和重視的某些特殊紋飾（vetsik/vintsikan）以及哀思情感與美感相連結，似乎就能相當程度地理解排灣文化的影像展演。這部分我將在提供更多排灣族人參與影像攝製的資料後，作進一步的解析。

　　從靜態的照片到動態的錄影，近十餘年來排灣村落中出現不少專職或兼職的錄影工作者。他們投資買了接近專業的錄影機，成立錄影工作室，職業性地接案子，為族人的婚禮、新居落成、慶生宴、入伍宴等錄影。我走過許多不同族群的臺灣原住民村落，但只有在排灣族發現可以長期靠錄影維生的在地錄影師。一般來說，排灣族人錄影的需求相當高，村落中的錄影師的收入頗豐，有能力不斷更新錄影機。我訪問了幾位已從事十幾年專業或

兼業錄影工作的排灣族錄影先驅，想從他們長期的體驗中瞭解：
為什麼排灣族人這麼需要和喜愛錄影？當排灣人拿起錄影機拍
攝本族人時，有沒有特殊的觀察、考量和選擇？

　　來義鄉古樓村的lakuang（家名Tjuagadu）是排灣族最早自購
錄影機的幾位專業錄影師之一。他如此描述進入錄影業的經歷：

> 我原來在高雄煉油廠做油漆工，收入不錯。民國73年五
> 年祭期間，廣電基金的《青山春曉》節目到古樓村來錄
> 影，我很有興趣地在旁觀看。那時平地有許多人從事錄
> 影，而排灣族還沒有人拍。民國74年左右，我以8萬元
> 買了一部Sony的錄影機。我在來義鄉、泰武鄉、春日鄉
> 等地為族人錄影，大部分是拍婚禮，忙都忙不過來。那
> 時每個月只休息10天，每次錄影收費7000元。民國77
> 年，同村的paupu和隔壁南和村的valeruk也買了錄影
> 機，而我以3萬元在高雄添購一部國際牌的剪接機，可
> 以上字幕。從此錄影變成我的專業，偶爾做一點油漆
> 工。後來排灣村落越來越多人買錄影機，古樓村就有3
> 人，而來義鄉共有十幾人在拍。錄影的收入是我的主收
> 入。我一共換過六部機器，最近這台國際牌VHS錄影機
> 是三年前以12萬元買的。目前因錄影的人太多，生意沒
> 有以前那麼好。
>
> 我拍攝婚禮時有些部分要特別注意。例如介紹新郎、新
> 娘家族史（tjemautsiker tua kinatsemekelan）時要全部拍，
> 不能有所遺漏；雙方親戚依序以連杯由相同輩份者共飲

時很重要，他們會指點我一定要拍；跳舞時要拍得非常
仔細，他們想看自己穿戴山地服飾盛裝的樣子；婚禮時
男方給女方的禮物（*risi*）包括飾物必須拍得很清楚，要讓
男方滿意；我有空時還會拍新郎、新娘家中掛的裝飾
品，那是家屋的盛裝（*sinipuaraarang tua umaq*），是這個
家認為很有價值的東西。

婚禮之外，族人還請我拍家屋落成禮、嬰兒滿月聚會、
老人慶生會、入伍增強靈力儀式和舞宴、家族口述史與
家產的紀錄、還有人連收割小米也要拍。但是喪事拍得
很少，是自己的親戚才去拍，因為看喪禮會太感傷。排
灣族人很喜歡拍照，很愛看自己在電視銀幕上跳舞的樣
子。他們都喜歡穿山地衣服被拍，沒穿漂亮的服飾時不
敢拍照、錄影。有時我把拍過的錄影帶拿到屏東地區的
第四台去放，族人會欣賞自己，也會批評某人沒穿山地
服飾。如果沒穿漂亮的山地衣服而被拍到，他們會罵
我。排灣族人喜歡拍照和錄影是希望為子孫留下可供哀
思之物（*sipapupaurauran tua vuvu tua alak*）。

來義鄉另一位排灣族兼業錄影工作者paupu（家名Parhigurh，
原是古樓村人，婚後在義林村的妻家居住）是一位國小老師，他
利用晚上和假日從事錄影工作。他進入錄影行業的經歷如下：

學生時代我就很喜歡拍照。我從民國73、74年起接觸錄
影機。古樓村的朋友lakuang自購錄影機時，我幫他看說

明書，一起操作。後來潮州有位朋友的中古錄影機要出
售，我哥哥說既然這麼多人喜歡被拍，你就買下吧，可
以做業餘的。lakuang和我是來義鄉最早從事錄影的人。
這裡的排灣族人的確很喜歡看自己的影像。剛開始時老
人家有一種觀念，怕神魂(*tsemas*)被吸走，但現在都很
喜愛了。我有拍豐年祭、五年祭等祭典，拍得最多的是
婚禮，還有新居落成和服兵役等。到目前為止我已拍了
數百卷，換了4台錄影機。最新的這台(Sony鏡頭，Toshiba
機身，型號是BCC200)是民國80年買的，連腳架共20萬
元。那時生意真的不錯(一個月平均8-10場，每場7000-
10000元，有一年過年期間一個月攝錄20場)，是高峰
期，自己忙不過來，便在民國80-84年間請古樓村的ilau
當助手，我有課的時候就叫他去拍。後來ilau(家名
Tjakuravu)也買了機器，成為古樓村的專業錄影師。我
有買國際牌的剪輯機，換過兩部，但都不能做特效。不
過老人家並不喜歡看特效。其實我攝影的同時就在剪輯
了，我清楚人家要什麼樣的畫面，不會浪費帶子。片頭
片尾字幕在潮州的一家錄影社做。我還教了好多位國小
的排灣族老師錄影，變成他們的副業。

為什麼大多數排灣族人都喜歡錄影？老人家喜歡被拍
的原因是希望以後兒孫還會記得他。果然，有的人在父
母過世後會來我這裡尋找有他們父母影像的錄影帶，並
要求轉拷一卷作紀念。我們族人非常重視親戚關係，雇
主可從錄影畫面得知有哪些親戚來參與宴會。你如果沒

有被拍到，就好像沒有出席一樣。因此我錄影時會很注意有沒有錄到所有的來賓，尤其是跳山地舞時內外圈的人都要拍到，不能遺漏。我拍攝前必定先聽雇主的意見，他們會告訴我哪些一定要拍。剛開始接案子為人錄影時，我還會在被攝者沒注意的時候捕捉一些我認為有趣的動作，例如喜宴後包剩菜，但他們看了很不高興。族人被拍攝時希望自己從頭到腳的服飾和儀態都很完整而正式（*namapaqurid a rhinavan*）。

泰武鄉平和村的ranpau（家名Mavaliv）也是排灣村落中的資深專業錄影工作者。他在排灣社會有相當豐富的錄影經驗，也有獨到的觀察和見解：

我年輕時就喜歡拍照，但從來沒想到後來會從事攝影這個行業。二十幾年前平和村種木薯，幾年後沒落了，我就跟著村人投入興盛的建築業，跑遍全省。民國70年左右我到了台北市，白天做板模工，晚上在台視參加郎靜山和錢浩辦的的攝影短期訓練班，有人像、廣告、錄影基礎班等課程。學了一年，因母親生病而返家。後來結了婚，等孩子一出生，我又去錢浩那裡學四個月攝影。民國72年，我在屏東老埤租一間房子開照相館，到來義、泰武、瑪家接案子，並在婚禮時拍照片。大約是民國75年，我向武潭互助社借錢買了一部錄影機（JVC500），從照相轉為錄影。那時排灣族已經有人在錄影了，除了

來義鄉的lakuang，瑪家鄉排灣村有位大學畢業的村幹事
比lakuang還早拍，但在轉為民眾日報主編後停止錄影。
我們從潮州平地人開的文明照相館、青青錄影社、美德
傳播公司等處獲得許多新知。至今我已換了5台錄影
機，現在用的這台（JVC277c）換了3年了。我拍攝婚禮、
慶生壽宴、慶典、教會活動、機關簡報等。錄一場婚禮
收費10000元。我自己有剪接機，用電腦做片頭，片尾
則在潮州的「青青錄影社」做。泰武鄉只有我一位專業
錄影師，瑪家鄉、三地鄉和來義鄉都有好多位。
我認為錄影最重要的還是自己的概念。我們排灣族面對
攝影機的反應和漢人不同。我也拍過漢人的喜宴，許多
賓客會說：為什麼要拍我？排灣族人就不是如此，很容
易面對鏡頭。他一看到你拿著錄影機，就會顯現出最漂
亮而自然的表情（*sanguanguaq*），懂得向攝影機打招
呼，會讓你拍到你需要的表情。就算是有的人很害羞，
但還是很喜歡被拍，很少有人表示「不要拍我！」
我錄影很認真，不會漏拍一個親戚。婚禮時哪些是家
人，哪些是親戚、哪些是頭目，我的鏡頭都會交待得很
清楚。主人會很高興看到重要的人都來了。我不會只拍
新郎、新娘，那些在動、在忙的人例如做招待的和收禮
的，都是主人較近的親戚，必須要拍。跳舞時和敬酒時
所有來賓都要拍到。我發覺新郎、新娘敬酒的時候因為
面對所有親友，顯得最漂亮。排灣族人都認同在婚禮等
熱鬧場合應該很漂亮，要把衣服穿到最好。目前平地婚

禮已很少人錄影，但在排灣族還是很興盛。族人花錢請人錄影最主要的目的是保存，希望作為永遠的紀念。

排灣族人並不喜歡平地人來錄影，因為平地人不懂我們的習俗，不知道重點。例如盛裝跳傳統山地舞時我會連續拍兩個小時，因為很耐看；有廣角的、全身的、半身的、特寫的、用固定腳架拍的、用肩扛走動方式拍的各種鏡頭。扛錄影機拍雖然比較累，但人的表情會出來。我是關心文化的人，希望保存排灣族原有的實實在在的文化。我錄影的時候會有所選擇，因為我錄下來的後代會看到、會拿來做參考。譬如泰武鄉的婚禮要立鞦韆，現在人會用 *tolaku*（貨車）、鷹架來立鞦韆。我錄影時會很小心，不讓鏡頭中出現 *tolaku* 和鷹架。還有一次泰武頭目的孩子結婚要砍木材、立鞦韆。如依照傳統，應該只有男孩子去砍木材，結果女孩子都跟去了，違背了文化。我看了很不高興，刻意不拍那些年輕倒酒的女孩。因為和雇主有點親戚的關係，所以我敢得罪。主人原來很生氣，問我為何不拍，但在給錢時卻說：「謝謝你，以前的習俗確實是如此。」還有，剪接時我喜歡消去現場音，配上很乾淨、很傳統的音樂。

以上三位資深的排灣族錄影師都一致認為排灣族人特別喜歡拍照和錄影，喜歡看自己穿有傳統紋樣的盛裝跳舞的樣子，而錄影的最主要目的是為子孫留下哀思紀念之物。往昔只有頭目有漂亮的盛裝，而今日排灣社會較開放且經濟力提升後人人以頭目

階層的盛裝為仿效對象(但仍可從某些專屬的紋飾設計分辨出頭目階層),使得藉照相和錄影留下盛裝影像的需求日益增加,足以維繫相當數量的在地專業及兼業影像工作者。

## 三、撒古流的電影經驗

北排灣大社村的sakuriu(家名Pavavalung)是排灣族年輕一代中極優秀的藝師和文化工作者。他成功地研發製造排灣族古陶壺的方法,也從事木雕、石雕和鐵雕,並致力於排灣文化的發揚和創新。他早年曾協助人類學者蔣斌收集田野資料,也幫助公共電視《青山春曉》、《高山之旅》、《山地快樂兒童》等影集中某些排灣族單元的錄影攝製。近年則和多面向工作室合作,完成兩部十六釐米的紀錄影片:《排灣人撒古流》(1994,李道明導演),以及《末代頭目》(1999,李道明、撒古流合導)。李道明表示他拍排灣族人的日常生活,做工、吃飯等,完全沒想到要對方穿什麼。他注意到大社頭目只有去參加婚禮、豐年節和正式的研討會時才穿上傳統服飾。至於撒古流則是去某些場合時會穿得很正式,平時訪問時都穿普通服裝。林建享是拍攝《排灣人撒古流》全片以及《末代頭目》大部分影片的攝影師,他也擔任公視《永遠的部落》影集中以撒古流為主角的單元《重塑祖先的榮耀》的導演。他的觀察是:

> 排灣族人特別是長一輩的面對鏡頭時會特別注意自己的形象,不會躲避,穩重而祥和。他們也很好溝通,在

說明之後和攝影者的互動情況良好。排灣族人很清楚地
知道要被看,尤其是貴族十分在意裝扮。排灣族人在被
攝前大多會問:「我這樣穿好不好?」他們的穿著會反
映場合和氣氛。拍攝撒古流時他有在想要給別人看什
麼,極力要呈現他的民族和他的心。豐年節時他會盛
裝,平時穿著比較自在而隨性,但身上一定有一些排灣
圖紋和標誌物(例如揹帶和佩刀)。《末代頭目》中的那
位頭目kui平時常披上有圖紋的背心,當他去參加文化研
討會和婚禮時有盛裝,至少會戴上頭目專屬的鷹羽頭
飾。我發現拍攝排灣族和鄒族有些不同。鄒族人很酷,
有一種威嚴,一開始時都不太講話,溝通時間要久一
點。但一旦講清楚後,鄒族人的協助是無限的。一般而
言排灣人比較容易接受鏡頭,很會面對鏡頭表情和發
言。

有一次,我和sakuriu聊天,請教他參與這兩部影片拍攝的經
驗。他所提供的某些排灣族觀點很值得我們思考:

我民國81-82年拍攝《排灣人撒古流》那部影片時才32、
33歲。導演李道明和攝影師林建享和我相處一年多才開
始拍攝。建享在日常生活中隨時隨地拍,我根本沒機會
作準備。我後來看到拍攝的鏡頭時,心想怎麼穿那樣的
衣服就出來了!(sakuriu的妻子在旁補充說:「好像自
己的私生活公開給人看。」)影片中我去參加一個婚禮,

是三和村最平地化的婚禮。當時我帶著筆記去三和，沒
意會到建享要拍，並不介意。等影片剪出來以後我才
想：為什麼不是在大社村或德文村拍，那樣才會令人感
動。至少要拍到山、檳榔和石板屋才好，要比較古典一
點才好。三和村都是水泥屋、往來的車輛、電線桿和臭
水溝，婚禮時又不會哭！

還有一個場景是我和李道明在我搭的樹屋中談民族學
苑的計畫。但是很可惜拍出的畫面感覺不到是在樹上，
看不見北大武山和隘寮溪。許多畫面是在我們還沒有意
識到的時候就拍了。我當時並沒有想到這鏡頭有一天會
放在這麼大的銀幕給這麼多人看，而且要流傳一百年。
如果我早知道，我希望穿得更正式一點，更體面一點。
我們排灣族有這麼漂亮的風景，為什麼只拍鐵皮屋？我
們希望被人看到美美的(*na samiring*)風景和衣服，讓人
看了肅然起敬，會引起許多想法。攝影機鏡頭對著排灣
族人時，有些人非要穿好衣服才給你拍。一般人會問
我：可不可以換衣服？我這樣穿可以嗎？比較年長的排
灣族人，特別是頭目，心裡希望穿正式、漂亮的衣服被
拍，但有的時候卻來不及換裝。他們會說：「你為什麼
不早告訴我？如果我知道這是會長久留下來的影像，我
一定要換裝，我希望衣飾、風景等陪襯也能一起留下
來。」攝影時只要對老人家說：「這是要留下來給子孫
看的紀念物(*sikipaqenetjan na ku vuvu*)，你不拍是你的
損失。」他們就會爭先恐後地希望被拍，拍完以後要給

他們一份做紀念。排灣族為什麼這麼注重裝飾？

我想人生下來是很醜的，不像百步蛇、雲豹一樣有紋飾。因此，人必須用腦筋努力裝飾後，才能像百步蛇、雲豹般漂亮。如果沒有裝飾，會覺得自己好像光著身體一樣。我們參加典禮，身上至少也要掛一串琉璃珠做裝飾。

關於影片的內容，我感到遺憾的是有一些應該能讓人產生驚訝讚歎(semamari)感覺的場景沒有拍到。例如我在教會動用這麼多工人做這麼漂亮的雕刻並和教會人士辯論應否採用百步蛇紋飾的場景；我在墳地以先進的知識說服長輩用我建議的方法做墓穴時的場景，都會讓人產生驚歎的感覺，也能引人思考問題，可惜沒有拍到。

《排灣人撒古流》那部片子太平順了(要帶睡袋去看)！我做的事情很多，影片中只呈現一小部分。如果要拍一部完整的紀錄片，應該要知道為何有撒古流這個人，對他的成長背景要有所交代，對於他所屬的不斷為部落開拓生機的「巧手」(purima)家族要加以介紹。

《末代頭目》的拍攝起於我的構想。三地門一帶的地方次序很亂，我想在影片中探討幾種支配部落的力量：傳統(頭目)、政治(鄉長／村長)、宗教(牧師)和金錢(富人)。我們參加任何一個小村落的豐年節和婚禮等都可以看到這些力量在糾葛。原先想拍四個段落，後來沒有錢，便濃縮成一集。拍《末代頭目》時我也感到可惜，有幾個場景沒有拍到。像謝貴頭目的喪禮由於攝影師

（那次不是建享拍攝）太陌生了，沒有拍到真正semamari
（令人驚歎）的影像，譬如覆蓋十字架的布以及最後用水
泥板蓋起的入土儀式沒有拍到，真是可惜！那是我的過
失，李道明沒有來。還有我當鄉長助選員時，身披紅布
條，慷慨激昂地談民族學苑的計畫的鏡頭也沒拍到！另
外有些會讓人看了哀傷流淚的鏡頭實在應該補拍，那是
一種接近temarimuzau（哀思）意境、接近排灣人美感的鏡
頭。《末代頭目》中對於主角的背景沒有談清楚，也是
較欠缺的地方。

　　sakuriu的一番話與排灣村落在地的錄影師相呼應，更加印證
了我的想法：排灣族人有特殊的影像展演概念並與美感與情感認
知相關聯。sakuliu在《排灣人撒古流》中作為一位被拍攝的排灣
人，他的期望與認知和外族的紀錄片導演及攝影師的確有差距。
西方紀錄片中「觀察性影片」（observational film）的拍攝形式強調
的是：拍攝者與攝影機在密切參與觀察到一個程度後，讓被攝者
儘量忘記攝影機的存在，因此可以拍到對方最自然而真實的生
活。觀察性紀錄片的目標是記錄和揭露真實，可是從sakuriu的談
話我們可以得知：排灣族人所認定的影像紀錄的最主要目的是要
給是要留給後代看的，要能觸發他們的哀思情感與美感，因此排
灣人希望被攝時能穿得體面而正式，不僅服飾，襯托的景致也要
有讓人產生哀思情感的美（samiring），要古典一點，並且要有人
物背景的清楚交代。如要達到這樣的目的，攝影機鏡頭必須對發
生的情境作刻意的捕捉，被攝者的服飾也要有事先的安排。任意

拍攝的日常生活紀錄，顯然不能滿足排灣人對於影像意義與美感的要求。

　　sakuriu的父親pairhang（家名Pavavalung）就是我拍攝的《愛戀排灣笛》紀錄影片中的雙管口笛吹奏者。我前面已提到pairhang和妻子交談時特意穿上有紋樣的服飾。我曾將這部影片帶回排灣村落公開放映，sakuriu一家人有前往三地村集會所廣場觀賞。sakuriu告訴我他們看後對父親說：「四位吹笛的主角中就只有你沒有穿盛裝（只套一件印有紋樣的背心），最不漂亮！」之後有一位TVBS電視台的記者再去訪問他父親，pairhang就換上盛裝，在大社村的山前吹笛，希望別人看到那麼美（samiring）的背景。sakuriu表示《愛戀排灣笛》影片中的老人家穿盛裝是很自然的現象，在山上盛裝吹笛沒有什麼不對。他對《愛戀排灣笛》還有如下的評語：

> 整部影片我覺得比較薄弱的部分是雖然提到一些笛子談情說愛的作用，但笛子還有一個真正的用意是安慰靈魂。有人死時全村人在喪家度過，不能唱歌，有人在哭，吹笛子慰靈的部分不清楚。但基本上這部影片的感覺很好，最令我感動的是有拍攝時周遭昆蟲和花的鏡頭加入。再過五十年看這部影片，那時我的父母已過世，但是影片中他們的影像還在，那種花和蝴蝶我的後代仍能看得到，是世世代代與人共存的，感覺上不變的東西仍留存著，排灣族不是黃昏民族。

## 四、傳說、影像與美感

　　總結以上排灣族攝影者和被攝者的說詞，再加上我們這些在排灣族作影像紀錄的外族人的觀察，大多發現排灣族人特別喜歡在攝影機前穿戴有傳統紋飾的盛裝，具有強烈的將美好影像留給後代子孫作為哀思紀念物的意圖。關於排灣族人對於紋飾、情感及美感的看法，我在〈百步蛇與熊鷹：排灣族的文化表徵與詮釋〉（胡台麗，1999b/2006）和〈笛的哀思：排灣族情感與美感初探〉（胡台麗，2002）兩篇文章中已有敘述。在第一篇文章中我提到：

> 我在與排灣族人相處時，聽到他們談及情感時最常使用的語詞，在平和村等北排灣村落是用 *tarimuzau/ temarimuzau*，在中排灣的古樓一帶村落則是*paurauran/ mapaura*，二者意思相同，指的是一種哀傷思念之情。凡是能夠引發哀思之情的傳說或聲音或者是人的形貌都很美，他們用*samiring*一詞來形容。……另有一個排灣族經常用來表達情感的語詞是*samari*（驚訝讚歎）。……百步蛇的某些特性激發排灣族人哀思和驚歎雙重情感。……譬如平和村人對於……百步蛇所具有的「從吻端發聲」以預測和警示的能力……感到很驚歎（*samari*）。……古樓村人則對百步蛇轉化為熊鷹後在翅膀中間出現極為明顯的三角形百步蛇紋的羽毛感到非常驚歎（*samari*），因而特別注重熊鷹羽毛的區辨與裝

飾。……當古樓村人聽到關於熊鷹羽毛變成美麗女子而後悲慘死亡的虛構傳說（*mirimiringan*）時，一方面覺得很驚訝（*samari*），另方面則產生濃厚的哀思情感（*mapaura*）。

在後一篇文章中我也論及（胡台麗，2002：73）：

哀傷的情感在排灣族已進入美感的領域。有些排灣族吹笛者在談到哀傷思念情感（*tarimuzau/mapaura*）時會同時提及另一個詞彙 *samiring*，……從他們的描述中 *samiring* 也是一種哀思的感覺，而且有遠古、孤寂、美麗、驚異、專注、真情、縈繞等意涵。其中有一位用遙望遠山的心境和雨後陽光中的彩虹景象來形容 *samiring*。平時請教排灣族人「美麗」的排灣語是什麼？他們指出普通的美是 *nanguanguaq*（*nanguaq* 的意思是「好」）或 *burai*（南排灣、東排灣較常使用）……不尋常、令人難以忘懷且有恆久價值的美是 *samiring*。他們並認為越久遠古老引人哀思的東西越有 *samiring* 的感覺。*samiring* 的字根和 *mirimiringan*（虛構傳說）的字根（*miring*）相同，都有「久遠」的意思……。真實傳說 *tjautsier* 也可以稱為 *miringan*，而字根 *tsiker* 是回轉之意，也是自古流傳不斷覆訴的傳說。我們發現無論是真實傳說（*tjautsiker*）或虛構傳說（*mirimiringan*），皆是排灣族哀思情感與美感的重要源頭。

　　從我過去的研究可以發現：排灣族的哀思（*tarimuzau/mapaura*）情感與美感常常和另兩個詞彙*samari*和*samiring*相連。哀思是排灣族高度認知的情感，而驚歎（*samari*）的情感也為排灣族所重視。二者雖然有所差異並皆不容忽視，但我發現哀思還是最重要、包容度最廣的情感，凡讓人產生哀思情感與美感之人事物（例如百步蛇等紋飾）往往兼具令人驚歎的特質，換言之，驚嘆情感如放在長遠的時間中會達成讓後代產生哀思情感與美感的最終效果。另外，*samiring*這個詞彙極為強調古老悠越遠和哀傷思念的與美感，同時也包含著驚歎的美感與情感。事實上在排灣族哀思的情感和美感與*samari*及*samiring*等很難作清楚的區隔。因此，當我們談論排灣族的哀思情感與美感時，必需同時注意與其密切關聯的*samari*和*samiring*等情感與美感，才不會削弱其豐富性。

　　本文從影像著手，嘗試從另一面向來瞭解排灣族人的美感與情感，結果發現不同階級的排灣族人在影像展演時皆以頭目階級從傳統紋飾發展出來的美感與情感為歸依。他們喜愛令人哀傷思念、驚訝讚歎、古意盎然的影像意境，並認為影像的最大效用（固然可能其他效用）是留存下來成為後代的哀思之物。攝錄穿著盛裝的「影像」對排灣族人而言，就像是有百步蛇和太陽等創始意涵的雕刻紋樣的延伸，是現代新科技所提供的另一種可讓後代哀傷思念的紀念物。1983年當我拍攝第一部十六釐米民族誌影片《神祖之靈歸來：排灣族五年祭》（胡台麗，1984）時就察覺到這個現象（胡台麗，1991：195）：原先tauan（土坂村大頭目）不太願意接受訪問和拍攝，但是見到我們訪問了另外兩位頭目，深恐她的重要性被忽略了，後來變得非常主動，要她的女婿與我們接洽，

安排穿著盛裝的專訪。《神祖之靈歸來》接近片尾部分，tauan
頭目在鏡頭前展示衣飾等家傳寶，並說：

> 我活到63歲了，好多好多人都拍過，始終沒有一個拍得
> 很完整的留給我的子子孫孫。這次希望你們能達成任
> 務，留給我的子孫一個很好的紀錄片。

　　排灣族人要將盛裝影像留給子孫看的意願非常強烈。也許有
人會說不只是排灣族，許多別族人在拍攝前都會換上漂亮的服
裝。不過，我認為排灣族的「盛裝」是強調有傳統紋飾的「盛裝」，
在其文化脈絡中有特殊的意義。在本文第二節我就引述報導人
laerep的話說明：排灣族人所謂的「盛裝」(*araarang*)係指特殊場
合(例如婚禮舞會、重要祭典)穿的有紋樣(*vetsik/vintsikan*)的服裝
飾物，而平時穿戴的服飾上面並沒有紋樣。我發覺在視覺感受
上，排灣族人將「影像」視為傳統紋樣的延伸；在內容意境方面，
「影片」的敘事就好像是傳說的情節，並且期望能夠反映傳說所
強調的哀思情感與美感。
　　我之前的文章(1999)指出：排灣族的傳統紋樣(*vetsik/
vintsikan*)最主要是百步蛇紋與人頭紋，和神靈祖先的意象連結。
有的村落(像平和村)的真實傳說(*tjautsiker*)將百步蛇視為頭目家
的祖先，有的村落(像古樓村)則認為人間看到的百步蛇其實是神
靈界的人。見到傳統的百步蛇與人頭紋樣，會讓人對文化源頭產
生哀思之情。排灣族的真實傳說中又都確認百步蛇會轉化為熊
鷹，百步蛇的紋樣因此延續到熊鷹羽毛上，使得紋樣最清晰而美

麗的幾根熊鷹羽毛變成頭目專有的尊貴頭飾。過去排灣族頭目家系以及獲得頭目特許的平民男子會在前胸、後背與臂部刺紋(*ki vetsik*)，女子則在手腕、手背刺紋。我們可從何廷瑞(1955、1960)的研究得知：排灣族人身上刺的紋樣(*vetsik*)其實就是百步蛇的簡體紋，亦即排灣族的頭目在身上刺紋是認同並模仿神靈祖先百步蛇。由此推想，排灣族有紋樣的「盛裝」的概念其實和在身上刺百步蛇紋的想法類似。只要是頭目階級，他們在攝影時會特別希望穿上有紋樣的衣服，戴上有紋樣的熊鷹羽毛，以顯示其尊榮的地位。最近古樓村的頭目garaigai(家名Tjiluvekan)的兒子要婚入丹林村，她親手為兒子用小琉璃珠繡一套有紋樣的衣服。她設計的紋樣是過去刺在男子身上的圖樣，叫做*pinadrukungan*。她說：

> 我這樣做是因為我從傳說(*tjautsiker*)知道我們頭目的身上有刺紋，但現在的年輕人很怕痛，已沒有人願意將紋樣刺在身上。我把頭目專屬的紋樣繡在這件衣服上是希望我的孩子從這件衣服可以想起我們頭目的祖先身上原來有這樣的刺紋，我希望這紋樣不要消失。他也要記得他是從這家頭目婚出的，衣服上有頭目的符號。婚禮跳舞時大家可以從這件衣服發現這是頭目的孩子在結婚。以後他在各種活動中也要穿上適合自己身分和地位的服飾。

galaigai頭目本身就曾在早年公共電視的《青山春曉》、《高山之旅》影集(《古樓五年祭》、《古樓剪影》、《雲霧飄渺來

義》等單元)出現。她說當年拍攝時並不是製作人要求她換盛裝，而是村裡她的屬民都要她穿上盛裝，以顯示頭目的身分，絕不能丟面子。我訪問《高山之旅》影集的製作人蘇秋時，她也證實：排灣族偏向主動盛裝，那些有代表性的頭目我不可能強迫他們盛裝，都是他們自動的。

讓我們再體會一下古樓女巫師laerep所說的話：「所有的紋樣(*vetsik*)，包括穿著有紋樣的盛裝而拍攝的影像，都是對祖先的懷念」；還有大社藝師sakuriu的看法：「人生下來不像百步蛇、雲豹一樣有紋飾。因此，人必須用腦筋努力裝飾後，才能像百步蛇、雲豹般漂亮。如果沒有裝飾，會覺得自己好像光著身體一樣。」我理解到：加了紋飾、穿了盛裝的排灣族人才覺得自己更像一個有靈氣的人，或者說更像有神性的百步蛇，更接近自然，也更能沉浸在哀思的情感與美感之中。

排灣族人的影像展演與在地美感除了受到真實傳說(*tjautsiker*)的影響，因而對百步蛇、熊鷹等紋飾有特別的偏好；我認為虛構傳說(*mirimiringan*)的動人描述對於排灣族美感與情感的形塑也有很大的作用。排灣族人對於*tjautsiker*和*mirimiringan*這兩類傳說的區辨是：*tjautsiker*中的人物事件是真實的存在，是親耳聽到長輩們述說的祖傳的真正事蹟，要永續不斷地傳給子孫；而*mirimiringan*是代代相傳的虛構故事，內容常出現奇妙、不可思議的情節，具寓言性與教育性，其中人名多以重複音節表示，有別於現實生活中的名字(小林保祥著、松澤員子編，1998；吳燕和，1993；胡台麗，1998、1999b、2006)。*mirimiringan*雖然是虛構、編造的，但卻是代代排灣族人都非常喜歡聽的故事。

　　過去*mirimiringan*的講述者是以吟唱調子述說，我之前的文章(2002)提到，排灣族的報導人認為虛構傳說*mirimiringan*多半是*temarimuzau*（哀傷思念）的，讓人聽了感動流淚。虛構傳說（*mirimiringan*）中對於具有頭目身分的俊男美女的描述極具影音效果。例如vais（家名Tjivadrian，原為古樓村人，後遷往台東土坂）講述的一則*mirimiringan*中描述有一位名叫pulalulaluian的男子在屋外發現一隻百步蛇，他用麻繩將蛇頭套住，送到神靈居住的地方時，「那隻百步蛇突然站起，變成非常英俊的男子，身上還有刺紋。」後來pulalulaluian從神靈居地一位老人那裡得到一隻美麗的黃色鳥，歸途中當他在河中洗澡時，那隻鳥變成一位美麗的女子，名叫tjukutjuku。tjukutjuku說她的父親就是那隻百步蛇，在pulalulaluian的祖先差遣下來到人間探視，發現pulalulaluian走遍各部落都找不到合意的女友。於是先祖便將tjukutjuku賜給他為妻。*mirimiringan*中如此形容tjukutjuku的美麗：

　　　　tjukutjuku的頭髮是純黑的，她的牙齒是*murimuritan*（極
　　　　珍貴美麗的琉璃珠名），她的指甲是*parhulangudan*（琉璃
　　　　珠名）……她的美好像正在發光的太陽。

　　另外一則vais講述的mirimiringan中的男、女主角的名字也叫做pulalulaluian 和tjukutjuku。當男主角和友伴到女家拜訪時，*mirimiringan* 有這樣的描述：

　　　　tukutjuku的媽媽對她說：「妳要戴上我們家最珍貴的琉

璃珠項鍊,要穿上整套盛裝!」於是,tjukutjuku戴上八
串構成一條的琉璃珠項鍊,頭飾上有用紅色、綠色、黃
色、白色的琉璃珠繡的紋樣……據說當tjukutjuku起身
時,她服飾上的綴飾鈴鈴作響,傳遍各個村落。聽到的
人誤以為是雨聲,其實是tjukutjuku的盛裝發出的悅耳聲
響。當tjukutjuku走到屋內的座位時,她身上發射的光芒已
到達門外的休息台……。pulalulaluian一見到tjukutjuku,
眼睛就被她發射的美麗光芒刺到。而當tjukutjuku站到屋
簷下時,她那極度美麗的光已越過了群山,連太陽光也
為之削弱。……pulalulaluian和他的友伴被迎入屋內。
pulalulaluian坐在主柱下的座椅上,他煥發著光彩,整個
屋內亮起來,如同太陽正在照耀一般。

小林保祥(松澤員子編,1998)1920-1930年代在中排灣村落收
集的*mirimiringan*中也有不少對於美女的敘述。例如在第一篇講述
頭目家族出身的美女與蛇結婚的加走山社傳說中,對於美女
muakaikai的描述是這樣的:

muakaikai長得像蜜橘一樣水靈,指甲像吉丁蟲一樣美
麗,身旁總有十條彩虹出現,光彩奪目。她一走到外邊,
太陽也要失去光輝,變得模糊。她頭髮上經常捲著十付
玉飾(按:「玉」指的是琉璃珠和瑪瑙),脖子上戴著玉
項鍊,胸前配掛著十條玉胸飾,兩手腕戴著十個銀手
鐲,兩隻手手指關節上戴滿了玉戒指或銀戒指。她身上

> 穿著圖案美麗的衣服，有玉繡的上衣和長裙。漂亮的衣
> 飾加上透明光潤的皮膚，真是無可比擬地光彩照人。

在該書第六則佳興村的傳說中，那位美麗的妻子muakaikai也「像彩虹一樣光彩奪目。」在第二十則佳平村傳說中提到創造人的太陽神送給美女muakaikai極珍貴的琉璃珠*murimuritan*和*pura*，以及織品。從以上不同來源的引述可知：傳說*mirimiringan*中的美女（*sa vavaian*）與俊男（*sa uqalai*）都是頭目身分，他們都美得發出如同太陽與虹彩的光與色，映照四方。他們戴的項鍊與穿的服飾上都有紅、黃、綠等虹彩色的琉璃珠。盛裝美女一走動，她們身上的鈴鐺等綴飾就會發出聲響，傳遍各處。像這樣對於美女俊男與盛裝的描述，真能夠讓人產生非常強烈而神奇的影音意象。

這些排灣族虛構傳說中以「發出像太陽或彩虹一樣的光」來描述盛裝的美女與俊男，我認為是受到排灣傳說中將太陽與原初創造者的意象相連結之影響。「太陽」和「百步蛇」一樣，也是排灣族重要的「紋飾」，祂最明顯的特質就是「光」以及圍繞其旁的虹彩的「色」。頭目是「太陽—創造者」（qadau a naqemati）之子，他/她自然會發出如同太陽的光與色。排灣族在視覺上對盛裝頭目產生「光彩奪人」的印象，強調的應是他/她自然煥發的如同太陽的「神采」，而非指一般的明亮感。作為創造者的「太陽」當然是排灣族人哀思情感與美感的源頭，祂的光與色和百步蛇的紋樣與聲音一樣是排灣族後代仿效的對象。在影像上，只要穿戴上有紋飾和如同彩紅色彩的琉璃珠飾盛裝者（尤其是頭目），必定會煥發出如同太陽和彩虹的光彩。我之前已提過排灣

族人認為越久遠古老引人哀思的東西越有「美」（*samiring*）的感覺。我曾在文章（2002：73-76）中舉例說明彩虹和哀思情感與美感的關聯。例如古樓人說當太陽周圍出現一圈虹彩時表示將有頭目去世，而那虹彩是太陽的喪服；有一個頭目家的傷心女子將如同彩虹的各色珠子串成鞦韆，然後坐其上，越盪越高，琉璃珠鞦韆突然斷了，她與珠子隨風飄飛而去，成為彩虹，而留下的小珠串成為世人哀思的紀念。彩虹／虹彩（*qulivangerhau*）常被用來作為*samiring*美感的象徵。傳說中穿戴如同彩虹色澤的琉璃珠盛裝的人物，無疑地具有*samiring*的美感，但他／她們煥發的「光彩」與我們一般人所認知的「明亮」畫面不同。其實「明亮」與「亮麗」的服裝與珠飾並非排灣族人所喜好。我發現排灣族人在製作或購買現代的盛裝時，無論是琉璃珠或繡線都喜歡選擇色澤較沉穩且有古味者，認為如此才接近samiring遠古與哀思的情感與美感。

　　排灣族社會雖然是階層社會，但所謂的「平民」基本上皆是從頭目家分出，平民在追溯家系與命名時也儘量與頭目家相連。我們可以說排灣族的傳統紋樣與在地美感的發展皆是以頭目家為源頭，是所有「平民」極欲分享的美感與情感。現代社會中的排灣族人不分階層，在面對鏡頭時受到頭目家古老傳說的美感與情感影響，也會希望穿戴讓他們「神采煥發」的盛裝，以留下美好的影像與聲音供後代子孫哀思。

## 五、文化美學與影像反思

　　Marcus Banks與Howard Morphy（1997：2）在*Rethinking Visual*

*Anthropology*一書中指出：某些近期人類學理論的發展反映了對人類表現體系（representational systems）日益增加的敏感度，因而將注意力導向身體、家屋形式、藝術與物質文化等面向，使文化形式與展演的社會文化過程更具體化。視覺人類學（visual anthropology）的一項工作就是要分析視覺體系（visual system）的特性、加以詮釋，並將此體系與社會過程相連結；另一項工作是分析傳布人類學知識的視覺方法。當反思（reflexivity）成為人類學方法的一個中心成分，視覺人類學以它所具有的反思的歷史、報導的元素以及監測行動與過程的潛力，已逐漸發展為核心的領域。

本文從我攝製的《愛戀排灣笛》民族誌紀錄片所引發的問題出發，再採訪排灣族在地的錄影師（包括具傾向傳統或現代觀點的青壯年人）、被攝者（包括頭目與平民、改信基督教與維持傳統信仰者）和導演，以及其他漢族影片攝製者的觀點，希望瞭解：排灣族的影像展演與在地美感。探索之後發現，排灣族人面對攝影機時喜歡穿戴會讓人哀思、驚歎的有傳統紋飾的盛裝，而此種展演是深植在排灣傳說與傳統紋飾所蘊含的哀思情感與美感中。排灣族人看影像是在看對他們有意義的符號。他們喜歡看舞會中的盛裝，因為服飾的紋樣有太豐富的意義，是極重要的文化表徵與展演特色。排灣文化所發展的特殊美感與情感認知使得他們對於照相和錄影極為愛好，並喜歡以他們理想的含創始紋樣的盛裝作影像展演。排灣族人對具的影像的特殊認知與高度需求，直接鼓勵在地專業和兼業錄影師的產生。

不過外族人如有機會觀賞排灣族在地錄影師最常錄製的婚

禮錄影帶，一定會對冗長的婚禮舞會畫面感到不耐。我有攜帶錄影機與排灣族的錄影師並肩工作的經驗。我通常在拍完一圈並拍到新娘、新娘和現場敬酒的特寫鏡頭後就停機，但是在地錄影師卻拍個不停。當時我感到納悶不解，直到訪談錄影師之後才知道因為族人很喜歡看盛裝跳舞的鏡頭，他們才刻意做這樣的拍攝與剪輯。

當我攝製《愛戀排灣笛》影片時也有考慮到要如何反映排灣文化的美感。影片拍攝期間我就察覺排灣笛的代表性吹奏者十分樂意談論並演出過去青春期吹笛拜訪女友的往事。我只要拋出話題，他們就在鏡頭前面侃侃而談，有時還會自行增加一些細節和動作。拍攝前他們大多會主動換上不同於日常生活的有紋樣的服飾。作為一位民族誌紀錄片工作者，我當然對於這樣的現象很敏感，也能預想到觀眾看到太多盛裝鏡頭的反應。攝影師李中旺和我曾針對這問題交換意見。我們都發現排灣族人一換上盛裝，立即煥發出動人的神采，變得非常的亮麗。我最後決定：既然這是一部表現排灣族情感與美感的影片，就尊重被攝者的選擇，讓他們像傳說中的人物一樣盛裝，留下美麗的影像供後代哀思、讚歎。

在《愛戀排灣笛》影片中除了族人自己安排的盛裝畫面，我刻意捕捉的是四位排灣笛代表性吹奏者敘述的屬於各村的真實傳說，特別是傳說中提及的重要文化表徵：百步蛇、熊鷹（羽）、太陽與陶壺。我相信這些有紋飾或光彩的象徵物的出現，會讓整部片子流露出更多與笛聲相呼應的哀思情感與古典美感。我希望拍一部能呈現排灣族情感與美感，讓排灣族人喜愛和認同的影片。

　　本文第一節就提到，看過《愛戀排灣笛》的漢族觀眾有些會因為影片中人物的服飾太華麗，而對本片的真實性質疑。但排灣族人的反應如何？多場放映之後，我發現不同年齡層和性別的排灣族觀眾並沒有關於真實性的疑問，反而都覺得很真實，並觸動了他們的哀思情感與美感，而引發了若干省思。

　　在古樓村搭起的布幕前，當tjujui的影像聲音一出現，許多人便開始拭淚。tjujui就是那位在影片拍攝時刻意穿上傳統服飾砍竹子、再戴上鹿皮帽吹笛的古樓老村長。影片在村落放映時他才過世不久。村人流著淚邊看邊說：

> a-i-anga tua tsutsau ki namakuta anga kinatsavatsavan, saka izua *anan tja patsutunan a tja rangetan a kai, mapaura itjen.*
> （啊咦--不知道他的身體形貌怎樣了，但是我們還能看到他的人、聽到他的聲音。真令人哀傷思念啊！）

　　當時我的感覺是：幸好拍攝時沒有阻止tsujui穿戴傳統服飾。另外，村人告訴我他們很驚訝能在影片中看到活生生的百步蛇，並且很喜歡接近片尾的婚禮跳舞場面，見到許多有紋飾的熊鷹羽毛。沒錯，這些都是我特意拍攝和剪輯的影像，因為我理解到排灣族的美感與情感是嵌在代代相傳的傳說與紋飾中。排灣族人認定的真實，是與傳說接近的真實；凡是能夠呈現排灣傳說所強調的哀思包含驚歎情感與美感的影片，就是排灣族認同、喜愛的「真實影片」。攝製《愛戀排灣笛》讓我較深刻地體會排灣族的在地

美感，並重新反思紀錄片對「真實」的認知。我們在排灣族如果以儘量不讓被攝者意識到攝影機存在的方式攝製「觀察性影片」（observational film），其結果很可能呈現的是很表相的真實，而無法反映該文化較深沉的理知、情感與美感的真實世界。對排灣族的影像展演與地方美感有所瞭解後，在排灣族我偏向拍「反思性」（reflexive）紀錄片[2]，而不執著於攝製讓被攝者儘量不意識到攝影機存在以避免有刻意反應的「觀察性」（observational）紀錄片。何謂「反思性」紀錄片？Bill Nichols（1991, 2001）在討論幾類不同的紀錄片模式時指出：互動式或參與式模式（interactive/participatory mode）強調的是拍攝者與被攝者的互動，而反思性模式則聚焦於拍攝者與觀者的映照。反思性紀錄片的拍攝者意圖採取一種呈現形式以吸引觀者的注意力並觸發其知覺，以產生對「真實」反思的效果。「愛戀排灣笛」中的被攝者充分意識到攝影機的存在，並經常刻意盛裝面對攝影機「演出」。拍攝者在拍攝與剪接時也大量集結這些煥發光彩的盛裝鏡頭，並與同樣有鮮明突出形貌的百步蛇、熊鷹、太陽虹彩、陶壺等影像並置，讓觀者重新思考「真實」、「自然」在排灣族的涵意。

的確，在不同的文化體系中，「真實」與「自然」有不同的意義，也應有不同的呈現方法。排灣族人所認知的「自然」不是西方美學中裸露、不加修飾的「自然」；他們嚮往的是像百步蛇、熊鷹般有明顯而豐富紋飾的「自然」。排灣族人希望自己能夠像

---

2 根據Bill Nichols的說法（2001, 頁100），當我們指認某部影片屬於某種模式時，並非該片只包含該種模式。一部反思性紀錄片中可以有相當部分涵蓋觀察式的或互動參與式的影片，只不過「反思性」為其主導模式。

神靈祖先百步蛇般有美麗的紋飾，而該紋飾圖像是哀思情感與美感的源頭。對於特殊象徵紋樣的極度喜愛與刻意裝飾，成為排灣視覺文化中非常突出的部分。影像紀錄者在排灣族拍攝時受到被攝者的歡迎，主要是因為排灣族人將影像視為紋飾的延伸，而不願意在身上沒有紋飾時被攝影機任意攝錄。因此，西方「觀察性」紀錄片（observational documentary, 係根據Bill Nichols等紀錄片學者的定義）的攝製手法並不能滿足排灣族人對影像的期望。他們非常主動地裝飾自己，導引鏡頭攝取他們希望呈現的排灣文化中最真實的情感與美感。排灣族人面對攝影機時刻意的盛裝是攝影者與觀眾一定會看到的體現（embodiment）。當西方標榜真實與自然「觀察性紀錄片」美學觀佔優勢時，被攝者的盛裝被視為造作不自然，導致拍攝者與觀眾對鏡頭中盛裝者的出現感到不安，而有將其盛裝除掉的衝動。這樣的發展極可能使得排灣族人在攝影機前盛裝的深刻文化意義在西方的觀察性紀錄片美學中遭到漠視與扭曲。Marilyn Strathern(1993：42)便提醒我們：不可忘記視像（vision）是體現（embodied），是引領更多發現的隱喻。排灣族人在攝影機前穿戴著有百步蛇等神靈祖先紋樣的盛裝，是以獨特的神祖象徵標誌來代表並紀念神靈祖先。被攝下的影像可以讓後代不只記得此人，也同時記得部族創造的原點。從遠古的紋樣到現代的影像，排灣族對神靈祖先的記憶在哀思情感與美感的牽繫下綿延不絕。

　　排灣族的影像展演與在地美感的探討是我近年所做的「排灣族情感與美感」研究的一個環節。對排灣族影像展演與美感的研究一方面可以和從聲音著手的情感與美感分析相互呼應，另方面

排灣族的影像展演與美學觸及了相當基本的人類學民族誌資料採集與呈現的問題。傳統的民族誌對於這類問題非常忽視,缺少反省。過去很少有人質疑人類學者在田野收集資料的方式,以及撰寫民族誌時的資料篩選標準與內容呈現方式。直到近二十年才有越來越多的人類學者嚐試寫作反省性、詮釋性與實驗性的新民族誌(Marcus and Fishcher, 1986;Clifford, 1988)。可是有些打著「反思人類學」旗號撰寫的民族誌往往落入研究者非常主觀而自溺的喃喃自語境地,卻沒有探索當地人是在怎樣的文化邏輯與美感和情感考量下作各種文化展演。其結果是研究者努力收集的資料與反映的日常生活「真實」,很可能因為沒有掌握到該文化展演的思維,而錯失了精髓。此時,民族誌影片工作者在鏡頭前所發現的文化展演與在地美感的差異,不但可以刺激我們思考,並可促使未來更優質、更能恰切呈現當地人情思意涵的影像與文字民族誌的產生。

# 參考書目

## 中日文部分

**小川尚義、淺井惠倫**

　　1935　《原語による台灣高砂族傳說集》。台北帝國大學語言學研究
　　　　　室。日本刀江書院重刊。

**小林保祥著，松澤員子編，謝荔譯**

　　1998　《排灣傳說集》。台北：南天書局。

**小島由道、小林保祥**

　　1922　《番族慣習調查報告書，第五卷之三》。台灣總督府臨時舊慣
　　　　　調查會。台北：中央研究院民族學研究所編譯，2003。

**毛壽先、殷鳳儀**

　　1990　《台灣常見陸地毒蛇簡介》。台北：台灣省立博物館。

**古野清人**

　　1945　《高砂族の祭儀生活》。東京：三省堂。

**丘其謙**

　　1964　〈布農族卡社群的巫術〉，《中央研究院民族學研究所集刊》
　　　　　17：73-92。

**石　磊**

　　1966　〈筏灣村排灣族的豐收祭〉，《中央研究院民族學研究所集刊》
　　　　　21：131-156。

　　1971　《筏灣：一個排灣族的民族學田野調查報告》。中央研究院民

族學研究所專刊之二十一。台北：中央研究院民族學研究所。

**伊能嘉矩**

1907 〈台灣蕃族雕刻模樣〉，《東京人類學會雜誌》23卷267號，頁315-322。

**何廷瑞**

1955 〈屏東縣來義鄉排灣族之文身與獵頭〉，《考古人類學刊》6：47-49。

1960 〈台灣土著諸族文身習俗之研究〉，《考古人類學刊》15/16：1-48。

**何華仁**

1996 《台灣野鳥圖誌》。台北：常民文化。

**吳燕和**

1993 〈台東太麻里溪流域的東排灣人〉，《民族學研究所資料彙編》7：1-402。南港。

**李莎莉**

1993 《排灣族的衣飾文化》。台北：自立晚報社文化出版部。

**松澤原子（張燕秋等譯）**

1976 〈東部排灣族之家族與親族──以ta-djaran（一條路）之概念為中心〉，黃應貴編《台灣土著社會文化研究論文集》，頁445-478。台北：聯經出版事業公司，1986。
原文為：〈東部バイワン族の家族と親族─ta-djaran（1つの路）の概念を中心〉，《國立民族學博物館研究報告》1(3)：505-536，昭和51年(1976)。

**胡台麗**

1991 〈民族誌電影之投影：兼述台灣人類學影像實驗〉，《中央研究院民族學研究所集刊》71：183-208。

1995a 《排灣族鼻笛、口笛技藝保存與傳習規劃報告》。行政院文化

建設委員會委託研究。台北。

1995b 〈賽夏矮人祭歌舞祭儀的「疊影」現象〉，《中央研究院民族學研究所集刊》79：1-44。

1997 《排灣笛藝人生命史、曲譜與製作法記錄》。國立傳統藝術中心籌備處委託研究。台北。

1998 〈文化真實與展演：賽夏、排灣經驗〉，《中央研究院民族學研究所集刊》84：61-86。

1999a 〈儀式與影像研究的新面向：排灣古樓祭儀活化文本的啟示〉，《中央研究院民族學研究所集刊》86：1-28。

1999b 〈排灣古樓五年祭的『文本』與詮釋〉，刊於《人類學在台灣的發展：經驗研究篇》，徐正光與林美容主編，頁183-222，中央研究院民族學研究所。

2002 〈笛的哀思：排灣族情感與美感初探〉，刊於《情感、情緒與文化：台灣社會的文化心理研究》，胡台麗、許木柱、葉光輝主編，頁49-85。中央研究院民族學研究所。台北南港。

2006 〈百步蛇與熊鷹：排灣族的文化表徵與情感詮釋〉，刊於葉春榮編，《歷史、文化與族群：台灣原住民國際研討會論文集》，頁171-195。

**胡台麗、年秀玲**

1996 〈排灣族鼻笛、口笛現況調查〉，《中央研究院民族學研究所資料彙編》11：1-79。

**胡台麗、錢善華、賴朝財**

2001 《排灣族的鼻笛與口笛》。台北：國立傳統藝術中心籌備處。

**洪秀桂**

1976 〈南王卑南族女巫師〉，《國立台灣大學考古人類學刊》39/40：28-55，國立台灣大學人類學系。

馬淵東一

　　1974　〈ブヌン族に於けそ獸の分配と贈與〉,《馬淵東一著作集》,
　　　　　第一卷。東京：社會思想社。

宮本延人

　　1935　〈台灣ビイワン族に行はれそ五年祭に就て〉(台灣排灣族舉
　　　　　行的五年祭)。《台北帝國大學文政學部史學科研究年報》第2
　　　　　輯。

徐韶仁

　　1987　〈利稻布農族的祭儀生活：治療儀禮的研究〉,文化大學民族
　　　　　與華僑研究所碩士論文。台北。

　　1989　〈布農族之祭儀歌舞〉,劉斌雄、胡台麗主編,《台灣土著祭
　　　　　儀及歌舞民俗活動之研究》。台灣省政府民政廳委託研究報告
　　　　　書(續篇)。台北：中央研究院民族學研究所。

高業榮

　　1992　〈凝視的祖靈：試論排灣族石雕祖先像的兩種風格〉。《第一
　　　　　屆山胞藝術季美術特展》。台中：台灣省立美術館印行。

移川子之藏、馬淵東一、宮本延人

　　1935　《台灣高砂族系統所屬の研究》。台北帝國大學土俗人種學研
　　　　　究室。

許功明

　　1993　〈排灣族古樓村喪葬制度之變遷：兼論人的觀念〉,黃應貴編,
　　　　　《人觀、意義與社會》。台北：中央研究院民族學研究所。

許功明、柯惠譯

　　1994　《排灣族古樓村的祭儀與文化》。台北：稻香出版社。

許美智

　　1992　《排灣族的琉璃珠》。台北縣：稻鄉出版社。

陳文德

1993 〈南王卑南族「人的觀念」：從生命過程的觀點分析〉，黃應貴編，《人觀、意義與社會》。台北：中央研究院民族學研究所。

陳奇祿

1961 《台灣排灣群諸族木雕標本圖錄》。台北：南天書局。

黃應貴

1992 《東埔社布農人的社會生活》。台北：中央研究院民族學研究所。

黑澤隆朝

1959 《台灣高砂族の音樂》。東京：雄山閣。

劉斌雄、胡台麗主編

1987 《台灣土著祭儀及歌舞民俗活動之研究》。台灣省政府民政廳委託研究報告書。台北：中央研究院民族學研究所。

1989 《台灣土著祭儀及歌舞民俗活動之研究》（續篇）。台灣省政府民政廳委託研究報告書。台北：中央研究院民族學研究所。

增田福太郎

1958 《未開人の家族關係》。日本：岡山大學法經學會。

蔣斌、李靜怡

1995 〈北部排灣族家屋的空間結構與意義〉，黃應貴編，《空間、力與社會》。台北：中央研究院民族學研究所。


西文部分


Banks, Marcus and Morphy, Howard（Eds.）

1997 *Rethinking Visual Anthropology*. New Haven and London: Yale University Press.

Basso, K.H.

1988 " 'Speaking with Names': language and landscape among the Western Apache," *Cultural Anthropology* 3(2): 99-130.

Bauman, Richard

1977 "Linguistics, Anthropology and Verbal Art: Toward a Unified Perspective," in M. Saville-Troike ed., *Linguistics and Anthropology.* Washington D.C.: George Town University Press.

Cazeneuve, Jean(translated by Peter Riviere)

1963(1972) Lucien Levy-Bruhl. New York: Harper & Row, Publishers, Inc.

Chiang, Bien

1992 "House in Paiwan Society," Paper presented at International Symposium on Austronesian Studies Relating to Taiwan, Institute of History and Philology, Academia Sinica, Taipei.

Clifford, James

1988 *The Predicament of Culture: Twentieth-Century Ethnography, Literature, and Art.* Massachusetts: Harvard University Press.

Crawford, Peter Ian

1991 "Grass: the Visaul Narrativity of Pastoral Nomadism," in *Ethnographic Film Aesthetics and Narrative Traditions*, ed. by Peter I. Crawford, Jan K. Simonsen. Denmark : Intervention Press.

Crawford, Peter I. and Simonsen, Jan K. (eds.)

1992 *Ethnographic Film Aesthetics and Narrative Traditions.* Denmark: Intervention Press.

Durkheim, Emile & Mauss, Marcel(tranlated and introduction by Feld, Steven

1982 *Sound and Sentiment: Birds, Weeping, Poetics, and Song in Kaluli*

*Expression*. Philadelphia: University of Pennsylvania Press.

1990 "Wept Thoughts: The Voicing of Kaluli Memories," *Oral Tradition*, 5(2/3): 241-266.

Fox, James J., ed.

1988 *To Speak in Pairs: Essays on the Ritual Languages of Eastern Indonesia*. Cambridge: Cambridge University Press.

Geertz, Clifford

1973 *The Interpretation of Cultures*. New York: Basic Books, Inc.

Hanks, W. F.

1989 "Text and Textuality," *Annual Review of Anthropology* 18: 95-127.

Heider, Karl G.

1990 *Landscapes of Emotion: Mapping Three Cultures of Emotion in Indonesia*. Cambridge: Cambridge University Press.

Hu, Tai-Li

2005 "The Camera is Working: Paiwan Aesthetics and Performances in Taiwan," in *Expressive Genres and Historical Change*,. Pamela J. Stewart and Andrew Strathern, eds. pp. 153-172. London: Ashgate Publishing.

Keane, Webb

1991 "Delegated Voice: Ritual Speech, Risk, and the Making of Marriage Alliances in Anakalang," *American Ethnologist* 18: 311-330.

1995 "The Spoken House: Text, Act, and Object in Easter Indonesia," *America Ethnologist* 22(1): 102-124.

Kitayama, Shinobu and Hazel Rose Markus , eds.

1994 *Emotiona and Culture: Empirical Studies of Mutual Influence*. Washington, DC : American Psychological Association.

Kuipers, Joel

1990  *Power in Performance: The Creation of Textual Authority in Weyewa Ritual Speech*. Philadelphia:University of Pennsylvania Press.

Levi-Strauss, Claude(translated by Rodney Needham)

1962  Totemism. Boston: Beacon Press.

Levy, Robert

1973  *Tahitians: Mind and Experience in the Society Islands*. Chicago: University of Chicago Press.

1984  "Emotion, Knowing and Culture," in *Culture Theory: Essays on Mind, Self, and Emotion*, eds. by Richard A. Schweder and Robert A. LeVine Cambridge: Cambridge University Press.

Loizos, Peter

1992a "Notes on the Non-Transparency of Local Narratives and Performances," in *Ethnographic Film Aesthetics and Narrative Traditions*, eds. by Peter I. Crawford, Jan K. Simonsen. Denmark: Intervention Press.

1992b "Admissible evidence? Film in Anthropology," in *Film as Ethnography*, eds. by Peter Ian Crawford and David Turton, Manchester and New York: Manchester University Press.

Lutz, Catherine A.

1983  "Parental Goals, Ethnopsychology, and the Development of Emotional Meaning," *Ethos* 11: 246-63.

1988  *Unnatural Emotions: Everday Sentiments on a Micronesian Atoll and Their Challenge to Western Theory*. Chicago and London: The University of Chicago Press.

Lutz, Catherine A. and Lila Abu-Lughod, eds.

1990 *Language and the Politics of Emotion*. Cambridge : Cambridge University Press.

Lyon, Margot L.

1995 "Missing Emotions: The Limitations of Cultural Constructionism in the Study of Emotion," *Cultural Anthropology* 10(2): 244-263.

MacCreery, John

1995 "Negotiating with Demons: The Uses of Magical Language," *American Ethnologist* 22(1): 144-164.

MacDougall, David

1992 "Complicities of Style," in *Film as Ethnography*, eds. by Peter Ian Crawford and David Turton. Manchester: Manchester University Press.

1995 "Subjective Voice in Ethnographic Film," in *Fields of Vision*, eds. by Leslie Devereaux, Roger Hillman. Berkeley and Los Angeles: University of California Press.

Marcus, George E. and Fischer, Michael M.J.

1986 *Anthropology as Cultural Critique: An Experimental Moment In the Human Sciences*. Chicago: The University of Chicago Press.

Mead, Margaret

1976 "Visual Anthropology in a Discipline of Words," in *Principles of Visual Anthropology,* ed. by Paul Hockings, The Hague and Paris: Mouton Publishers.

Needham, Rodney

1963 Primitive Classification. Chicago: University of Chicago Press.

Nichols, Bill

1991 *Representing Reality*. Bloomington and Indianapolis: Indiana

University Press.

2001    *Introduction to Documentary*. Bloomington: Indiana University Press.

Pinney, Christopher

1992    "Montage, Doubling and the Mouth of God," in *Ethnographic Film Aesthetics and Narrative Traditions*, eds. by Peter I. Crawford, Jan K. Simonsen. Denmark: Intervention Press.

Ricoeur, Paul

1971    "The Model of the Text: Meaningful Action Considered as a Text," *Soical Research* 38(3): 529-62.

1991/1986    *From Test to Action: Essays in Hermeneutics*, II. English transltion. Illinois: North Western University Press.

Rosaldo, Michelle Z.

1983    "Toward an Anthropology of Self and Feeling," in *Culture Theory: Essays on Mind, Self, and Emotion*, ed. by Richard A. Schweder and Robert A. LeVine. Cambridge: Cambridge University Press.

Schieffelin, Edward L.

1976    *The Sorrow of the Lonely and the Burning of the Dancers*. New York: St. Martin's Press.

Schwartz, Theodore; Geoffrey M. White; and Catherine A. Lutz , eds.

1990    *New Directions in Psychological Anghropology*. Cambridge: Cambridge University Press.

Strathern, Marilyn

1992    "One Legged Gender," *Visual Anthropology Review* 9(1): 42-51.

Tambiah, Stanley Jeyaraja

1985    *Culture, Thought and Social Action: An Anthropological Perspective*. Cambridge, MA: Harvard University Press.

Waterson, Roxana

  1991  *The Living House: An Anthropology of Architecture in South-East Asia.* Singapore: Oxford University Press.

## 影片部分

### 公共電視

  1985  「青山春曉」影集。製作人：崔國強、執行製作：蘇秋、宋文勝，鼎堅傳播公司製作。

  1987  「高山之旅」影集。製作／編導：蘇秋。巨濤傳播公司製作。

### 林建享（導演）

  1998  「重塑祖先的榮耀」，公共電視「永遠的部落」影集單元，多面向藝術工作室製作。

### 李道明（製片／導演）

  1992  《排灣人撒古流》

### 李道明、撒古流（共同導演）

  1998  《末代頭目》

### 胡台麗（編導製作）

  1984  《神祖之靈歸來：排灣族五年祭》。十六釐米人類學紀錄片，彩色、有聲，三十五分鐘。胡台麗編導製作，與錢孝貞共同攝影、剪輯。中央研究院民族學研究所出品。

  1988  《矮人祭之歌》。十六釐米人類學紀錄片，彩色，有聲，五十八分鐘。胡台麗製作、編劇，與李道明共同導演、剪輯，張照堂攝影。中央研究院民族學研究所出品。

  1993  《蘭嶼觀點》（導演，與李道明共同製作）。十六釐米民族誌紀錄片。中央研究院民族學研究所出品。

  1997  《穿過婆家村》（製作、導演）。十六釐米民族誌紀錄片。中央

研究院民族學研究所出品。

2000　《愛戀排灣笛》。十六釐米人類學紀錄片，彩色，有聲，86
　　　分鐘。胡台麗編導／製片／錄音／剪輯，李中旺攝影。中央研
　　　究院民族學研究所協同製作。

Cooper, Merian C. and Ernest B. Schoedsack

　1925　*Grass.*

MacDougall, David & Judith

　1972　*To Live with Herds.*

　1977　*The Wedding Camels.*

　1977　*Lorang's Way.*

　1981　*A Wife among Wives.*

臺灣研究叢刊
# 排灣文化的詮釋

2011年7月初版　　　　　　　　　　　　　　定價：新臺幣450元
有著作權・翻印必究
Printed in Taiwan.

| | | |
|---|---|---|
| 著　　著 | 胡　台 | 麗 |
| 發 行 人 | 林　載 | 爵 |

| | | | |
|---|---|---|---|
| 出　版　者 | 聯經出版事業股份有限公司 | 叢書主編 | 沙　淑　芬 |
| 地　　　址 | 台北市基隆路一段180號4樓 | 校　　對 | 馮　蕊　芳 |
| 編輯部地址 | 台北市基隆路一段180號4樓 | 封面設計 | 蔡　婕　岑 |
| 叢書主編電話 | ( 0 2 ) 8 7 8 7 6 2 4 2 轉 2 1 2 | | |
| 台北忠孝門市 | 台北市忠孝東路四段561號1樓 | | |
| 電　　　話 | ( 0 2 ) 2 7 6 8 3 7 0 8 | | |
| 台北新生門市 | 台北市新生南路三段94號 | | |
| 電　　　話 | ( 0 2 ) 2 3 6 2 0 3 0 8 | | |
| 台中分公司 | 台中市健行路321號 | | |
| 暨門市電話 | ( 0 4 ) 2 2 3 7 1 2 3 4 e x t . 5 | | |
| 高雄辦事處 | 高雄市成功一路363號2樓 | | |
| 電　　　話 | ( 0 7 ) 2 2 1 1 2 3 4 e x t . 5 | | |
| 郵政劃撥帳戶 | 第 0 1 0 0 5 5 9 - 3 號 | | |
| 郵 撥 電 話 | 2 7 6 8 3 7 0 8 | | |
| 印　刷　者 | 世和印製企業有限公司 | | |
| 總　經　銷 | 聯合發行股份有限公司 | | |
| 發　行　所 | 台北縣新店市寶橋路235巷6弄6號2樓 | | |
| 電　　　話 | ( 0 2 ) 2 9 1 7 8 0 2 2 | | |

行政院新聞局出版事業登記證局版臺業字第0130號

本書如有缺頁，破損，倒裝請寄回聯經忠孝門市更換。　ISBN　978-957-08-3833-6 (精裝)
聯經網址：www.linkingbooks.com.tw
電子信箱：linking@udngroup.com

國家圖書館出版品預行編目資料

**排灣文化的詮釋**/胡台麗著 . 初版 .
臺北市 . 聯經 . 2011年7月（民100年）.
288面 . 14.8×21公分（臺灣研究叢刊）
ISBN　978-957-08-3833-6（精裝）

1.排灣文化　2.民族文化

536.3　　　　　　　　　　　　100012075

# 聯 經 出 版 事 業 公 司

信 用 卡 訂 購 單

信 用 卡 號：□VISA CARD □MASTER CARD □聯合信用卡

訂 購 人 姓 名：_____

訂 購 日 期：_____年_____月_____日　(卡片後三碼)

信 用 卡 號：_____　_____　_____　_____

信 用 卡 簽 名：_____(與信用卡上簽名同)

信用卡有效期限：_____年_____月

聯 絡 電 話：日(O)：_____夜(H)：_____

聯 絡 地 址：□□□ _____

_____

訂 購 金 額：新台幣 _____元整

（訂購金額 500 元以下，請加付掛號郵資 50 元）

資 訊 來 源：□網路　　□報紙　　□電台　　□DM □朋友介紹
　　　　　　□其他 _____

發 　 　 票：□二聯式　　　□三聯式

發 票 抬 頭：_____

統 一 編 號：_____

※ 如收件人或收件地址不同時，請填：

收 件 人 姓 名：_____ □先生 □小姐

收 件 人 地 址：_____

收 件 人 電 話：日(O) _____夜(H) _____

※茲訂購下列書種,帳款由本人信用卡帳戶支付

| 書 名 | 數量 | 單價 | 合 計 |
|---|---|---|---|
| | | | |
| | | | |
| | | | |
| | | | |
| | | | |
| 總 計 | | | |

訂購辦法填妥後

1. 直接傳真 FAX(02)27493734
2. 寄台北市忠孝東路四段 561 號 1 樓
3. 本人親筆簽名並附上卡片後三碼(95 年 8 月 1 日正式實施)

電 話：(02)27627429

聯絡人:王淑蕙小姐(約需 7 個工作天)